Wolfgang Böhmer
Hesmats Flucht
Eine wahre Geschichte aus
Afghanistan

DER AUTOR

Wolfgang Böhmer ist seit mehr als 20 Jahren als Journalist für den österreichischen Rundfunk im In- und Ausland tätig.
Für den ORF berichtete er aus Afghanistan, Pakistan, dem Kosovo, aus Bürgerkriegs- und Katastrophengebieten.
Seit Jahren arbeitet er eng mit dem SOS-Kinderdorf zusammen und besuchte für SOS auch die Kriegsregion in Somalia. Wolfgang Böhmer ist verheiratet, hat drei Kinder und lebt derzeit in Tirol.

Wolfgang Böhmer

Hesmats Flucht

Eine wahre Geschichte
aus Afghanistan

Sollte diese Publikation Links auf Webseiten
Dritter enthalten, so übernehmen wir für deren
Inhalte keine Haftung, da wir uns diese nicht
zu eigen machen, sondern lediglich auf deren Stand
zum Zeitpunkt der Erstveröffentlichung verweisen.

Dieses Buch ist auch als E-Book erhältlich.

Dieses Buch ist in enger Zusammenarbeit mit den
SOS-Kinderdörfern entstanden. Unterrichts-
materialien zu diesem Buch sind erhältlich unter:
www.schullektuere.de

Verlagsgruppe Random House FSC® N001967

4. Auflage
Originalausgabe Oktober 2008
Gesetzt nach den Regeln der Rechtschreibreform
© 2008 cbj Kinder- und Jugendbuchverlag
in der Verlagsgruppe Random House GmbH,
Neumarkter Str. 28, 81673 München
Alle Rechte vorbehalten
Lektorat: Luitgard Distel
Umschlagfoto: © JA Giordano/CORBIS SABA
(Junge); © Reza/Webistan/Corbis (Landschaft)
Umschlagkonzeption: init.büro für gestaltung,
Bielefeld
SE · Herstellung: ReD
Satz: Buch-Werkstatt GmbH, Bad Aibling
Druck und Bindung: GGP Media GmbH, Pößneck
ISBN 978-3-579-40300-6
Printed in Germany

www.cbj-verlag.de

Wer kämpft, kann verlieren.
Wer nie kämpft, hat immer verloren.

Teil I

Auf der Flucht

Hesmat hatte sich nicht umgedreht. Erst als das Auto die Ebene nördlich von Mazar-e Sharif in Richtung Osten durchschnitt, wurde ihm bewusst, dass er wohl nie mehr zurückkehren würde. Er hatte auf der zerfetzten Rückbank einen Platz bekommen, eingepfercht zwischen drei fremden Männern, die sich unruhig hin und her schoben und nach jedem Schlagloch von Neuem begannen, ihren Platz zu verteidigen.

Sobald sie Mazar verlassen hatten, leerten sich die Straßen, und sie kamen schneller voran. Sie waren zu sechst in dem Wagen, in dem Tuffon ihm einen Platz organisiert hatte. Tuffon, der Freund seines Vaters, hatte Hesmat lange umarmt, dann hatte er ihn in das Auto gesetzt. Jetzt flatterte der Fluchtplan in Hesmats Händen im Fahrtwind des offenen Fensters, und er wiederholte noch einmal die Nummern, Adressen und jeden Punkt auf dem Plan, den Tuffon nächtelang entworfen hatte und den er längst auswendig kannte.

»Ich weiß nicht, ob du alles noch so vorfinden wirst, wie ich es in Erinnerung habe«, hatte Tuffon gesagt. »Vieles hat sich wahrscheinlich verändert, aber das meiste wird dir doch nützlich sein.« Er hatte einen ganzen Tag an der improvisierten Karte gezeichnet. Stundenlang war er in seinem Geschäft auf und ab gegangen und hatte versucht, sich Details der Route wieder in Erinnerung zu rufen. Immer wieder hatte er der Karte einen weiteren Hinweis, einen weiteren wichtigen Punkt hinzugefügt. Er hatte alles aufgezeichnet, was für Hesmat von Bedeutung sein konnte. Wege, die er meiden sollte, Dörfer, die er umgehen musste. Er hatte ihm gezeigt, wo er Menschen treffen würde, die ihm möglicherweise weiterhalfen. Er hatte auch von Schluchten gesprochen, die den sicheren Tod bedeuteten.

»Du darfst auf keinen Fall den direkten Weg nehmen«, hatte er gesagt. »Egal wie verlockend die Sache auch aussieht, du musst zuerst nach Osten, hinein in die Berge. Es ist ein sehr langer Umweg, aber es ist der einzig sichere Weg. Die Grenze im Norden, hinüber nach Tadschikistan, ist dicht. Man wird ständig kontrolliert, außerdem wird dort gekämpft. Hör mir gut zu«, sagte er dann. »Du wirst viele Leute auf deinem Weg treffen. Sind es Flüchtlinge, ist es gut. Wenn du Schmuggler triffst, kannst du dich ihnen für ein paar Tage anschließen, musst aber vorsichtig sein. Du darfst nicht zu lange bei ihnen bleiben. Schlaf nicht in ihrem Zelt. Sag ihnen, du wärst auf dem Weg nach Hause. Sag, du warst bei deinen Verwandten in Kabul und du bist jetzt auf dem Weg zurück zu deinem Vater. Sie werden dich nichts Genaueres fragen. Lass dich nicht täuschen. Und vergiss nicht, du musst zuerst in die Berge! Lass dich von niemandem dazu überreden, direkt über die Grenze zu gehen!«

Es war eine sehr genaue Karte und Hesmat fasste Mut. Er würde damit über die Grenze kommen. Von dort würde er mit dem Zug einfach nach Moskau fahren, wo Tuffon Freunde hatte. »Sie werden auf dich warten«, hatte er gesagt, »ich gebe ihnen Bescheid. Du kannst ihnen vertrauen. Du musst sie unbedingt finden. Ohne Freunde hast du in Moskau keine Chance.« Immer wieder waren Tuffon Zweifel gekommen. Es war Selbstmord, sagte er sich, aber der Junge hatte den Willen seines Vaters geerbt.

Zwei Tage nach dem Streit mit seinem Großvater war Hesmat, noch bevor die Sonne aufgegangen war, in das Auto nach Kunduz gestiegen. Jetzt holperte der Wagen über die schlechte Straße und ließ die Stadt in einer Staubwolke verschwinden, die der Wagen hinter sich herzog. Die Dollarscheine, die nicht mehr in seinen Gürtel gepasst hatten, hatte er in seine Unterhose gestopft. Jetzt zwickten die Scheine in seinem Schritt. Das große Tuch seiner Mutter, das er zu einer Schultertasche gebunden hatte, lag auf seinen Knien. Nachdem sich der Großvater am vergangenen Abend schlafen gelegt hatte, hatte er Brot, ein Stück getrocknetes Fleisch und vier Eier in das Tuch gepackt und alles hinter dem Haus versteckt. Er konnte kein Auge zumachen, so groß war seine Aufregung und vor allem die Angst.

Sein kleiner Bruder Hasip schlief ruhig neben ihm und lachte ihn im Schlaf an. Vielleicht würde Hesmat ihn nie wiedersehen. Niemand glaubte daran, dass er die Flucht überleben würde. Welche Chance hatte ein Elfjähriger schon, allein aus Afghanistan nach London zu flüchten? Er drückte Hasip einen letzten Kuss auf die Stirn, drehte sich um und versuchte, nicht zu weinen. Dann packte er das Tuch mit dem Essen, das er in einer Kiste vor den streunenden Hunden versteckt hatte, und rannte, so schnell ihn seine Füße trugen, zu Tuffon.

»Lass dein Geld stecken«, hatte Tuffon gesagt, als er Hesmat auf die Rückbank des alten Jeeps setzte und den Fahrer bezahlte, »du wirst es brauchen.« Dann warf er die Autotür zu, klopfte auf das Dach des Wagens und ging davon, ohne sich noch einmal umzudrehen.

Die Taliban hatten sie aus dem Auto gezogen, und sie mussten sich aufstellen, während die Männer mit den Gewehren die Papiere kontrollierten. Dann prüften die Taliban die vorgeschriebene Bartlänge, warfen einen Blick in die leeren Taschen und scheuchten sie fluchend zurück in den Wagen. Weiter bis zur nächsten Kontrolle, den nächsten Schikanen, dem nächsten Beweis dafür, dass sie wertlose Geschöpfe waren, die wie Tiere gehalten, gezählt, kontrolliert und bei Bedarf geschlachtet wurden.

Es waren immer die gleichen Lügen, die Hesmat weiterhalfen. Er sei unterwegs zu seinem Vater. Er habe die letzten Monate in der Stadt verbracht und wolle jetzt wieder zurück. Ein abgemagerter und für seine elf Jahre viel zu kleiner Junge: Welche Gefahr konnte von ihm schon ausgehen? Meistens schubsten die Taliban ihn kurzerhand auf die Seite und konzentrierten sich auf die Erwachsenen. Dieses Mal hatten sie ihre Ruten im Zaum gehalten, und als sie wieder im Wagen saßen und endlich weiterfuhren, fiel die Anspannung von ihnen ab, und sie begannen zu reden. Hesmat war der Letzte, der von seinem Ziel erzählte.

»London? Ein Zwerg wie du in London? Du bist wohl nicht ganz dicht im Kopf.«

Sie wollten nach Kunduz. Einer der Männer wollte mit seiner Frau und seinem Sohn weiter nach Tachar. Aber London?

»Du solltest dich untersuchen lassen«, lachte der Fahrer und schüttelte den Kopf.

Sie hörten nicht mehr auf zu lachen, niemand wollte ihm glauben, und er ärgerte sich über sich selbst, kurz nach dem Abschied von Tuffon schon den ersten Fehler gemacht zu haben.

»Vertraue niemandem«, hatte Tuffon genau wie sein Vater gesagt, doch schon jetzt erzählte er wildfremden Menschen von seiner Flucht und musste sich von ihnen dafür auch noch verspotten lassen. Er war allein, und er musste sich davor hüten, sein Herz Fremden zu öffnen. Auch wenn er London eines Tages tatsächlich erreichte, wäre er allein. Die Freunde seines Onkels Karim würden ihm vielleicht helfen, aber seine Familie konnte ihm niemand ersetzen. Es gab niemanden mehr, der mit ihm zittern, um ihn beten, mit ihm lachen würde.

Er war allein auf dieser Welt, und wenn ihn Zweifel plagten und die Angst kam, versuchte er, sich damit zu beruhigen, die richtige Entscheidung getroffen zu haben. Hesmat hatte keine andere Möglichkeit mehr für sich gesehen als die Flucht. Seine Mutter war gestorben. Seinen Vater hatten sie umgebracht und sie waren auch hinter ihm her. Er hatte keine andere Wahl, er musste fliehen.

Er konzentrierte sich auf den Plan und die handgezeichnete Karte von Tuffon. Immer und immer wieder ging er die Namen der fremden Städte durch, die er vor sich hatte. Wie auf einer Perlenkette reihten sich die Namen aneinander, die er von Tuffon gehört hatte: Duschanbe, Termez, Saratov, Moskau. Je schneller er die Namen im Geiste wiederholte, desto mehr verloren sie ihren schrecklichen Klang.

Er stellte sich vor, wie er auf dem Roten Platz stehen würde, am Kreml. Zweimal war sein Vater dort gewesen. Er hatte Hesmat ein Foto gezeigt, auf dem er in Uniform vor dem Eingang zum Leninmausoleum stand. Ihm war die Ehrfurcht vor der Stadt und vor dem großen Namen, der hinter ihm auf einem Schild zu sehen war, anzusehen. Stundenlang hatte er ihm von der Stadt erzählt. Von den Errungenschaften des Kommunismus, den Vorteilen, die alle genossen. Es gab keine Paschtunen und Hazara, keine Usbeken und keine Tadschiken. Es gab nur Russen und sie waren alle gleich. »Eines Tages werden wir gemeinsam dorthin fahren«, hatte er seinem Sohn versprochen.

Plötzlich wurde er unsanft aus seinen Erinnerungen gerissen, als der Fahrer plötzlich laut zu fluchen begann und so stark abbremste, dass die Taschen auf der völlig zugestopften Hutablage Hesmat unter sich begruben. Die Staubwolke vor ihnen legte sich langsam, und sie sahen den Wagen, der sie gerade überholt hatte, zerstört und rauchend in der Wüste liegen. Die Männer neben Hesmat stürzten aus dem Fahrzeug, aber der Fahrer hielt sie zurück: »Seid vorsichtig!«, schrie er. »Hier sind überall Minen!«

Der Wagen hatte sich mehrmals überschlagen. Überall lagen Splitter, abgebrochene Fahrzeugteile, Gepäck. Eine Frau war aus dem Wagen geschleudert worden und lag regungslos zwischen den Trümmern. Blut quoll aus ihrem Mund und ihr rechter Fuß war unnatürlich zur Seite verdreht, jeder Knochen in ihrem Körper schien gebrochen. Es gab keinen Zweifel, sie war tot – und unter der Burka zeichnete sich ihre Schwangerschaft ab. Kurz hielten sie inne, wortlos ließen sie die tote Frau liegen. Hesmat wollte nicht überlegen, ob das Kind mit ihr gestorben war oder im toten Körper der Mutter gerade erstickte.

Um sich abzulenken, näherte er sich vorsichtig mit den anderen dem zerstörten Fahrzeug, das gut fünfzig Meter weiter auf dem Dach lag. Regungslos standen sie neben dem Wagen und warteten darauf, dass jemand das Kommando übernehmen würde.

»Schaut, ob noch jemand lebt!«, sagte der Fahrer schließlich.

Im verbeulten Wageninneren entdeckten sie ein Menschenknäuel. Es mussten insgesamt mindestens zehn Erwachsene und Kinder in dem Wagen gewesen sein, genau konnte es niemand mehr sagen. Köpfe ragten zwischen Beinen und Armen hervor und sahen aus, als schnappten sie nach Luft. Blut tropfte von einem Körper auf den anderen, Kinderaugen starrten leblos in die Ferne. Von der anderen Seite des Wagens rief einer der Mitfahrenden, dass dort noch eine tote Frau liege. Sie konnten nichts mehr tun. Niemand hatte den Unfall überlebt.

Sie fuhren wortlos weiter und meldeten den Unfall vorschriftsmäßig den Taliban beim nächsten Kontrollposten. Die Männer dort zuckten mit den Schultern und interessierten sich nur für die vorgeschriebene Länge der Bärte der Reisenden. Tote konnte man nicht mehr kontrollieren.

Die Straße nach Kunduz war wiederholt bombardiert worden. Verrostete Panzer und Autowracks lagen quer über der Fahrbahn, der Belag glich einer Kraterlandschaft und immer wieder zwangen die Trümmer sie von der Straße.

»Was ist mit den Minen?«, schrien die Frauen, als der Fahrer auf den Schotter neben der Straße auswich.

»Haltet doch endlich den Mund!«, schrie er zurück. »Oder wollt ihr zu Fuß weiterlaufen?«

Über verdorrte Felder, improvisierte Wege, zwischen Schafen und halb verhungerten Kühen hindurch bahnte sich der Wagen unversehrt den Weg zurück auf die Straße, um nach der nächsten Kurve wieder in den Graben abzubiegen. Wieder unter dem Geschrei der Frauen, wieder begleitet vom lauten Fluchen des Fahrers.

Kunduz war die schmutzigste Stadt, die er bisher gesehen hatte.

Lange suchte er in diesem Dreck nach einem Quartier für die Nacht. Hinter einem der Verschläge, in denen die Bauern das wenige verkauften, was sie sich vom Mund und den leeren Augen ihrer Kinder absparten, holte er den ersten Hundertdollarschein aus seiner Unterhose. Er schaute sich lange um, bevor er sich bückte und die Hose öffnete, um an das Geld zu kommen. Als er aus dem Schatten auf den von Urin und

Kot aufgeweichten Weg zurücktrat, um ein Zimmer zu suchen, schlug ihm das Herz bis zum Hals.

»Ich möchte schlafen«, war alles, was er über die Lippen brachte, während er dem Fremden den Geldschein reichte.

»Verschwinde«, sagte der. »Du bringst kein Glück und ich kann dir nicht wechseln.«

»Aber was ...«

Der Fremde schnitt ihm das Wort ab. »Versuch es auf der Straße und jetzt verschwinde.«

»Verschwinde!«, war das Einzige, was er von den Fremden in dieser Stadt hörte. Jeder hatte genug eigene Probleme, niemand wollte sich einen fremden Jungen aufhalsen. Die Nacht kündigte sich bereits an, als der fremde Geldwechsler auf der Straße die Hand nach seinem Geld ausstreckte.

»Lass mal sehen«, sagte er. Wieder dieser nervöse Blick, der zwischen dem Geldschein und dem fremden Jungen wechselte. »Ich kann dir nur Afghani geben«, sagte der Fremde und zeigte auf die Geldpakete, auf denen er es sich gemütlich gemacht hatte. Schon lange hatte das Geld an Wert verloren. Allein um Brot zu kaufen, musste man einen Riesenpack Geld mit sich herumschleppen. Für einen Dollarschein erhielt man Händevoll Afghani. Geld, das praktisch wertlos war.

»Wenn du mir keine Dollar geben kannst, will ich mein Geld zurück«, sagte Hesmat.

Der Fremde lachte. »Du weißt, was du willst.« Er erhob sich und verschwand im Eingang zu seinem Geschäft. Schließlich drückte ihm der Mann ein schmutziges Bündel Fünfdollarscheine in die Hand und schob den sauberen Hundertdollarschein in seine Hosentasche. »Jetzt verschwinde!« Hesmat wollte das Geld prüfen, aber der Fremde zog ihn schmerzhaft am Ohr. »Du willst mir wohl nicht vertrauen. Mach, dass du verschwindest, sonst werde ich dir Beine machen.«

Erst in einem ruhigen Winkel der nächsten Straße zählte er nach und erkannte, dass ihn der Wechsler um fast 50 Dollar betrogen hatte. Er weinte vor Zorn und Scham. Niemand hätte ihn so behandelt, wenn sein Vater noch lebte. Aber der Geldwechsler würde ihn verprügeln, wenn er ihn jetzt als Dieb bezichtigte. Die Taliban würden kommen und sicher das restliche Geld bei ihm finden. Alles wäre vorbei. Hesmat musste seine Tränen hinunterschlucken, er konnte sich nicht wehren.

Wie sollte er den weiten Weg je schaffen, wenn sich die ganze Welt gegen ihn stellte? Wenn er so weitermachte, hätte er in ein paar Tagen kein Geld mehr und würde verhungern. In Mazar hätte es keiner gewagt, sich an seinem Geld zu vergreifen. Alle hatten seinen Vater, allein den Namen seiner Familie, gefürchtet. Hier war er, sein Name, sein Leben wertlos. Er bog um die Ecke und flüchtete sich in das erste Haus, in dem jemand ein Zimmer vermietete.

»Ich möchte schlafen«, sagte Hesmat.

Wortlos prüfte der Fremde mit seinen unförmigen Händen fachmännisch das Geld. Hesmat war verwundert, als der Dicke ihm einen Teil seines Geldbündels zurückgab. »Die Hälfte davon reicht«, sagte er. Dann zeigte er ihm das Zimmer.

Mit jeder Bewegung auf der harten Unterlage vermisste er seine weiche Schlafmatte. Der Wind pfiff durch jede Ritze des Hauses, und die kalte Luft drängte sich unter die schmutzige Decke, die nach fremden Männern roch. Doch die Müdigkeit siegte schließlich über den Ekel.

Er roch nach Schweiß, nach der dreckigen Decke, nach der Feuchtigkeit des Lochs, in dem er geschlafen hatte. Er probierte den Tee, der in einer blinden Kanne im Zimmer stand, und spie den Inhalt auf den Boden. Es gab kein frisches Wasser zum Waschen, nur eine gelbliche Brühe, vor der er sich ekelte. Außerdem hatte er Angst, sich auszuziehen. Jemand könnte das Geld entdecken, ihm seine Kleidung stehlen. So beschloss er, ungewaschen in die Stadt zu ziehen, um nach einer Mitfahrgelegenheit Ausschau zu halten.

Das warme Brot, das er am Markt kaufte, gab ihm wieder Mut. »Heißes Brot und kaltes Wasser; auch wenn du im Kuhstall schläfst, gibt es nichts Besseres«, hatte sein Vater gesagt. »Nichts ist so mutlos wie ein leerer Bauch.«

Er sah den Bauern zu, die in ihren Ständen hausten, während sie oft tagelang darauf warteten, dass ihnen jemand ihre armselige Ware abkaufte. Plastikplanen schützten die wackeligen Holztische der Tadschiken und Usbeken, die hier ins Tal herunterkamen, um etwas Geld für das Überleben ihrer Familien in den Bergen zu verdienen. Die Geschäfte gingen schlecht. Es gab Hunderte Menschen, die sich zwischen den Tischen drängten, aber nur die wenigsten hatten genug Geld für die angebotenen Melonen, den Reis oder Mais.

Während er das Treiben beobachtete und darauf achtete, dass er nicht auffiel, hielt er vergeblich nach einem Jeep mit einem freien Platz Ausschau.

Noch eine weitere Nacht musste er sich in die schmutzigen Decken im Haus des Dicken hüllen, bevor er einen Wagen fand, der ihn mit nach Taloqan nahm.

Die schlechte Straße nach Taloqan forderte ihren Tribut: Immer wieder sahen sie Fahrer, die wild gestikulierend vor ihren liegen gebliebenen Jeeps am Straßenrand standen.

»Wenn du mit drei Autos losfährst, wird eines ankommen«, sagte der Mann am Beifahrersitz.

Hesmat hatte genug Mudschaheddin gesehen, um zu wissen, dass er ein alter Kämpfer war. Er fragte sich, warum er nicht im Norden stand, um gegen die Taliban zu kämpfen. Als sie eine Pause einlegten, um einem der Fahrer mit seinem kaputten Wagen zu helfen, bemerkte er, dass dem Mann ein Bein fehlte. Erst als ihm der Alte streng in die Augen sah, wurde ihm bewusst, dass er ihn lange angestarrt hatte. Er lächelte, als Hesmat verschreckt den Blick senkte. Er war ein Kämpfer, Hesmat zweifelte nicht daran. Unauffällig beobachtete er den Mann, der sich mit seiner Holzkrücke unter der linken Schulter zwischen den Wagen bewegte und den Männern nützliche Tipps für die Reparatur gab.

Nach zwei Stunden fuhren sie schließlich weiter. Weiter über Straßen, die die Bezeichnung nicht verdienten, über eine Brücke, die gesprengt worden war und statt einer Fahrbahn aus zwei Holzbalken bestand, über die die Autos Zentimeter für Zentimeter balancierten. Während sie hinter drei Jeeps auf die Überquerung warteten, sah Hesmat flussabwärts das Wrack eines Jeeps, der von den Balken gerutscht war. Sie stiegen aus und gingen dem Wagen voraus.

Der Kämpfer mit den Krücken beäugte die Holzbalken kritisch, doch er verjagte Hesmat, als der sich anbot, ihm zu helfen. »Verschwinde, ich brauche keine Hilfe!«, sagte er.

Er hatte sein Bein verloren, aber seine Würde sollte ihm niemand nehmen. Er brauchte nicht die Hilfe eines kleinen Jungen. Hesmat ging dem Mann voraus, ohne sich umzudrehen.

Taloqan war ein Dreckloch. Selbst Kunduz war im Vergleich dazu eine saubere Stadt. Als sie den Ort endlich erreichten, waren die Türen bereits verschlossen und die Menschen beim Essen oder beim Gebet.

»Was ist?«, fragte der Mann auf dem Beifahrersitz, als Hesmat nur zögernd aus dem Wagen stieg.

»Nichts«, antwortete der und verschwand ohne ein Wort des

Abschieds in der Dunkelheit. Er sah die Gestalten, die sich in den verdreckten Straßen an die Hausmauern drückten, und erinnerte sich an Tuffons Warnung: »In Taloqan gibt es Menschenhändler«, hatte er gesagt. »Du solltest dich dort nicht länger als nötig aufhalten. Für einen einzelnen Jungen ist es dort nicht ungefährlich.«

Er versteckte sich vor den fremden Stimmen, die ihm entgegenschlugen, und verlor die Orientierung. Er hatte zum Fluss gewollt, den er gesehen hatte, als sie in die Stadt gefahren waren, aber der Himmel war bedeckt und die Stadt ohne Strom. In den glaslosen Fenstern flackerte Licht. Kurz überlegte er, ob er anklopfen sollte, hatte dann aber doch mehr Angst vor den Fremden als vor der kalten Nacht. Schließlich hatte er sich in den verwinkelten Straßen endgültig verlaufen und legte sich müde in den Straßengraben.

Als er erwachte, wärmte ihn die Morgensonne, und er stillte seinen Hunger mit dem getrockneten Fleisch, das er in seinem Beutel hatte. Er beobachtete die Männer, die sich rauchend die Zeit vertrieben, während sie den Frauen zusahen, die im Fluss ihre Wäsche wuschen. Auch hier war es den Frauen verboten, ohne männliche Begleitung die Häuser zu verlassen. Während die Männer unter den Blicken der Taliban die Frauen überwachten, standen diese in ihren Burkas knietief im Wasser und verrichteten gebückt und verängstigt ihre Arbeit.

Er hatte keine Zeit zu vertrödeln. Er brauchte ein billiges Quartier und Menschen, die ihn auf den langen Fußmarsch zur Grenze mitnehmen würden. »Wenn du über der Grenze bist, liegt das Schlimmste hinter dir«, hatte Tuffon gesagt. »Mit dem Auto wären es nur ein paar Stunden über die Grenze. Zu Fuß dauert es eine gute Woche.«

Die namenlosen Alten

Sie betete jede Nacht. Immer wieder senkte sie den Kopf auf den verstaubten Teppich, während ihr die Tränen lautlos über die Wangen liefen. Sie betete für ihre Söhne, die im Pandschir-Tal gegen die Taliban kämpften und ihren Traum von der Freiheit noch nicht aufgegeben hatten. Seit Monaten hatte sie nichts mehr von ihnen gehört. Als der Kampf begonnen hatte, waren sie wie viele andere Söhne ausgezogen, um die Taliban zu stoppen. Schon immer waren Menschen in ihrer Familie in den Kampf gezogen. Auch ihr Vater war für ein freies Afghanistan gestorben, jetzt fürchtete sie um ihre Söhne. Sie hatte sie bekniet, sie angefleht und angeschrien. Ihr Mann hatte sie schließlich zurechtgewiesen. »Es ist ihre Aufgabe«, hatte er gesagt.

In den ersten Monaten hatten sie noch regelmäßig Nachricht von ihnen erhalten, jetzt waren die Stimmen verstummt. Die Taliban hatten den Widerstand bis auf wenige Dörfer vernichtet. Viele waren über die Grenze geflohen, träumten davon, sich neu zu formieren und die Taliban aus dem Land zu jagen.

»Afghanistan ist wie ein Kind, das erst laufen lernen muss«, hatte ihr Mann zu Hesmat gesagt. »Es fällt hin, steht auf, fällt wieder hin. Es lernt langsam. Manche Kinder werden nie erwachsen.«

Hesmat hatte den Vergleich nicht sofort verstanden, aber zustimmend genickt.

Ein Junge, der ihm Brot verkauft hatte, gab ihm den Tipp. »Sie werden dich vielleicht für ein paar Tage aufnehmen«, hatte er gesagt.

Hesmat war zu dem beschriebenen Haus gegangen und hatte ihnen 50 Dollar gegeben, aber die Frau wollte ihn sofort wieder aus dem Haus haben. Sie verstand nicht, woher ein Junge so viel Geld hatte, und wie so viele war sie abergläubisch. »So viel Geld bringt Unglück«, sagte sie zu ihrem Mann.

Der Mann hatte jedoch Mitleid mit dem Jungen, und so bekam Hesmat einen Platz in der Nähe des Feuers und die Schlafmatte eines ihrer Söhne, die in den Kampf gezogen waren.

Als er erwachte, hatte sie frischen Tee bereitet und begann zu erzählen. Er war von den ersten Tagen und dem langen Fahren in den ungemütlichen und voll besetzten Autos müde und hörte ihr gerne zu. Erst am zweiten Tag begann er, in der Stadt nach jemandem zu suchen, der ihn über die Grenze bringen würde. Immer wieder sah er Gruppen, die sich mit Eseln auf den Weg in die Berge machten. Er lief hinter ihnen her und fragte nach ihrem Ziel. Niemand gab ihm eine Antwort.

»Wisst ihr, wie es zur tadschikischen Grenze geht? Nehmt mich mit, bitte! Ich kann bezahlen!«

»Verschwinde!« Manche hoben sogar ihre Ruten oder versuchten, ihn mit einem Tritt in den Hintern zu vertreiben.

Der Tag hatte ihm nur Rückschläge versetzt, und er wollte gerade in das Haus der zwei Alten, ihnen alles erzählen, sie um Hilfe bitten, als ihn plötzlich mächtige Hände von hinten auf der Straße packten und in den Wagen zerrten. Er schrie, als ihn der Talib schlug und ihn an den Haaren riss. Der Fremde holte sein Messer aus dem Gürtel, schnitt ihm ein Büschel Haare von seinem Kopf und warf sie böse lachend aus dem Wagen.

»Du stinkst«, sagte der Mann. »Sieh dich an! Noch kein Bart, aber schmutzige und lange Haare. Wie alt bist du?«

»Elf!«, schrie Hesmat.

»Sei still, sonst wirst du mich kennenlernen.« Er trat ihm in den Hintern, als er aus dem Wagen steigen sollte, und Hesmat fiel mit dem Gesicht voraus in den Dreck. »Da hinein«, befahl der Talib, »oder soll ich dir Beine machen?«

Der Mann machte gerade eine Pause, als Hesmat in den Raum gestoßen wurde. Er saß auf seinem Stuhl, wippte seinen fetten Körper langsam vor und zurück und steckte sich ein Eis in den riesigen Mund. Mit jeder Bewegung tropfte ihm der Speichel auf das schmutzige Hemd. »Halt die Klappe und setz dich«, sagte er, als der Talib die Tür hinter Hesmat geschlossen hatte. Es gab keinen Platz zum Sitzen. Der Dicke grinste. Der Raum war voll mit Jungen in Hesmats Alter. Alle warteten darauf, was passieren würde.

Als er sein Eis endlich gegessen hatte, packte der Mann den Rasierer und hob den ersten Buben an den Haaren auf den Stuhl. Dann grub er den stumpfen Rasierer tief in die langen Haare des weinenden Jungen, und Hesmat hörte, wie sich die Rasierscheren den Weg durch die verschmutzten Haare fraßen. Dann warf der Dicke die losen Haarbüschel aus dem Fenster. Als er mit dem weinenden Jungen fertig war, war der Rasierer blutig. Er riss den Jungen praktisch die Haare vom Kopf und ließ sich von ihrem Geschrei und von ihren Tränen nicht erweichen.

»Lasst euch das eine Lehre sein«, sagte er.

Als Hesmat endlich wieder vor der Tür stand, hatte auch er eine Glatze. Sie schmerzte nicht so sehr wie die kaputte Uhr an seinem Handgelenk. Es war das Einzige, was ihm von seinem Vater geblieben war, und jetzt war sie kaputt. Der Dicke hatte ihm die russische Uhr vom Handgelenk gerissen, als er sich geweigert hatte, sie ihm zu geben. Hesmat wusste nicht, woher er die Kraft genommen hatte, aber er hatte so lange und verbissen gekämpft, bis dem Dicken die Uhr aus der Hand geglitten war. Doch bevor er sie aufheben konnte, hatte der Mann seinen Fuß daraufgesetzt und den Schuh mit Genuss gedreht, bis das Gehäuse knackte. Hesmat hatte geweint und sich die Uhr wieder um den Arm gebunden. Ein tiefer Kratzer sollte ihn ewig an den Dicken und seinen blutigen Rasierer erinnern. Doch die Russen waren stärker, denn als sich sein Zorn gelegt hatte, sah er, dass sich die Zeiger weiterbewegten.

Die Frau hörte dem weinenden Jungen zu, als er mit blutigem und kahl rasiertem Kopf vor ihrer Tür stand und ihr in seiner Wut und Trauer vom Tod seiner Eltern erzählte. Sie weinten gemeinsam.

»Mein Mann wird dir helfen können«, sagte sie. »Er kennt viele Leute hier, und er weiß sicher, mit wem du mitgehen kannst.«

Der lange Weg über den Hindukusch

Die Frau hatte ihren Mann bekniet, dem fremden Jungen aus Mazar zu helfen, und er war in die Stadt gegangen und hatte sich für Hesmat umgehört. Zwei Tage später hatte Hesmat sich von ihnen verabschiedet. Am Tag zuvor war er noch mit dem Mann in der Stadt gewesen und hatte sich das Nötigste besorgt. Der Mann kaufte ihm einen vernünftigen Beutel, den er sich quer um den Körper hängen konnte, und stopfte ihn mit getrocknetem Fleisch und ein paar russischen Lebensmitteldosen voll. Auf dem Markt fanden sie zwei alte Plastikflaschen, die der Mann lange und genau prüfte. Immer wieder schwenkte er die mit Wasser gefüllten Flaschen und fingerte an den Drehverschlüssen herum. Dann fanden sie noch einen alten Pullover und feste gebrauchte Schuhe.

»Mit deinen Sandalen kannst du unmöglich in die Berge«, erklärte er dem Jungen.

Schließlich kaufte er Hesmat noch eine Taschenlampe, Streichhölzer und ein Feuerzeug.

»Pass gut darauf auf«, sagte er. »Die Wärme kann dir das Leben retten.«

Die beiden Alten besaßen kaum mehr als die Kleidung, die sie trugen, doch sie wollten Hesmat nicht mit leerem Bauch ziehen lassen. Sie tranken Goor, eine süßliche Essenz aus Zuckerrohr, dazu gab es am Abend vor dem Abschied Reis mit Schafffleisch und frisches Brot.

»Iss«, sagte die Frau. »Du wirst es brauchen.«

Am nächsten Morgen stellte der Alte Hesmat dem Führer vor. »Er ist ein guter Mann«, sagte er, als er Hesmat zum Treffpunkt am Stadtrand begleitete. »Befolge, was er sagt, und du wirst wohlbehalten ankommen.«

Er schüttelte Hesmat die Hand und steckte ihm noch ein Päckchen mit den Essensresten vom Vorabend in den Umhang. Als sie losgingen, drehte sich Hesmat noch einmal um. Der Mann war wortlos verschwunden. Hesmat hatte nicht einmal nach seinem Namen gefragt. Vier Tage hatte er in ihrem Haus gelebt, jetzt wusste er nicht einmal, wie das Paar hieß, das ihm Mut und seine Freundschaft geschenkt hatte.

Sie waren knapp dreißig Leute. Händler, vertriebene Familien und einige Flüchtlinge wie er selbst. Die Esel waren bis über den Kopf hinaus vollgepackt, die Männer, Frauen und die zwei Kinder, die sie mitnahmen, trotteten im Gleichschritt mit den Tieren. Sie waren nicht die Einzigen. Immer wieder sahen sie andere Gruppen, die denselben Weg eingeschlagen hatten.

Sie hielten sich auf einem schmalen Weg, einem schmalen Streifen, auf dem sie sicher waren. Östlich von ihnen standen die Taliban, während westlich von ihnen, auf der rechten Seite, das Gebiet der Mudschaheddin begann. Jederzeit konnte sich die Linie verschieben, der unausgehandelte Waffenstillstand gebrochen werden. Der Führer trieb sie an, und immer wieder überholten sie größere Gruppen, die langsamer als sie waren.

Immer wieder sahen sie Menschen, die alleine am Wegrand saßen und um Hilfe bettelten.

»Weiter«, schrie der Führer, »wir haben keine Zeit!«

Wer zurückblieb, war auf sich allein gestellt. Niemand konnte es sich leisten, sich um andere zu kümmern. Jeder war damit beschäftigt, selbst zu überleben. Wer sich zu lange in diesem Gebiet aufhielt, war tot. Sie hatten keine Zeit, um auf Nachzügler zu warten. Wer das Tempo nicht halten konnte, war verloren. Tuffon hatte ihm alles beschrieben, auch sein Vater hatte immer wieder von den Pfaden über die Berge gesprochen.

»Es gibt keine Hilfe für die Schwachen«, hatte er erzählt. »Wer sein Wasser nicht einteilen kann, muss verdursten oder für Horrorpreise einen Schluck Wasser kaufen.«

In der Nacht belauerten sie sich gegenseitig. In den Bergen gab es kein Gesetz, erst recht keine Ehre und keinen Stolz.

»Nur wer seine Ehre in die Schluchten wirft, kann überleben«, hatte sein Vater gesagt, wenn er von seinen Reisen als Schmuggler erzählte. Sein Vater hatte nach dem Abzug der Russen plötzlich seine Arbeit verloren. Er hatte gehofft, die Russen würden Afghanistan den ersehnten Frieden bringen, und hatte für sie gearbeitet. Doch dann hatten sie das Land verlassen. Um Geld zu verdienen, versuchte er wie viele andere, als Schmuggler zu überleben. Aus dem Krieg kannte er die geheimen Pfade über die Grenze und wusste, was die Menschen in der Stadt brauchten. Er kannte die, die noch genug Geld besaßen, um sich einen bescheidenen Luxus leisten zu können. Vor allem aber kannte er die Schmuggler in Pakistan. Er hatte sich Geld geliehen, um damit Waren in Pakistan zu kaufen, sie über die Grenze zu schmuggeln und zu Hause teurer an Apotheken zu verkaufen.

»Bald haben wir wieder genug Geld im Haus«, hatte er versichert, »niemand von uns hat bisher hungern müssen und das wird auch so bleiben. Habt keine Angst. Ich weiß, auf wen ich mich verlassen kann.«

Hesmat kannte die Schmuggler. Sie organisierten alles, was man im Land nicht mehr kaufen konnte: Fernsehgeräte, Satellitenschüsseln oder auch Waschmaschinen. Genau wie Autos und Medikamente. Sie verdienten am Krieg, an den Waffen, an Drogen, am Elend der Menschen. Er wusste auch, wie gefährlich ihre Arbeit war. Er kannte die Geschichten von den Überfällen und Festnahmen, von denen, die ihre Arbeit mit dem Leben bezahlt hatten.

Jetzt war Hesmat selbst auf diesen alten Schmugglerrouten unterwegs, und die Geschichten, die sein Vater über den Tod in den Bergen erzählt hatte, machten ihm Angst.

In der ersten Nacht suchte er sich einen Platz abseits der Gruppe. Als die Angst zu groß wurde, schlich er wieder zurück zu den anderen. Wenn sie ihn ausrauben wollten, hatte er so oder so keine Chance, und er wusste, dass er das erste Opfer sein würde, wenn sie nichts mehr zu essen hätten.

In den wenigen Stunden, die er schlief, träumte er von den Toten, die sie täglich sahen, oder davon, vom Weg abzustürzen. Manchmal träumte er vom Klicken einer Mine unter seinen Füßen. Nach jedem Traum erwachte er schweißgebadet und fand sich in der feuchten Kälte wieder, die von der Erde durch die Decke und den Pullover drang. Die Kälte drang in jede Pore, und vergeblich versuchte er, mit klappernden Zähnen wieder einzuschlafen. Den Nächten folgten Tage, die jedem Albtraum Konkurrenz machten.

Es war so, wie es die Kämpfer in Mazar oft beschrieben hatten, wenn Hesmat wortlos in der Ecke gesessen und ihnen dabei zugehört hatte, wie sie vom Krieg, vom Elend, vom Sterben erzählten. »Der Mensch kann mehr ertragen, als sich irgendjemand vorstellen kann«, sagten sie, und sein Vater hatte wortlos genickt. »Tausendmal glaubt man zu sterben, dass die Schmerzen nicht mehr zu ertragen sind, das letzte Körnchen Kraft den Körper schon lange verlassen hat«, sagten sie, »aber irgendwann vergisst man die Schmerzen, den Hunger, das Leid. Der Kopf ist leer, der Körper ein stiller See, der alle Schmerzen bedeckt. Nur selten schwappt eine Welle des Schmerzes an die Oberfläche und erinnert dich daran, dass du längst eine Grenze überschritten hast.«

Er hatte die Grenze überschritten und es schon lange aufgegeben, seine Schritte zu zählen. Er hatte vergessen, wie viele Serpentinen sie sich die Berge hinaufgeschleppt hatten, wie oft seine Beine versagt hatten. Er zählte zu den Kräftigsten, dabei fühlte er sich schon nach der ersten Nacht beinahe zu schwach, um wieder aufzustehen. Die Decke, die ihm das alte Paar in Taloqan zum Abschied geschenkt hatte, schlotterte um seine Schultern. In der Nacht war sie der einzige Schutz gegen die Kälte.

Am Tag stiegen die Temperaturen, die Sonne brannte erbarmungslos auf die Gruppe nieder, die sich scheinbar ziellos den Weg durch immer neue und noch mächtigere Berge bahnte. Er konnte nicht verstehen, wie die Kinder und die Frauen diese Strapazen ertragen konnten. Schweigend gingen sie neben den Packtieren her und nur selten sah er eine stumme Träne auf den Wangen der Kinder. Es gab kein Klagen, kein Jammern, auch wenn der Führer das Tempo nur selten verlangsamte oder ihnen eine kurze Pause gönnte. Wortlos trieb er sie wie eine Herde Schafe mit seinem Stock an, wenn sie sich nach kurzer Rast mit einem tiefen Seufzen erhoben und in die Runde blickten. Im stummen Protest schlugen sie die Augen vor seinen Blicken nieder und folgten ihm doch widerspruchlos weiter. Nie fragte jemand, wie lange der Weg sich noch ziehen würde, niemand fragte nach einer Pause. Wenn er stehen blieb, sanken sie nieder, wo sie gerade standen. Wenn er trank, suchten auch sie mit einem Schluck aus ihren Flaschen nach Erholung.

Sie standen lange vor den ersten Sonnenstrahlen auf und gingen, bis die Dämmerung hereinbrach. Wenn die Sonne am höchsten stand, verkrochen sie sich im Schatten der Steine und gönnten ihren schmerzenden Beinen eine kurze Pause.

Wenn sie einen Bach querten, steckten sie ihre nackten Füße in die Fluten und erwachten für wenige Augenblicke aus ihrem Albtraum. Sie fanden sich in einer Landschaft wieder, die so schön, so atemberaubend und doch so tödlich, so einsam und verlassen war, dass man nur zum Sterben hierherkommen konnte. Dann gingen sie weiter und ein schmerzender Schritt folgte dem nächsten.

Als sie den fünften Pass überschritten hatten, entdeckten sie vor ihnen ein Lager. Der Weg hatte sie direkt zu den Mudschaheddin geführt und so standen sie praktisch plötzlich mitten im Lager der Kämpfer. Der Oberst schrie und bestrafte seine Männer mit Fußtritten. Die müden Kämpfer hatten nicht damit gerechnet, hier auf Fremde zu treffen. Die Wachen waren eingeschlafen und niemand hatte die Gruppe mit Hesmat bemerkt. Die Kämpfer hatten Glück, denn die Gruppe bestand nur aus müden Händlern und Flüchtlingen, die keine Gefahr für sie darstellten, sondern sich Schutz und einen sicheren Unterschlupf für die kommende Nacht erhofften. Trotzdem waren die Mudschaheddin unvorsichtig gewesen: Es hätten statt der Flüchtlinge auch 30 Taliban ohne Vorwarnung in ihrem Lager stehen können.

»Ihr könnt hier nicht bleiben«, sagte der Oberst kurz. »Ihr müsst verschwinden. Ihr behindert unseren Einsatz.«

Schließlich ließ er doch mit sich reden. Sie durften ihre Plastikplanen aufschlagen und beruhigt ihre Augen schließen. Zum ersten Mal seit Tagen hatte Hesmat das Gefühl, sicher zu sein.

Hesmat bekam nichts von den Gesprächen der anderen mit. Als er eingeschlafen war, unterhielt sich ihr Führer lange mit einigen Mudschaheddin über die Lage im Norden. Darüber, dass sich der Widerstand formierte, ihre Obersten aber nicht in der Lage waren, die einzelnen Gruppen der verstreuten Kämpfer zu organisieren. Ihnen waren nur ihre veralteten Gewehre, ein paar Granaten und eine Panzerfaust geblieben. Seit Wochen irrten sie in den Bergen umher und hielten Ausschau nach anderen versprengten Gruppen. Die Anführer der verschiedenen Gruppen stritten sich außerdem um die Führung und jeder verfolgte andere Ziele. Die einen sprachen vom sofortigen Angriff auf die Taliban, die anderen davon, auf Hilfe von außen zu warten. Es gab keine jungen Männer mehr, die sich ihnen anschlossen. Eine ganze Generation war in den Krieg gezogen, sie hatten für ihr Land gekämpft und waren gestorben.

»Die Wiesen sind getränkt mit dem Blut unserer Besten«, sagte einer der Männer. »Wir verbluten und sterben.«

Der Führer erkundigte sich nach dem sichersten Weg zur Grenze.

Immer wieder hatten die Mudschaheddin Stellungen der Taliban aus der Ferne gesehen und immer häufiger waren Gerüchte von einem bevorstehenden Angriff auf ihre letzten Stellungen an ihre Ohren gedrungen. Der Kampf und der endgültige Sieg der Taliban war wohl nicht mehr aufzuhalten und es gab nur noch wenige Ortschaften unter dem Schutz der Mudschaheddin. Selbst sichere Schleichwege und Trampelpfade über die Berge konnten plötzlich über Nacht zu Fallen werden, sagte der Kommandant. Die Situation ändere sich von Woche zu Woche.

Als die Männer schlafen gingen, hatten sie beschlossen, zuerst nach Shahalin im Osten zu gehen. Der direkte Weg zur Grenze war zu unsicher. Dort im Dorf wollten sie für ein paar

Wochen ausharren und auf eine Besserung warten. Niemand weihte Hesmat in die Planänderung ein. Als er erwachte, sprach niemand mehr davon.

Die Berge wurden immer höher und die Pässe steiler. Schließlich steckten sie bis zu den Hüften im Schnee und selbst die Tiere kamen kaum vorwärts. Jede Bewegung, jeder Schritt wurde endgültig zur Qual. Sie waren hoch in den Bergen, die Luft war spürbar dünner als im Tal und jede weitere Minute wurde zur Unendlichkeit. Einzig der Gedanke an die Grenze ließ Hesmat nicht verzweifeln.

Irgendwann mussten die Berge und Pässe ein Ende nehmen, machte er sich Mut, bald würde es vorbei sein. Noch ein paar Stunden. Er würde an der Grenze sein und dieses Land verlassen.

Als sie endlich die ersten Häuser sahen, atmete Hesmat hörbar auf, dann aber holte ihn die Enttäuschung ein. Die kleine Stadt wirkte ruhig und friedlich, aber Hesmat sah keinen Fluss, der eigentlich die Grenze darstellte. Erst als er danach fragte, erfuhr er von der Planänderung.

»Nein, wieso? Das ist nicht Hodscha-Bahaudin«, sagte der Führer genervt.

Hesmat weinte und protestierte, aber jeder Protest prallte an den kalten Augen des Führers ab.

Sie waren fast eine Woche Fußmarsch von der Grenze entfernt. Die ganzen letzten Tage waren sie unter unglaublichen Strapazen nach Osten statt nach Norden gegangen und die Grenze war jetzt noch weiter entfernt als von Taloqan aus.

»Inschallah«, sagte der Führer, »du wirst schon noch an die Grenze kommen. Hab Geduld.«

Der Umweg hatte auch sein Gutes. Der Ort war ruhig. Hier gab es keine Taliban. Er hörte Musik aus einem Kassettenrekorder, sah Fotos an den Wänden und in einem Haus lief sogar ein Fernseher. Der Dorfälteste wollte auf seinen Luxus, den er sich vor Jahren in Kabul angewöhnt hatte, nicht verzichten. Auf dem Dach seines Hauses hatte er eine Satellitenschüssel installiert und ein Generator hinter dem Haus lieferte den nötigen Strom. Hesmat erinnerte sich daran, wie sein Vater so eine Schüssel auf ihrem Dach montiert hatte und wie alle Nachbarn zusammengelaufen waren, um die Bilder zu sehen. Als die Taliban Mazar einnahmen, verschwanden dann die Satellitenschüsseln wieder von den Dächern.

Hier aber gab es niemanden, der auf die Länge der Bärte achtete, niemanden, der die Frauen schlug, wenn sie alleine aus dem Haus gingen und nur schlichte Kopftücher statt der Burka trugen. Er überlegte, warum sie nicht schon längst über die Grenze geflohen waren, landete mit seiner Frage aber bei seiner eigenen Familie. Warum waren sie selbst nicht rechtzeitig geflohen? Er vertrieb den Gedanken mit dem kühlen Wasser, das er sich übers Gesicht laufen ließ. Es war die erste Dusche nach fast drei Wochen. Als er aus der Wanne stieg, war der gesamte Boden schwarz. Er schämte sich und schlüpfte zurück in seine schmutzige Kleidung. Er würde sie in den nächsten Tagen waschen.

Allein unterwegs

Lange war keine Gruppe mehr in den Ort gekommen und die Einheimischen rissen den Händlern praktisch alles aus den Händen. Sie machten gute Geschäfte und sie wollten bleiben. Sich erholen. Warten. Dann hörte Hesmat, dass sie überlegten, noch einmal nach Taloqan zurückzugehen. Sie konnten hier gute Geschäfte machen und wollten Nachschub organisieren. Sie kannten jetzt den Weg zwischen den Fronten hindurch und begannen zu streiten. Die Frauen wollten weiter in ihre Stadt, zurück nach Hodscha-Bahaudin. Die Männer und der Anführer der Gruppe aber wollten Geschäfte machen.

Drei Tage hörte Hesmat dem Hin und Her zu, dann entschloss er sich zu gehen. Die Mudschaheddin kannten den Weg zur Grenze, und dort gäbe es weitere versprengte Gruppen, die ihm helfen würden. Der Weg war gefährlich, aber nicht unmöglich. Er würde London nie erreichen, wenn er schon hier Wochen umsonst wartete. Wer konnte ihm garantieren, dass die Taliban nicht in den nächsten Tagen den Ort einnahmen und er noch länger warten musste?

Er hatte sich gründlich ausgeschlafen und war früh und gegen den Rat der Einheimischen aufgebrochen. Er wollte in den

Bergen sein, bevor die Mudschaheddin, die sie getroffen hatten, weiterzogen. Er war sich sicher, dass sie einen einzelnen Jungen nicht im Stich lassen würden. Es waren Kämpfer, sie hatten ein Herz, sie würden ihm helfen. Sie mussten ihm ganz einfach helfen, sagte sich Hesmat immer wieder.

Er ging Stunde um Stunde und versuchte, sich an den Weg, den sie gekommen waren, zu erinnern. Er hielt Ausschau nach auffälligen Felsen, Sträuchern und Dingen, die er auf dem Weg ins Tal gesehen hatte. Aber bald musste er einsehen, dass er sich verlaufen hatte, und setzte sich entmutigt auf einen Stein.

Er ging stumm die Möglichkeiten durch, die ihm blieben: Er konnte hier sitzen bleiben. Er konnte zurück in den Ort. – Er konnte sich geschlagen geben. Er konnte aber auch aufstehen und immer weitergehen. Gehen, solange er etwas hatte, das seinen Magen füllte, solange Wasser in seiner Flasche war und ihn keiner aufhielt. Er dachte an das Gesicht seines Großvaters, wenn er wieder in der Tür ihres Hauses stehen würde. Er hätte gewonnen. Sie alle hätten gesiegt. Er hätte sich getäuscht. Nein, er wollte nicht der Diener seines Großvaters werden. Er hatte es versprochen, sich selbst, seiner Mutter. Sein Vater war aufrechten Hauptes gestorben, er hatte keine Angst um sich gehabt. Sie sollten nicht umsonst gestorben sein.

Seine Eltern hatten sich an der Universität in Balkh kennengelernt. Sie kam aus einer gebildeten und weltoffenen Familie im Westen, nahe der Grenze zum Iran. Sie studierte Dari (eine der drei Landessprachen) und Mathematik und träumte davon, Lehrerin zu werden. Er war südlich der Hauptstadt Kabul geboren und als Vierzehnjähriger von zu Hause weggelaufen. Weg von seiner Familie, von seinem tyrannischen Vater, der ihn religiös erziehen wollte. Er hatte sich dagegen aufgelehnt und es war zum Streit gekommen. Daraufhin hatte er sich alleine bis nach Mazar-e Sharif durchgeschlagen und sich dort mit verschiedenen Gelegenheitsarbeiten über Wasser gehalten. Nach der Vertreibung des Königs brach der Bürgerkrieg aus, doch seinem Vater war klar gewesen, dass die Russen das Land nicht auf Dauer im Chaos versinken lassen würden.

Als sie schließlich lange vor Hesmats Geburt in Afghanistan einmarschierten, schlug Hesmats Vater sich auf die Seite der Besatzer. Er glaubte an die Kommunisten, er hoffte auf Frieden. Er lernte Russisch und machte schnell Karriere. Er bekämpfte die Widerstandsnester, kommandierte eine kleine Einheit und sorgte für Nachschub bei den Truppen. Er war gut im Organisieren und kannte den Norden des Landes wie seine Westentasche. Sein Vater war sich jedoch der Gefahr bewusst, die die Arbeit mit sich brachte. Er wusste genau, dass er ein riskantes Spiel spielte. Wenn die Russen eines Tages die Herrschaft über Afghanistan verloren, würde es gefährlich für ihn und seine Familie werden. Als Hesmat geboren wurde, hatte sich das Blatt bereits gewendet. Die Widerstandskämpfer waren stärker und stärker geworden.

Außerdem wurde sein Vater auch noch von seiner Vergangenheit eingeholt. Dessen Vater und seine Geschwister tauchten plötzlich in Mazar auf und drängten sich erneut in sein Leben. Ihre Gegenwart brachte jene Probleme zurück, vor denen er als junger Mann geflüchtet war: Fanatismus, Glaube, Vorurteile.

Hesmats Vater hatte seine spätere Frau vom ersten Blick an geliebt, und so heirateten sie gegen den Willen von Hesmats tiefreligiösem Großvater, der nur arrangierte Hochzeiten akzeptieren wollte. Sie hassten Hesmats Mutter. Sie gehörte nicht zu ihnen, sprach eine andere Sprache, hatte eine andere Kultur und wollte sich dem harten Diktat des strenggläubigen Schwiegervaters nicht beugen. Seine Mutter bestand darauf, dass Hesmat zur Schule ging, sein Großvater, ein strenggläubiger Mullah – ein Religionsgelehrter –, verbot seinem Enkel jedoch die Schule. Er war der Clanälteste, sein Wort war Gesetz, und er war es nicht gewohnt, infrage gestellt zu werden. Schon gar nicht von einer Frau, die aus einem anderen Volksstamm kam und ihn nicht akzeptieren wollte. Hesmat solle den Koran lernen, befahl er: »Das Einzige, was ein Mensch braucht.«

»Du wirst nicht wie die«, sagte seine Mutter oft zu Hesmat, »du bist für etwas anderes bestimmt!«

Dann wurde sie plötzlich immer schwächer. Sie hatte stark abgenommen und selbst die kleinste Arbeit bereitete ihr große Mühen. Schnell war sie außer Atem, musste sich setzen und sich die Schweißperlen von der Stirn wischen.

»Es ist nichts«, sagte sie immer wieder.

Aber es wurde von Woche zu Woche schlimmer. Sie versuchte, ihm seine Angst zu nehmen, doch er spürte, dass etwas nicht in Ordnung war. Dann brach die Krankheit endgültig aus, der Husten hörte nicht mehr auf. Hesmats Vater brachte ihr Medikamente. Medikamente, die sich in der Stadt niemand leisten konnte und die es auch nicht gab. Immer wieder hörte Hesmat sie in der Nacht husten, immer wieder wurde er durch ihre Hustenanfälle geweckt. Es klang schrecklich, wenn dieser zarte Körper vom Husten gebeutelt wurde. Immer wieder spuckte sie grünlichen Schleim in ihr Taschentuch, doch sie beruhigte ihren Sohn: »Es ist nichts«, sagte sie, »nur eine Verkühlung.«

Wenn er verkühlt war, hatte er Schnupfen und es gab heißen Tee und ein paar Tage Ruhe, dann war alles wieder vorbei. Ihre Verkühlung wurde nicht besser. Als er schließlich Blut in ihrem Taschentuch entdeckte, bekam er Angst. Blut bedeutete Tod.

Tagelang blieb sie damals auf ihrer Matte liegen und Hesmat kümmerte sich um sie. Sie war schwach, ihr Wille reichte nicht aus, um aufzustehen. Niemand fragte danach. Sobald sein Vater wieder für Wochen an die Front musste, ließ die Großfamilie seine Mutter im Stich. Niemand kümmerte sich um sie, niemand wollte ihr helfen. Alle sahen ihr nur aus der Ferne bei ihrem langsamen Tod zu.

Die Hustenanfälle wurden schlimmer. Niemand wollte es aussprechen, doch selbst Hesmat hatte inzwischen verstanden, dass seine Mutter sterben würde. Er verdrängte seine Ängste, so gut es ging. Täglich hoffte und betete er für eine Besserung, und es gab auch Tage, da schien Allah sein Gebet zu erhören. Dann schien die Krankheit eingeschlafen und den Körper freigegeben zu haben. Manchmal lachte sie sogar wieder. Er dankte Gott dafür, nur um wenige Tage später verzweifelt in einer Ecke zu weinen. Es war ein ständiges Auf und Ab und ihre guten Tage wurden immer seltener.

Auch um seinen Vater stand es nicht zum Besten. Er hatte mit den Kommunisten paktiert, die das Land nun verließen. Schon bald würde auch er die Rache vieler zu spüren bekommen.

Mit dem Gedanken an den Tod seiner Eltern kam der Wille zurück, und er wusste, dass er die Berge lebend verlassen würde. Er stand auf und setzte den ersten Schritt. Stunde für Stunde, Tag für Tag. Irgendwann würden diese Füße ihn durch London tragen.

Panik.

»Ich muss nachdenken«, flüsterte er sich zu.

Er musste klar denken. Klar denken. Sie würden ihm nichts tun. Aber immer wieder diese Geräusche. Waren es wirklich Wölfe? Er lauschte. Es war still, nur der Wind pfiff über die Höhle, in die er sich verkrochen hatte. Da, wieder! Der Wind wurde lauter und verschlang das Geräusch.

Er hatte die gerissenen Tiere gesehen. Er versuchte, sich zu beruhigen. Es mussten nicht unbedingt Wölfe sein. Wieder hörte er hinaus in die Dämmerung. Er spürte den Herzschlag in jeder Faser seines Körpers. Es war überall. In seinen Händen, in seinem Kopf. Ein Herz, das raste, sich versteckte, das Angst hatte. Er zitterte. Seine Hände suchten in seinem Umhang nach dem Feuer. »Es kann dir das Leben retten«, hatte der Mann in Taloqan gesagt. Seine ganze Hoffnung war das Feuer. Sie hätten Angst davor. Sie würden ihm nichts tun. Holz. Wo konnte er hier Holz finden?

Beruhige dich, denk nach! Wo ist es? Zitternd durchsuchten seine Finger die Tasche. Er hatte es verloren! Ihm wurde schlecht. Was war das für ein Geruch? Er wollte schreien, konnte nicht vor Angst. Was, wenn es andere Männer waren? Nein, hier war niemand! Nur er.

Seit zwei Tagen hatte er niemanden gesehen. Die Mudschaheddin, zu denen er gewollt hatte, waren verschwunden gewesen. Er hatte sich verlaufen.

Hier war niemand! Er tastete sich einen Schritt zum Ausgang der Höhle. Seine Augen suchten umsonst, es war zu dunkel. Wo war das Feuerzeug? Der Wind hatte sich von einer Sekunde zur anderen gelegt. Stille. Nur sein Herz. Beruhige dich, es ist nichts!

Erst jetzt nahm er den Geruch wahr. Er kannte den süßlichen Gestank. Er kannte ihn aus den Straßen in Mazar.

»Du vergisst diesen Gestank dein Leben lang nicht«, hatte sein Vater gesagt. Hesmat erinnerte sich, dass der Gestank damals wochenlang über der Stadt gelegen hatte. Die Kämpfer hatten die Russen letztendlich aus dem Land vertrieben und bald hatten die Taliban die Kontrolle über die Stadt übernommen. Die Menschen verbarrikadierten sich in ihren Häusern, viele flüchteten, versuchten, den Mördern zu entkommen, beteten. Tausende Taliban durchkämmten die Stadt. Sie wussten, wo ihre Feinde saßen. Sie mussten den Widerstand sofort brechen und schnitten die Gedanken an Widerstand zusammen mit den Köpfen von den Hälsen der Unglücklichen.

Jeder kannte die Gesetze, die nun herrschen sollten. Die Taliban mussten sie nicht noch einmal verkünden. Das Blut in den Straßen unterstrich ihre Entschlossenheit. Immer wieder fand Hesmat Leichenberge in den Straßen, immer wieder Blut, abgeschnittene Arme und Beine und noch mehr Blut. Das Blut quoll unter den wahllos übereinandergeworfenen Menschenbergen hervor und rann Hesmat schon lange über die offenen Sandalen, ehe er wieder denken und atmen konnte. Er sah nur Tote, nichts Lebendiges, kein Geräusch. Die Lebenden waren geflüchtet oder im Stadtzentrum. Dort verkündeten die Taliban die neuen Zeiten, erhängten zur Demonstration ihrer Macht Gefangene.

Von seinem Großvater wussten sie bereits, dass sie ihre Bilder abhängen mussten und die Frauen das Haus nicht mehr ohne einen männlichen Verwandten verlassen durften. Musik sei ab sofort verboten, hieß es, ihre Fotoapparate würden zerstört. Die Männer mussten sich Bärte wachsen lassen, und wer einen zu kurzen Bart trug, dem drohten Prügelstrafe und Gefängnis. Für alles gab es Strafen, und nach den Bergen an Toten, die er gesehen hatte, wusste er, dass es die Taliban mit ihren Drohungen ernst meinten.

Jetzt erinnerte sich Hesmat an diesen Geruch, der untrügliche Geruch des Todes. Er wollte laufen, doch er war wie festgefroren. Sein Körper reagierte nicht, war mit Zittern beschäftigt. Noch immer hatte er die Hände im Beutel vergraben. Die Taschenlampe! Endlich Licht, doch kurz darauf wünschte er, er hätte nichts gesehen. Das Bild, das sich ihm bot, würde er nie vergessen können, auch wenn es nur Sekundenbruchteile waren, bevor er zu laufen begann.

Seine Füße hatten ihn aus der Höhle geholt. Sie taten, was sie wollten, ließen sich nicht mehr steuern, gehorchten nur noch den Instinkten, nicht mehr dem Kopf. Sie liefen, so schnell es ging. Die Blasen an den Füßen waren vergessen. Sie liefen, bis ein Krampf sie stoppte. Er fiel der Länge nach hin und spürte nicht, wie das Knie hart auf dem Stein aufschlug. Erst als er das warme Blut fühlte, das ihm über den Unterschenkel lief, kam er wieder zur Besinnung. Die Taschenlampe hielt er nach wie vor in den verkrampften Fingern. Der schmale Lichtstrahl verlor sich in der Nacht. Der Geruch war überall, schien ihn aus dieser Höhle zu verfolgen. Dabei war er weit gelaufen. Er wusste nicht, wo er war, aber jeder Platz war besser als dort drin.

Die Toten in der Höhle waren keine Kämpfer. Er hatte keine Waffen gesehen. Vielleicht waren es Schmuggler, vielleicht auch nur eine Gruppe, wie ihre es gewesen war. Es mussten mehr als zehn gewesen sein. Er hatte sie nicht gezählt. Das Bild, das er im Schein des Lichtkegels gesehen hatte, hatte sich in ihm eingebrannt. Jemand musste sie überfallen haben. Vielleicht hatten sie sich gewehrt. Hatte jemand überlebt? Wer hatte sie in der Höhle versteckt? Wo waren die Männer, die sie umgebracht hatten?

Es musste vor Wochen passiert sein. Es war nicht mehr viel Fleisch an den Körpern, es fehlten ganze Gliedmaßen. Die Tiere hatten sich die besten Stücke geholt. Vielleicht gab es hier doch Wölfe? Er war auf den Kleiderfetzen gestanden, die die Tiere auf dem Weg nach draußen mit den abgerissenen und abgebissenen Armen und Beinen verloren hatten.

Er musste sich übergeben. Galle rann über seine Wange, sein Magen war leer. In seiner Hosentasche fand er schließlich das Feuerzeug. Die Flamme beruhigte ihn. Stundenlang warf er alles, was er fand, in die schwache Flamme. Trockenes Gras, das er unter den Steinen ausriss, kleine Äste, die neben dem Weg lagen. Das Knie würde heilen. Es war nichts gebrochen. Der tiefe Kratzer blutete und er trocknete das Blut mit seinem Pullover. Er musste mit dem Wasser sparsam sein.

Er hatte Angst, die Augen zu schließen und wieder die Toten in der Höhle zu sehen, aber die Müdigkeit siegte. Es war eine traumlose Nacht.

Der Tag brach an, aber er hielt die Augen geschlossen. Solange er sich nicht bewegte, spürte er keinen Schmerz, keine Angst. Sein Geist war noch nicht wach. Er inhalierte die kühle Luft. Solange er stillhielt, war alles in Ordnung. Doch schon stiegen die Bilder der Nacht wieder in ihm auf und er kämpfte gegen die Übelkeit an. Er konnte hier nicht liegen bleiben. Er musste weiter.

Er atmete noch einmal tief durch, dann öffnete er die Augen. Der Himmel war bedeckt. In seinem Gesicht ertastete er Mückenstiche. Er musste aufstehen. Langsam setzte er sich auf und stemmte sich hoch. Das Knie war angeschwollen und beim ersten Schritt durchfuhr ihn ein Schmerz wie ein Stich mit einem Messer. Tränen schossen ihm in die Augen, während er versuchte, sich irgendwie von dem Schmerz abzulenken und einen Schritt vor den anderen zu setzen.

Wo war er? Bis gestern Nachmittag war er sicher gewesen, er würde die Männer finden. Er hatte sich am Bergrücken orientiert. Er war an den wenigen Bäumen vorbeigekommen, die ihm auf dem Weg in den Ort aufgefallen waren. Jeder Baum war in der kargen Landschaft ein Blickfang, fast ein kleines Wunder in der lebensfeindlichen Gegend. Nur vereinzelt unterbrachen sie das Grau der Steine, so selten wie die wenigen grünen Flächen, über die er gekommen war.

Vielleicht wartete die Frau nur auf jemanden? Sie stand mit dem Rücken zu den Zelten und blickte hinauf zu dem Bergkamm, von dem Hesmat gerade abstieg. Er hatte sie lange gesehen, bevor sie ihn entdeckt hatte. Jetzt ging er direkt auf die Gruppe mit der Frau zu. Er hatte keine andere Wahl. Inzwischen war er schon fünf Tage allein unterwegs. Nachdem er sich verlaufen hatte, war er Richtung Norden gegangen. Irgendwann muss ich dort ja auf den Grenzfluss stoßen, hatte er sich gesagt.

Sein Knie schmerzte, seit zwei Tagen hatte er nichts mehr zu essen, und er hatte sehnlichst gehofft, endlich auf Menschen zu treffen.

Er blieb stehen und blinzelte. Es war eine Frau, ohne Zweifel, es konnte keine Falle sein. Sie schrie irgendetwas über ihre Schulter. Zwei Männer kamen aus den Zelten und sofort sah er ihre Waffen. Sie würden nicht auf einen einzelnen Jungen schießen. Nicht eine Frau! Sie zögerten.

Sie gab ihm zu essen und säuberte sein Knie. Als sie ihm die viel zu großen Schuhe auszog, schüttelte sie den Kopf. Seine Fußsohlen waren von Blasen übersät, sein Gesicht war aufgedunsen. Jedes Mal wenn er für ein paar Stunden geschlafen hatte, waren die Mücken über ihn hergefallen.

Viele von ihnen waren Schmuggler, die an die Grenze wollten. Sie warteten auf einen Lkw, der sie abholen sollte. Seit Tagen suchten sie am Horizont vergeblich nach einem Zeichen ihres Fahrers. Sie schauten auf die Ebene, die sich am Fuß der Berge erstreckte. Man sah die Straße, aber keinen Wagen. Er ließ auf sich warten.

Die Mudschaheddin, die Hesmat gesucht hatte, waren vor zwei Tagen zu den Händlern gestoßen und hielten sich jetzt in der Nähe der Gruppe auf. Auch ihnen blieb nichts anderes übrig, als zu warten. Warten auf Munitionsnachschub, warten auf neue Befehle. Sie vertrieben sich die Zeit mit Schlafen, mit Rauchen und mit dem Reinigen ihrer Gewehre. Manchmal spielten zwei von ihnen mit den Kindern der Flüchtlinge und Schmuggler, die in immer größerer Zahl aus den Bergen auftauchten und zu ihnen stießen. Einmal machten sie Jagd auf einen Fuchs und die restliche Zeit über stritten sie über den Fortgang des Bürgerkriegs. Es waren die schmutzigsten Männer, die Hesmat je gesehen hatte. Die Haare hingen ihnen verdreckt über die Schultern und sie stanken erbärmlich. Ihre Hände sahen aus wie schmutzige Raubtierklauen, die sich nach allem ausstreckten, was ihnen zu nahe kam.

Schließlich kamen weitere Schmuggler. Sie blieben, um auf den Lkw zu warten. Tagelang hatte Hesmat niemanden in den Bergen gesehen. Jetzt tauchten immer mehr Schmuggler, Mudschaheddin und Vertriebene auf. Nach vier Tagen waren es über einhundert, die in den Zelten und einer nahen Höhle warteten. Die Flüchtlinge wie Hesmat waren froh, durch sie ein Gefühl der Sicherheit zu haben.

Gerüchte machten die Runde. Plötzlich sollten es drei oder vier Lkws sein, die bald kommen würden. Je mehr Heimatlose sich sammelten, desto mehr Lkws wurden es. Sie würden auch ewig auf nichts warten, dachte Hesmat. Er glaubte nicht mehr an den Lkw und nach einer Woche wurden selbst die ersten Schmuggler unsicher. Schon nach drei Tagen war manchen Flüchtlingen das Essen ausgegangen. Die Jagdversuche der Männer blieben meist erfolglos. Sie schlichen sich laut fluchend über die Hügel und vertrieben damit jedes Lebewesen.

»Die Tiere lachen über sie«, sagte die Frau und schüttelte den Kopf. »Sie sind sogar zu dumm zum Jagen, wie sollen sie einen Krieg gewinnen?«

Die Schmuggler begannen, alles zu verkaufen, was genießbar war. Der Preis war unglaublich hoch und eine Schande für die angebliche Gastfreundschaft der Afghanen. Brot war ohnehin alles, was sich die Menschen in diesem Land noch leisten konnten. Nach ein paar Tagen wollten die Schmuggler schon zehn Dollar für einen Laib. Doch bevor die Menschen verhungerten, kauften sie um jeden Preis, und mit jeder Stunde stieg der Preis weiter. Sie würden alle verhungern, wenn sie nicht etwas unternahmen.

»Ihr könntet ja euer Geld fressen!«, warf die Frau den Schmugglern an den Kopf.

Schließlich trieb die Verzweiflung die ersten Männer und Frauen weiter nach Norden. Sie hatten zu lange auf einen Lkw gewartet, der nie kommen würde, und sie hatten ihr letztes Geld für Brot ausgegeben, das sie schon längst in Hodscha-Bahaudin essen könnten. Es kamen keine Lkws.

»Ihr könnt nicht so einfach losmarschieren«, sagten die Mudschaheddin. »Dort unten ist der Feind. Ihr werdet ihnen in die Arme laufen.«

»Sie werden uns nichts tun«, entgegneten sie ihnen. »Wir sind Familien, die nichts verbrochen haben. Wir wollen nur in den Norden.«

Der Mudschahed schüttelte den Kopf. »Dann wartet zumindest auf Wind. Wenn der Wind den Sand aufwirbelt, seid ihr wenigstens etwas geschützt. Es gibt dort unten auf der Ebene sonst nichts, wo ihr euch verstecken könntet. Ihr seid wie auf dem Präsentierteller. Aber wenn ihr nicht hören wollt, dann geht und sterbt.« Er drehte sich um.

»Wir sterben auch hier«, sagte eine der Frauen und beschimpfte den Kämpfer. »Die Schmuggler lassen uns verhungern und rauben uns das letzte Geld! Ihr sitzt nur daneben und seht zu, während sie euch mit Brot bestechen. Ihr seid um nichts besser als sie!«

Schließlich siegte der Hunger und so zogen die ersten im Schutz des Morgengrauens los. Hesmat wartete. Die Schmerzen in seinem Knie waren besser geworden und die Blasen an den Füßen abgeheilt, trotzdem wartete er mit einer anderen Gruppe noch ein paar Stunden.

»Wir wollen zuerst beten und schauen, was passiert«, sagten sie.

Gemeinsam sahen sie der anderen Gruppe nach, die langsam hinunter zur Ebene abstieg. Es passierte nichts und vier Stunden später brachen auch sie auf. Als sich die Dämmerung ankündigte, hatten sie nach einem langen und gefährlichen Abstieg ins Tal die Ebene erreicht, auf die die erste Gruppe schon hinausgezogen war.

Dann sahen sie die Explosion, ein helles Aufleuchten am Horizont. Es war wie ein leuchtender Pinselstrich, den jemand in den Abendhimmel malte. Ein zweiter Pinselstrich folgte. Dann erst hörten sie die Explosion, Schüsse folgten.

Sie zuckten zurück, die Tragetiere scheuten, und die Gruppe flüchtete hinter Felsen, die am Rand der Ebene noch Schutz boten. Wortlos blickten sie hinaus in die Dunkelheit. Niemand sprach aus, was sie alle wussten.

Schließlich brach einer der Männer doch das Schweigen. »Wir müssen weiter. In der Dunkelheit haben wir die besten Chancen.«

Hesmat wartete vergebens auf Protest.

Die Dunkelheit war ihr Freund und die einzige Waffe, die sie den Taliban in ihren Verstecken entgegenstrecken konnten. Er versuchte, nicht an die Kinder zu denken, die dort draußen tot im Sand lagen. Die Mudschaheddin hatten sie gewarnt. Sie hatten die Warnungen in den Wind geschlagen. Kein Sandkorn hatte sich bewegt, der Wind hatte sie im Stich gelassen und sie hatten sich auf die Menschlichkeit ihrer Henker verlassen.

Doch jeder, der dort draußen unterwegs war, war eine Zielscheibe.

Sie konnten die Explosionskrater schemenhaft in der Dunkelheit erkennen, als sie sich der Stelle auf der Ebene näherten. Es roch nach verbranntem Fleisch, dem Geruch des Krieges. Die Angst kehrte zurück. Wieder war Hesmat in der Dunkelheit, wieder umkreisten ihn die Toten. Der Tod war hier, direkt neben ihm. Er schlich sich im Dunkel der Nacht immer näher an ihn heran. Egal wie schnell er lief, der Tod folgte ihm auf dem Fuß.

Wo hatten sich die Taliban versteckt? Hatten sie sie längst gesehen? Vielleicht hatten auch sie diese Brillen, mit denen man in der Nacht sehen konnte, von denen sein Vater ihm erzählt hatte. Hatten sie die Nacht damit besiegt und lachten über die stolpernden, verängstigten Flüchtlinge in der Dunkelheit? Sahen sie ihnen längst zu, wie sie gehetzt, mit zitternden Beinen, über die Ebene liefen, hinfielen, sich wieder aufrafften, tastend nach ihren Taschen suchten, die sie verloren hatten? Liefen sie ihnen unausweichlich in die Arme?

Bald hatte sich die Gruppe aufgeteilt, und die Jüngsten und all jene, die allein unterwegs waren, hatten sich abgesetzt. Die Alten waren zurückgefallen und Hesmat sah sie nie wieder. Vielleicht waren sie umgekehrt, vielleicht im Fluss, der die Ebene tosend teilte, ertrunken. Wer stolperte, stoppte, keine Luft mehr bekam und sich ausruhen musste, blieb zurück. Wer zurückblieb, war auf sich allein gestellt.

Als sie den Fluss erreicht hatten, zögerten sie. Irgendjemand sagte, die Brücke sei vermint, sie müssten durch die Fluten. Die Frauen begannen, laut zu weinen und zu jammern, aber das Rauschen des Flusses verschluckte den Protest. Hesmat füllte seine Flaschen und ging auf die Brücke zu. Die anderen folgten.

»Warum sollten sie eine Brücke verminen, die sie selbst brauchen?«, fragte er und betrat sie als Erster. Als sie auf der anderen Seite wieder sicheren Boden unter den Füßen hatten, hörte er das Lachen der Verzweifelten.

Innerhalb einer Stunde folgte schließlich die nächste Gruppe. Wieder gab es Explosionen. Niemand weinte, niemand fragte nach ihnen.

Über den Fluss

Der Arzt zeigte ihm, wie Hesmat das Tuch um seinen Kopf wickeln musste. Als er sich schließlich im Spiegel betrachtete, blickten ihn zwei ihm fremd erscheinende Augen aus dem schmalen Schlitz an. Dann hatte ihm der Arzt vorsichtig die Salbe auf seine Füße geschmiert.

»Du musst warten, bis sie abgeheilt sind«, sagte er, »vorher kannst du nicht weiter.«

Fahid hatte ihm von den Ärzten erzählt, die aus einem fremden Land gekommen waren und hier den Minenopfern halfen. In ihren Räumen roch es nach Desinfektionsmitteln und in den Kübeln hatte er das getrocknete Blut der Operationen gesehen. In den vier Räumen stöhnten die Verletzten und warfen sich, vor Schmerzen schreiend und schwer atmend, von einer Seite auf die andere, aber es schien kein Entkommen von den Schmerzen zu geben. Ihre Wunden waren nur provisorisch verbunden, der Verband um die Stümpfe der Minenopfer blutdurchtränkt. Der Ort roch nach Tod.

Auf der Suche nach einem Arzt war er am Operationsraum vorbeigekommen und hatte die Eisensäge auf dem Tisch liegen sehen, mit der den Minenopfern die letzten Fetzen ihrer Beine vom Körper gesägt wurden. Er lief ins Freie, wo er im Hof des Krankenhauses den Arzt sah.

Es hatte sich herumgesprochen, dass man den Opfern hier half, und immer wieder schleppte man die Verletzten, teils nach Tagesmärschen und auf klapprigen Liegen, zu ihnen. Viele hofften auf ein Wunder, aber die Ärzte waren keine Götter. Trotzdem überlebten angesichts der Umstände überraschend viele, auch wenn die meisten von ihnen künftig auf Krücken durchs Leben humpeln würden.

Ein alter Kämpfer humpelte an ihm vorbei, die grüne Hose, die hochgesteckt den Stumpf verbarg, streifte den am Boden sitzenden Jungen an der Schulter. »Wir sind vor den Taliban geflüchtet, aber da hatten sie uns schon umzingelt«, erzählte der Verstümmelte. Danach hatten sie die Gefangenen in ein Minenfeld getrieben. »Ich war der Einzige, der überlebt hat«, erzählte der Soldat.

Drei Mal war Hesmat in dieser Woche zu den Ärzten gegangen und schon bald ließen die Schmerzen in seinem Bein nach. Seine Füße heilten ab, aber jedes Mal beschlich ihn die Scham, wenn er auf beiden Beinen das Krankenhaus verließ. Der lange Fußmarsch, die schlechten Schuhe, der Schmutz und die Insekten hatten seine Füße anschwellen lassen, aber seine Schmerzen waren nichts im Vergleich dazu, was er hier an Schmerzen sah, hörte und roch.

Als sie endlich in Hodscha-Bahaudin eingetroffen waren, konnte er kaum noch gehen. Jeder Schritt war eine Qual, aber dank der Salben der Ärzte erholte er sich. Nachdem er das erste Mal im Krankenhaus gewesen war, hatten die Arzthelfer ihn auf dem Platz vor ihrem Haus untergebracht. Er schlief im Schatten der Steinmauer, im Schatten der Schmerzensschreie. Das

Krankenhaus war der sicherste Ort in dieser Stadt und das Dröhnen des Generators beruhigte ihn.

Noch nie vorher hatte es hier Strom gegeben. Telefone kannten die Menschen nur aus den Erzählungen der Händler. Hier waren seit zwei Generationen alle in den Krieg gezogen, und das Einzige, was jeder von ihnen besaß, war eine Kalaschnikow. Selbst Jungen in Hesmats Alter präsentierten routiniert ihre Waffen. Wenn die Alten nicht kämpften oder verstümmelt aus dem Krieg zurückkehrten, pflügten sie die Felder und schimpften übers Wetter.

Hodscha-Bahaudin war der Ort der Gestrandeten. Und über die zwei Schotterpisten kamen täglich neue. Zu Fuß, mit Eseln, in Fetzen. Ausgehungert und mit der Angst und der Ausweglosigkeit von Flüchtenden in den Augen. Tausende hatten sich in den letzten Monaten hierher durchgeschlagen, viele waren weiter über den Pjandsch in den Norden geflohen, andere wollten nicht über den Fluss, sondern hier den Ausgang des Krieges abwarten. Einer von ihnen war Fahid. Seine Eltern waren kurz nach seiner Geburt aus Duschanbe in den Norden Afghanistans gezogen. Dort waren sein Vater und zwei seiner Brüder im Kampf gefallen. Seine Mutter war eine jener Frauen, die der Krieg verrückt gemacht hatte. Er wollte nach Europa, um Geld für seine ältere Schwester und seinen jüngeren Bruder zu verdienen, die alleine in Afghanistan zurückgeblieben waren. Ein Freund seines einen verstorbenen Bruders lebte in Frankreich und hatte angeboten, ihm zu helfen. Er war seit zwei Wochen unterwegs, als er in Hodscha-Bahaudin landete und auf eine günstige Gelegenheit wartete, um über die Grenze zu kommen. Er war sicher, dass auf der anderen Seite alles einfacher war. Sein Onkel in Duschanbe würde ihm bei der Flucht weiter nach Europa helfen. Er war der Junge mit dem größten Optimismus, den Hesmat je getroffen hatte. Es gab für ihn keine Probleme, nur Verzögerungen. Alles war nur eine Prüfung, die ihn reifen ließ und ihn niemals von seinem Ziel abhalten konnte.

Er war fünf Jahre älter als Hesmat, und als er den abgemagerten Jungen beim ersten Treffen aus dem Wasser des Flusses rettete, war es, als würden sich Brüder wiedertreffen. Hesmat hatte der Familie, bei der der wohnte, angeboten, Wasser vom Fluss zu holen, und war mit den beiden Kübeln, die über einen dicken Ast links und rechts von seinen Schultern baumelten, losgezogen. Als er den zweiten Kübel aus dem Wasser ziehen wollte, rutschte er ab und fiel kopfüber in die braunen Fluten. Das Wasser war nicht besonders tief, trotzdem schrie er und schlug wild um sich, bis ihn die fremde Hand unter der Schulter packte und ihm Sicherheit gab.

»Ich bin Fahid«, sagte der fremde Junge und streckte ihm die Hand entgegen, als Hesmat nass und verängstigt wieder am Ufer stand. Fahid lachte, und es war ein Lachen, das ansteckte. Obwohl Hesmat nicht wusste, wie sehr das Wasser den Geldscheinen in seinem Gürtel geschadet hatte, begann er selbst zu lachen, wie er es seit Jahren nicht mehr getan hatte.

Hodscha-Bahaudin war gefährlich. An jeder Ecke kontrollierten Mudschaheddin das Geschehen. Viele von ihnen waren jedoch auffällig freundlich zu Jungen wie Hesmat und Fahid und luden sie in ihre Hütten ein. Man versprach den Jungen Essen, einen sauberen Platz zum Schlafen, sie könnten für sie arbeiten und man wollte ihnen auch über die Grenze helfen. Das Angebot war für viele der ausgehungerten, gestrandeten Kinder verlockend und einige ließen sich auf das Spiel ein und gingen mit den Männern mit. Fahid wusste, wovon er sprach, wenn er von den leeren Augen der Kinder erzählte. Er selbst war den Männern nur knapp entkommen.

Auch er war hungrig, müde und verängstigt gewesen, als er in die Stadt kam. Auch ihn hatten sie in ihre Hütten eingeladen. Sie gaben ihm köstliches Hammelfleisch und zum ersten Mal seit Wochen war er satt geworden. Dann hatte er die durchsichtigen Plastikpakete im hinteren Raum entdeckt, die sich bis unter die Decke türmten. Jeder Junge in Afghanistan kannte diese Pakete, jeder wusste, womit sich die Kriegsfürsten und sogar die Taliban ihr Geld verdienten. Ganze Lkws voll fuhren durch das Land und verließen Afghanistan über die Grenze in Richtung Russland und Europa.

Trotzdem hatte er noch nie einen derartigen Berg Drogen gesehen. Mit offenem Mund starrte er die Wand an, bis ihm einer der Mudschaheddin, der ihn entdeckt hatte, ins Gesicht schlug. »Verschwinde«, sagte er, nahm Fahid dann aber freundlich an der Hand und führte ihn aus dem Raum. »Komm, mein Sohn«, sagte er, »wir gehen in mein Zimmer.« Fahid zitterte, der Mudschahed spürte seine Unsicherheit und verstärkte den Griff um seine Finger. Mit letzter Kraft und allem Mut, den er aufbringen konnte, riss Fahid sich los und lief aus dem Haus.

Viele gingen den Vergewaltigern in die Falle. Ein knurrender Magen und die Angst im Kopf ließen sie unvorsichtig werden und nur wenige hatten so viel Glück wie Fahid.

Fahid riet ihm, zu den Ärzten zu gehen. Sie würden sich um seine Füße kümmern und ihm auch ein Tuch schenken, wie er selber eines trug. Fahid wusste, wie es lief.

»Sie stehen auf junge Gesichter«, sagte er, »und wenn man keinen Bart hat, so wie du, ist es noch schlimmer. Sie mögen diese weichen Gesichter. Du musst dir ein Tuch umbinden«, sagte er. »Geh zu den Ärzten, die haben eins für dich.«

Fahid kannte zwei Jungen, die bei den Kämpfern lebten. Sie

waren vor vier Monaten in der Stadt gelandet und wollten, wie die meisten anderen, über die Grenze. Sie waren der Einladung gefolgt und waren geblieben. Sie schliefen jetzt in den Häusern der Anführer und hofften auf ihre Barmherzigkeit.

»Sie werden uns mit den großen Hubschraubern ausfliegen«, erzählten sie. »Sie haben sogar schon unsere Papiere.«

Aber es gab keine Hubschrauber. Viele nahmen sich das Leben, sie gingen ins Wasser und kamen nicht mehr zurück.

»Sie verkaufen sie, wenn sie sie nicht mehr brauchen«, warnte ein Einheimischer sie. »Sie bringen sie über die Grenze und verkaufen sie an andere Männer. Seid vorsichtig!«

Die Ärzte kannten die Geschichten, doch sie waren machtlos. Sie waren Gäste im Gebiet der Kämpfer, und wenn sie sich in die Geschäfte der Mudschaheddin einmischten, hatten sie Glück, wenn sie nur aus dem Land flogen. Wie alle beugten auch sie sich den Gesetzen des Krieges.

Niemand im Ort wusste, wie viele bereits im Pjandsch ertrunken waren. Der Fluss war eine unüberwindliche Grenze. Niemand in diesem Land konnte schwimmen, trotzdem hatten viele sich in ihrer Verzweiflung wackelige Flöße gebaut und sich den trägen Fluten anvertraut. Andere klemmten sich in der Hoffnung, irgendwo an die sichere Seite geschwemmt zu werden, einfach an Holzbalken, Autoreifen und leere Fässer, die sie in die Fluten warfen. Aber die Strömung riss die meisten von ihnen in den Tod.

Die, die bis hierhergekommen waren und nicht auf der letzten Etappe sterben wollten, warteten und beteten. Viele, die kein Geld für das Schlepperboot hatten, schauten Tag für Tag über den Fluss auf die Türme der Grenzposten und träumten von einer besseren Welt. Irgendwann überkam sie die Verzweiflung, und sie ließen sich von Betrügern das letzte Geld für falsche Papiere aus der Tasche ziehen, oder sie begannen, selbst Pläne für eine Flussüberquerung zu schmieden.

Täglich beobachteten Hesmat und Fahid die Fähre, die zwischen den Ufern, zwischen den Welten wechselte. Sie brachte Lebensmittel, Treibstoff für die Jeeps, Nachschub für die Widerstandskämpfer. Wenn sie dann halb leer und mit den wenigen Glücklichen, die Papiere hatten, von der afghanischer Seite ablegte, um auf die tadschikische Seite überzusetzen, folgten dem großen Floß Hunderte Augenpaare.

Nur wenige hatten die nötigen Ausweise und Stempel und blickten unsicher von der Fähre zurück auf das Land ihrer Geburt, das sie verließen. Sie drängten sich in der Mitte der Fähre, möglichst weit weg vom braunen Wasser, von den tödlichen Fluten.

»Du wirst verrückt, wenn du ihr immer nur nachsiehst«, sagte Fahid. »Komm, lass uns loslegen.«

Fahid verstand einiges von Booten, obwohl der größte Fluss, den er bis dahin gesehen hatte, der Bach in seinem Dorf gewesen war. Irgendwie aber schien er genau zu wissen, was man für eine sichere Überfahrt brauchte.

»Eigentlich bin ich ein Seemann«, sagte er und lachte über seinen eigenen Scherz.

Entlang des Flusses gab es genug Männer, die für Geld ein Boot organisieren wollten, aber Fahid lehnte die meisten Angebote ab.

»Du willst wohl, dass wir ersaufen«, schimpfte er. »Sieh dir die Löcher an! Du bist ja verrückt.«

Drei Tage später war er schließlich zufrieden von seiner Suche zurückgekehrt. Zusammen mit zwei Männern, die ebenfalls seit Wochen gewartet hatten, kauften sie das Boot. Der Schmuggler schob sich die 100 Dollar in die Tasche und erzählte ihnen von einer Stelle flussabwärts, die sich anbot und von der angeblich nur wenige wussten.

Als die Dämmerung anbrach, trugen sie das Boot Richtung Westen. Nach vier Stunden kamen sie endlich an die empfohlene Stelle. Die Grenztürme auf der anderen Uferseite lagen längst hinter ihnen und der Fluss floss an dieser Stelle ruhig und sanft dahin. Das Boot schaukelte leicht unter der Kraft der Ruder und Hesmat beschlich ein neues, unangenehmes Gefühl. Ständig suchte er nach Löchern im Boden, die sie übersehen haben könnten. Aber das einzige Wasser, das ins Boot schwappte, kam von den Paddeln, die kräftig eintauchten, dass es nur so spritzte. Fahid hatte keine Übung im Umgang mit dem Ruder und jeder dritte Schlag glitt an der Wasseroberfläche ab und spritzte Hesmat im hinteren Teil des Bootes nass.

Dann plötzlich drehte sich das Boot und wurde schneller. Sie waren in die Strömung in der Flussmitte geraten und trieben ab. Fahid und einer der Männer kämpften mit ihren Rudern dagegen an. So schnell wie die Strömung gekommen war, verschwand sie auch wieder. Sie hatten die Flussmitte hinter sich und waren dem rettenden Ufer nahe.

Als sie schließlich nach einer halben Stunde endlich wieder festen Boden unter den Füßen hatten, fielen sie sich in die Arme, bevor sie das Boot ans Ufer zogen. Das Boot war schließlich 100 Dollar wert, die sie nicht so einfach wegwerfen wollten.

»Seid ihr verrückt?«, sagte einer der Männer. »Lasst das Scheißding liegen! Wollt ihr es bis Duschanbe mitschleppen? Das holt sich schon einer und verkauft es drüben wieder. Hier und jetzt werden wir nichts dafür bekommen. Ist euch euer Leben nicht mehr wert?« Er hatte recht. Wie viele Menschen waren in diesem Fluss schon umsonst gestorben? Man brauchte nur etwas Geld, ein gutes Boot und die Sache war einfach.

Leise robbten sie sich über die Uferböschung nach Tadschikistan und sahen von Weitem die Türme der Grenzposten. Erst jetzt fiel ihnen auf, dass sie sich nie den Kopf darüber zerbrochen hatten, wie es weitergehen sollte. Nach Duschanbe war es ein Fußmarsch von mindestens fünf Tagen. Sie kannten weder das Land, noch wussten sie, wo die Polizei kontrollierte. Es gab nur diese Stadt auf dem Plan, den ihm Tuffon gezeichnet hatte: Duschanbe. Von dort würde der Zug weiter nach Moskau fahren.

»Glaub mir doch, wir haben eine Glückssträhne«, lachte Fahid und folgte den Männern in die Dunkelheit. »Sie wissen, was sie tun, vertrau mir.«

Dann hörte Hesmat nur noch seine Schritte. Er schluckte seine Zweifel hinunter und lief hinein in die Dunkelheit, hinein in das fremde Land. Hinein in ein besseres Leben. Das Schlimmste war vorbei.

Freunde

»Verdammt, jetzt geh normal!«

Fahid fand immer etwas zu meckern. Mal blieb Hesmat ihm zu lange stehen und starrte in irgendein Schaufenster, dann fesselten wieder die Frauen in den Miniröcken seinen Blick. Sie sahen aus wie die Europäerinnen, von denen seine Mutter ihm erzählt hatte. Sie waren geschminkt und stolzierten überheblich in hohen, blitzenden Schuhen durch die Straßen. Sie gingen in Geschäfte, kamen mit vollen Taschen heraus, lachten laut und beschimpften die Männer, die ihnen zu nahe kamen.

Es war eine fremde Welt. Er hatte noch keine einzige Burka gesehen, noch keine Frau, die das Haus nur mit ihrem Mann zusammen verließ. Er sah sogar Frauen, die selbst mit dem Auto fuhren. Überall gab es Frauen, die sich verhielten, wie es ihnen gefiel, und niemand jagte sie deswegen mit Ruten. Sie saßen, die Füße übereinandergeschlagen, auf den Bänken, rauchten Zigaretten und formten Kaugummiblasen, die sie schließlich unter lautem Gelächter zerplatzen ließen.

»Was starrst du so, Kleiner?«, hatten sie ihm nachgerufen und gelacht. Er hatte sich geschämt und war mit hochrotem Kopf davongelaufen.

Stundenlang saß Hesmat auf der Straße und sah einfach den Menschen zu, wie sie durch die Stadt liefen. Er starrte die sauber geputzten Autos an, die so neu aussahen, als wären sie erst vor ein paar Stunden ausgepackt worden. Er kam sich vor wie ein Wilder, der sich aus dem Wald in eine fremde Welt verlaufen hatte und der ständig von neuen, fremden Geräuschen erschreckt wurde.

»Verdammt, Hesmat, hör auf zu träumen!«, schimpfte Fahid. »Du musst dich benehmen wie alle anderen auch. So fällst du nur auf und die Polizei nimmt dich noch mit.«

Hesmat gab sich Mühe, aber trotzdem lief er wie ein ferngesteuerter Roboter. Hanif, Fahids Onkel, hatte ihm erklärt, er könne sich frei bewegen, solange er nicht auffiel und solange Fahid mit ihm unterwegs war. »Du musst immer aussehen, als hättest du ein Ziel und müsstest so schnell wie möglich dorthin«, hatte er erklärt. »Du darfst machen, was du willst. Solange du nicht aussiehst wie ein Landstreicher, der zum ersten Mal in der Stadt ist, hast du auch Ruhe vor der Polizei. Schlimmer sind die Menschenhändler, die hier nach Jungen wie dir suchen. Bei der Polizei kann man immer was drehen, aber wenn dich die Händler erwischen, ist es vorbei. Da bist du schneller weg, als du deinen Namen sagen kannst.« Hanif war immer in Sorge um die Jungen, und erst als seine Frau erklärte, dass man sie nicht ständig im Haus einsperren könne, ließ er sie in die Stadt gehen.

»Es wird schon nichts passieren«, sagte sie und beruhigte ihren Mann, als sie mit Hesmat zum ersten Mal in die Stadt fuhr und ihm eine neue Hose und zwei T-Shirts kaufte. Als er auch den Friseur hinter sich hatte, war sie zufrieden. »Jetzt siehst du wieder wie ein Junge aus«, sagte sie und strich ihm über die frisch gewaschenen kurzen Haare. Es war das erste Mal, dass ihn eine andere Frau als seine Mutter so berührte, und er schreckte zurück. Mit ihrer Berührung kamen die Erinnerungen.

»Schau dich an! Schau, wie du aussiehst!«, hatte seine Mutter immer gerufen, wenn er vom Spielen dreckig und mit aufgeschlagenen Knien nach Hause gekommen war. Sauberkeit war ihr wichtig, erinnerte sich Hesmat. Jeden Tag, wenn Hesmat von der Schule kam, stand sie in der Tür und schüttelte den Kopf. »So kommst du mir nicht ins Haus!«

Fahids Tante zog ihre Hand zurück, als sie Hesmats Zögern und seine Unsicherheit spürte. Sie war geschockt gewesen, als die beiden Jungen vor einer Woche vor ihrer Tür gestanden waren. Sie hatte nicht damit gerechnet, dass sie ihren Neffen je wiedersehen würde, und dann war er plötzlich vollkommen verdreckt und halb verhungert mit seinem afghanischen Freund bei ihnen aufgetaucht.

Hesmat konnte nicht schlafen. Die saubere Bettwäsche, der Geruch von Rosen machten ihm zu schaffen. Erst als er sich auf den Boden legte, wurde es besser. Seine Füße schmerzten wieder, aber sein voller Bauch ließ ihn alle Schmerzen vergessen.

Zusammen mit den zwei Männern, die sie an der Grenze getroffen hatten, waren sie die ganze Nacht lang gelaufen. Als sie nach einer kurzen Pause im Morgengrauen erwachten, waren die beiden Männer verschwunden gewesen. Fahid wollte sich auf ihr Glück verlassen und marschierte los, ohne lange zu überlegen. »Was sollen wir warten?«, sagte er. »Da hinten ist Afghanistan. Duschanbe muss irgendwo da vorne liegen. Ganz einfach. Lass uns gehen.«

Er leistete auch keinen Widerstand, als Fahid den geparkten Lastwagen sah und nicht lange zögerte.

»Wohin soll er schon fahren?«, sagte er. »Willst du warten und hier verrecken?«

Sie versteckten sich im rostigen, engen Unterbau des schwankenden Ungetüms und erstickten beinahe am Staub, den die Reifen aufwirbelten. Immer wieder blieb der Lastwagen stehen, um Kisten an den Straßenrand zu stellen und neue Kisten aufzunehmen. Immer wieder hörten sie, wie der Fahrer sich mit Leuten am Straßenrand unterhielt. Sie bekamen ihn kein einziges Mal zu Gesicht. Aus ihrem Versteck konnten sie nur seine Füße sehen, wie sie um das Fahrzeug gingen. Er war nur eine fremde Stimme und ein Paar gute Schuhe, die um den Lastwagen schlurften. Er machte sich nicht die Mühe, einen Blick unter seinen Lastwagen zu werfen.

Immer noch redete Fahid von einer Glückssträhne, während Hesmat seine Angst nicht loswurde. Ständig rechnete er mit einer Kontrolle, damit dass ihn jemand unter dem Laster hervorreißen würde und ihn einsperrte. Aber es passierte nichts und mit der Abenddämmerung rollte der Lastwagen die Straße hinunter in die Stadt.

Fahids Onkel Hanif war selbst vor 18 Jahren geflüchtet. Über Tadschikistan wollte er damals weiter nach Norwegen, blieb aber in Duschanbe hängen, um hier Geschäfte zu machen, wie er es nannte. Geschäfte, über die Hesmat nie Genaueres erfuhr. Geschäfte, die ihn zu einem angesehenen Mann mit einem luxuriösen Haus abseits der üblichen Probleme der armen Stadt gemacht hatten. Die Männer grüßten ihn entweder mit Respekt oder wechselten die Straßenseite vor ihm.

»Du erinnerst mich an meinen Bruder«, sagte er.
»Wie alt ist er?«, fragte Hesmat.
»Er ist schon lange tot«, antwortete Hanif.

Hanifs Bruder war zusammen mit einem Freund aus Kabul geflüchtet, als die Russen einmarschierten.

»Zuerst wollte er nicht mit mir kommen, doch als ich weg

war und hier in Sicherheit, konnte es ihm nicht schnell genug gehen. Er wollte nach Norwegen«, sagte Hanif, »aber er hat es nicht mal bis hierher geschafft. Ich habe nichts mehr von ihm gehört.«

Hesmat fühlte sich bei den Verwandten seines Freundes wohl und Hanif machte ihm schließlich ein großzügiges Angebot.

»Bleib bei uns«, sagte er. »Ich kann dir einen guten Job besorgen. Du kannst hier zur Schule gehen.«

Vertraue niemandem. Sein Misstrauen hatte sich so in Hesmats Kopf festgesetzt, dass es ihm schwerfiel, die Hand, die im angeboten wurde, zu ergreifen. Er zögerte, die Worte seines Vaters siegten gegen jede Vernunft.

»Du musst jemandem vertrauen«, sagte Fahid, als Hesmat ihm von dem Angebot erzählte. »Dein Vater hat es gut gemeint, aber als Erwachsener hat er leicht reden. Du bist noch ein Junge, du musst ein paar Menschen vertrauen, sonst wirst du nicht weit kommen.«

»Und warum bleibst du dann nicht hier?«, fragte Hesmat.

Fahid lachte. Wie immer lachte er nur. »Mein Ziel heißt Frankreich«, wiederholte er. »Was soll ich hier? Ich will nicht der Laufbursche meines Onkels werden. Und du?«

»Ich werde Arzt«, sagte Hesmat. »Ich gehe nach London.«

»Und wenn dir das zu weit ist«, sagte Fahid, »dann bleibst du einfach bei mir in Frankreich.«

Wenn Hanif Zeit hatte, nahm er sie in seinem dunklen Wagen mit in die Stadt. Er zeigte ihnen das Somoni-Monument mit seinem riesigen Bogen und der goldenen Krone, das bunt bemalte Puppentheater und die größten Märkte. Dort aßen sie Plow, ein Reisgericht mit frischem Gemüse, und bewunderten die Frauen, die in ihren bunten Kleidern unter den blauen Planen, die die Stände überspannten, umherliefen und hastig einkauften.

»Hast du gewusst, dass die Stadt den Namen von diesen Märkten hat?«, fragte Fahid. »Hier hat es schon immer montags einen Markt gegeben und so ist dann auch der Name entstanden.« Duschanbe bedeutete nämlich auf Tadschikisch Montag.

Die Stadt blühte. Alle Mandel- und Obstbäume und die gewaltigen Platanen, die die meisten Straßen zierten, standen in voller Blüte. Als Hesmat die Beerensträucher sah, begann er plötzlich, von seinem Vater zu erzählen.

»Irgendwann hat er mich einfach überrascht. Morgens ist plötzlich ein Motorrad mit Beiwagen vor unserer Tür gestanden, so eine wunderschöne grüne Militärmaschine. Er hat mich in den Beiwagen gesetzt, und die ganze Nachbarschaft ist zusammengelaufen, weil der Motor so laut war. Dann sind wir hinaus aus der Stadt, ganz weit weg von allen Menschen. – Es war eines der wenigen Male, wo er wirklich gelacht hat«, erzählte Hesmat.

Die Maschine holperte über die Schotterpiste, während die Pistole in ihrem Halfter gegen den Rücken seines Vaters schlug. Die Kinder in den Dörfern, die sie mit einer langen Staubfahne eindeckten, liefen dem Motorrad lachend und rufend nach.

»Ich war mir sicher, dass noch nie jemand auf der Welt so schnell gefahren war«, sagte Hesmat und lachte, was selten vorkam. »Wir sind allen einfach davongefahren.« Der Stadt, den Menschen, den Sorgen, für ein paar Stunden selbst dem Krieg. Es gab nur noch ihn, seinen Vater und die vibrierende Maschine zwischen seinen Beinen. Mit quietschenden Bremsen stoppten sie schließlich in der Nähe einiger Bäume. Nichts war zu hören. Nur der Wind jagte ein paar abgerissene und verdorrte Sträucher vor sicher her.

»›Wenn du groß bist, bekommst du ein Motorrad‹, hat mein

Vater dann gesagt«, erzählte Hesmat. Aus einer Tasche, die am Hinterrad hing, nahm sein Vater ein großes weißes Tuch und legte es unter einen hohen Strauch, der zwischen den Bäumen stand.

»Schau doch«, sagte er, »hier sind überall Beeren.« Und da waren sie. Wunderschöne, saftige rote Chatut – Königsbeeren.

»Mit einem Stock hat er dann gegen die mächtigsten Zweige geschlagen und die Beeren sind direkt vor uns auf das ausgebreitete Tuch gefallen. Ich habe ihn wirklich bewundert«, erzählte Hesmat immer weiter.

Während er die süßen Beeren mit verschmierten Händen in den Mund stopfte, wurde sein Vater jedoch ernst. Wortlos und nachdenklich blickte er hinaus auf die Ebene.

»Er hat nichts gesagt, aber die Art, wie er angestrengt geatmet hat, bedeutete noch nie etwas Gutes. Es klang immer, als würde ein Panzer auf seiner Brust stehen. Dann hat er mich wortlos zusammen mit den Beeren in dem Tuch wieder auf das Motorrad gesetzt, und wir sind in die Stadt zurück, bevor es richtig heiß geworden ist.«

»Ich kenne diese Motorräder«, sagte Hanif, um Hesmat aufzuheitern. »Wir können uns eines ausleihen, wenn du willst.«

Hesmat gab keine Antwort, sondern blickte sich stumm nach den Bäumen um, deren Früchte so ähnlich aussahen wie die köstlichen Beeren von damals. Duschanbe war eine Stadt voller Farben und viel schöner und bunter, als Tuffon sie beschrieben hatte.

»Dort gibt es nur Banditen«, hatte er ihn gewarnt, »du musst dich in Acht nehmen.«

Seine Hände zitterten, als er dem Mann das verlangte Geld gab.

Hanif nickte. »Du kannst ihm vertrauen!«

Der Mann zählte die 2000 Dollar in aller Ruhe und stopfte sie in seine Tasche. »Ich werde dir den Pass besorgen«, sagte er schließlich. »Übermorgen geht's los.« Der Unbekannte verabschiedete sich von Hanif und verschwand hinaus in die Mittagssonne. Als die Tür hinter ihm ins Schloss fiel, fühlte Hesmat sich elend. Was war er nur für ein Dummkopf. Er kannte diesen Mann nicht und jetzt hatte der sein Geld. Er würde ihn nie wiedersehen.

Hanif spürte seine Zweifel. »Das passt schon«, sagte er. »Ich würde dich und Fahid nicht irgendjemand anvertrauen. Bachtabat ist ein guter Mann, und wenn nicht, bekommt er Probleme mit mir.«

Seine Augen sagten die Wahrheit, trotzdem wurde Hesmat das Gefühl nicht los, dass irgendetwas nicht in Ordnung war. Das Fest am Abend lenkte ihn ab. Hanif und seine Frau hatten ein Abschiedsessen für Fahid und ihn organisiert, und nachdem sie zusammen mit der Familie und ein paar Freunden im Wohnzimmer gegessen hatten, fuhren die Männer schließlich noch mit einer Marschrutka, einem tadschikischen Sammeltaxi, in die Stadt.

Die Frauen wanden sich splitternackt um eine Eisenstange, die Männer schrien und jubelten und alle im Lokal waren betrunken. Hesmat wäre am liebsten im Boden versunken, als ihn die Männer immer näher zu der nackten Frau drängten, die scheinbar keine Angst vor ihm hatte. Er fühlte sich schuldig, so schuldig, dass ihm Tränen in die Augen stiegen. Während er sich aus dem Griff der Freunde zu lösen versuchte, war es ihm, als säße ihm seine Mutter gegenüber, die ihre Augen vor Scham abwendete. Was würde sie denken, wenn sie ihn in dieser Bar mit all diesen nackten Frauen und den Betrunkenen sähe? Immer wieder verschwanden die Männer für ein paar Minuten mit irgendwelchen Mädchen, und während er sich eine Cola bestellte, riefen die restlichen Männer nach weiteren Nackten. Sie kamen und setzten sich mit an ihren Tisch. Hesmat roch den süßlich Duft ihres Parfüms, als eines der Mädchen seine Hand nahm und auf ihren nackten Schenkel legte. Die anderen Männer lachten.

»Sie will Dollar, Kleiner«, lachten sie, »so billig bekommst du es nie wieder.« Sie wurden immer betrunkener und auch Hesmat wurde schlecht. Sie hatten ihm Wodka in sein Cola gemischt und er übergab sich schließlich auf den Gehsteig. Jedes Mal wenn er die Augen schloss, wurde ihm wieder schlecht, aber die frische Luft fühlte sich gut an und holte ihn langsam in die Realität zurück, während er im Freien auf die Männer wartete. Eine Stunde später hatten schließlich auch Fahid und seine Freunde genug *Spaß* gehabt.

»Seid ihr denn verrückt?«, schimpfte Fahids Tante, als sie nach Hause kamen. »Seht ihr nicht, in welchem Zustand er ist? Er ist ja vollkommen betrunken! Wo wart ihr?«

Die Männer lachten und gingen schlafen.

Alles drehte sich, und Hesmat war sicher, dass er sterben würde.

Hesmat drückte sich die Nase an der Autoscheibe platt, während die Stadt an ihm vorbeizog, und er beschloss, irgendwann hierher zurückkommen. Der Abschied war ihm schwergefallen, und Fahids Tante wandte sich ab, als die beiden Jungen in Bachtabats Wagen stiegen. Er hörte nicht, was Hanif durch das Seitenfenster zu dem Unbekannten sagte, aber als sie in den Wagen stiegen, schien der Fremde wenig begeistert von seinen neuen Kunden.

»Hier, dein Pass«, sagte er schlecht gelaunt und warf Hesmats Papiere über die Schulter auf die Rückbank.

Der Bahnhof, in dem sie der Schlepper kurz allein gelassen

hatte, war ein typischer russischer Plattenbau mit einer überraschend sauberen Halle.

»Wartet hier«, hatte er gesagt und war nach einer halben Stunde mit einem weiteren Fremden zurückgekommen.

»Das ist Khalil«, sagte er. Khalil war aus der Mongolei und, wie sich bald herausstellte, der Schaffner des Zuges, der sie nach Moskau bringen sollte. Er sollte während der Fahrt auf die beiden aufpassen und sie rechtzeitig vor den häufigen Kontrollen warnen und sicher verstecken.

»Er kennt alle Verstecke im Zug und hat schon Hunderte sicher nach Moskau gebracht«, erzählte Bachtabat, zog seinen Geldbeutel aus der Hose und drückte dem Schaffner 400 Dollar in die Hand, zündete sich eine Zigarette an und verschwand ohne ein weiteres Wort.

»Leicht verdientes Geld«, meinte Fahid. »In meinem nächsten Leben werde ich Schlepper. 2000 minus 400 für den Schaffner macht einen guten Schnitt.«

»Hört auf«, sagte Khalil, »wir haben keine Zeit für diesen Blödsinn. Kommt jetzt!«

Hesmat konnte sein Glück kaum fassen. In fünf Tagen, wenn er in Moskau aus dem Zug stieg, würde er als Erstes über den Roten Platz marschieren und an seinen Vater denken. Er würde Lenin besuchen und sich endlich wie ein richtiger Mann fühlen. In den Wochen bei seinen Freunden in Duschanbe hatte er ein paar Kilo zugenommen und in seinen neuen Jeans und dem neuen T-Shirt fühlte Hesmat sich bereits wie ein Europäer auf Reisen.

»Was ein wenig Sicherheit, ein voller Bauch und ein bisschen Hoffnung ausmachen«, lachte Fahid, dann rollte der Zug an.

Der Zug starrte vor Dreck und die Abteile quollen über vor Menschen. Sie hatten lange suchen müssen, bis sie einen Platz gefunden hatten, wo es sich aushalten ließ. Die Menschen hatten riesige Taschen, große Koffer, Hühner, alles, was sich tragen ließ, an ihnen vorbei ins Innere des rauchenden Stahlungetüms geschleppt. Die Hitze und die stickige Luft hatten ihnen das Atmen schwer gemacht, und erst als Fahid vergeblich an einem Fenster riss, um etwas frische Luft ins Abteil zu lassen, sahen sie, dass die Scheiben verschweißt waren.

Es roch nach Schweiß, nach Tieren, nach Tabak, den die Männer rauchten. Nur wenige hatten Augen für das Land. Es war ein armes Land, aber ein Land, in dem Frieden herrschte. Er hatte einen Pass, eine Fahrkarte nach Moskau und einen Freund an seiner Seite. In Moskau würde er den Bekannten von Tuffon suchen und dann nach London weiterreisen. Er starrte hinaus auf die riesigen Baumwollfelder, um so viele Bilder wie möglich in seinem Kopf mit nach London zu nehmen.

»Was soll das?«, fluchte Hesmat und öffnete die Augen erst, als er keine Antwort von seinem Freund bekam, der ihm immer noch den Ellbogen schmerzhaft in die Rippen stieß.

Erst jetzt bemerkte er, dass der Zug stehen geblieben war. Verschlafen blickte er auf seine Uhr: Sie waren seit drei Stunden unterwegs. Dann bemerkte er den Polizisten, der nur vier Reihen vor ihnen die Pässe kontrollierte. Hesmat spürte, wie sein Gesicht rot wurde, noch bevor der Polizist vor ihnen stand. Mit zittrigen Fingern kramte er seinen Pass aus dem Rucksack und reichte ihn schließlich dem Polizisten.

»Wie heißt du?«

Hesmat stotterte seinen Namen. Der Polizist schlug den Pass zu, und Hesmat atmete bereits erleichtert auf, als ihn eine Hand am Arm packte.

»Raus hier!«, sagte der Polizist. »Und du kommst gleich mit«, sagte er zu Fahid, der sich still in seine Ecke gedrückt hatte.

Hesmat wollte protestieren, spürte aber, wie die Tränen seine Stimme erstickten. Erst in der Polizeistation am Bahnhof lockerte der Fremde den Griff. Als sich der Leiter der Polizeistation vor ihnen aufbaute, setzte sich der rostige Zug draußen vor der Tür gerade wieder in Bewegung.

»So, Burschen«, sagte er. »Jetzt werden wir über euer Schicksal reden.«

Immer schneller rollten die Waggons an ihnen vorbei, bis der letzte Waggon aus dem Fenster hinter dem Polizisten, der auf sie einredete, verschwunden war. Das Echo des sich entfernenden Zugs lag noch für einige Momente in der Luft, ehe das Surren des Deckenventilators und das ferne Tippen auf einer Tastatur die Zuggeräusche ablösten. Er wusste nicht einmal, wo sie waren. Sie saßen irgendwo in einer Polizeistation in Tadschikistan. Der Polizist hatte nicht nur seinen Pass und seinen Rucksack, sondern auch seinen Mut und seine Hoffnungen mitgenommen. Ein zweiter Polizist brachte einen Stapel Akten.

»Bring sie raus!«, befahl er seinem Kollegen und blickte den beiden streng in die Augen. »Wir werden heute Abend weiterreden.«

Der Polizist hielt sein Versprechen. Als es dunkel wurde, kam er zurück. Wortlos warf er ihnen die Sachen zu, die er ihnen abgenommen hatte. Er tippte die Namen, die sie erfunden hatten, in den Computer und steckte sich eine Zigarette an. Dann hielt er inne und sah sie lange an. »Wenn ihr meint, dass das wirklich eure Namen sind, bitte ...« Als sie fertig waren, drückte er die Zigarette auf dem Boden aus, stand auf und verpasste Fahid eine Ohrfeige, dass er von seinem Stuhl flog. »Und jetzt raus auf den Hof mit euch beiden.«

Bis spät in die Nacht putzten und schrubbten sie die Polizeistation, den Platz hinter dem Haus und die leeren Zellen im

Hof. Erst spät bemerkten sie, dass sie niemand bewachte, und überlegten kurz abzuhauen.

»Und wohin?«, fragte Fahid. »Ich habe keine Ahnung, wo wir sind, und auch keine Lust, noch mal von den Polizisten aufgegriffen zu werden.«

Schließlich legten sie sich unter einen Baum im Hof. Fahid schlief sofort ein, während Hesmat noch betete. Er spürte keinen Hunger, der Ärger und die Mutlosigkeit waren zu groß.

»Steh auf, du faule Sau!«, schrie der Polizist. »Arbeite gefälligst!« Mit seinen schweren Stiefeln trat er seinen Freund aus dem Schlaf. Verzweifelt versuchte Fahid, sich mit den Händen vor den Tritten zu schützen, bis der Mann sich Hesmat vornahm, der gerade schlaftrunken auf die Beine zu kommen versuchte. Immer wieder stürzte er, wollte wieder aufstehen und wurde von einem neuen Tritt in den Dreck befördert. Dann packte der Polizist Hesmat am Kragen und schleifte ihn quer über den Hof. »Das nennst du sauber, du Schwein?«, schrie er.

Sie mussten von vorne anfangen. Als dann der Morgen längst schon in einen neuen heißen Tag übergegangen war und der Hunger unerträglich wurde, bettelten sie um Essen. Der Polizist, der sie aus dem Schatten beobachtet hatte, zuckte nur mit den Schultern. »Seht ihr hier irgendwo Essen? Also, geht mir nicht auf die Nerven. Ihr wisst ja, wo das Wasser steht.«

Bachtabat hatte eine halbe Stunde vergeblich verhandelt. »Er will mehr Geld«, erklärte er schließlich, als er ans vergitterte Fenster trat.

»Und was tust du jetzt?«, fragte Fahid, der sich auf die Zehenspitzen gestellt hatte, um mit dem Schlepper durchs Fenster zu reden.

»Nichts«, sagte er. »So wie ich die Typen kenne, werden sie euch mit dem nächsten Zug zurückschicken.«

»Wie hast du uns überhaupt gefunden?«, fragte Hesmat.

»Khalil hat mich angerufen. Er hat mir gesagt, wo sie euch geschnappt haben. Schlaft weiter«, sagte er, »der Zug kommt erst nachmittags, hier kann ich nichts für euch tun.«

Fahid fragte ihn nach Essen.

»Siehst du hier irgendwo Essen?«, lachte Bachtabat und zuckte die Schultern. »Ihr werdet schon bis Duschanbe warten müssen, bis ihr wieder etwas zu futtern bekommt.«

Hesmats Brustkorb schmerzte bei jeder Bewegung. Seine ganze rechte Seite war blau von den Fußtritten des Polizisten. Er wollte einfach weg von dieser Polizeistation, nur weg von den Polizisten.

Die Hoffnungslosigkeit fuhr mit ihnen im Zug zurück nach Duschanbe. Nur verschwommen nahm Hesmat die Landschaft wahr, über die er sich vor zwei Tagen noch so gefreut hatte, die er in seinen Erinnerungen mit nach Europa hatte nehmen wollen.

»Ihr seid ihm nicht viel wert«, hatten die Polizisten gesagt, als sie die beiden Freunde aus der Zelle holten. »Euer Freund ist ein Geizhals!«, lachten sie und begannen, Ohrfeigen auszuteilen.

»Gib mir deine Uhr!«, befahl einer schließlich Hesmat.

»Niemals!«, schrie er. »Ich habe sie von meinem Vater, und sie ist das Einzige, was mir von ihm geblieben ist.«

Diesmal sah er den Schlag kommen, konnte ihm aber trotzdem nicht ausweichen. Der Polizist traf ihn voll in die Rippen. »Die Uhr!«, befahl er noch einmal. »Oder willst du sterben?« Er trat mit seinem Stiefel nach Hesmat, dann nahm er sich seinen Lohn, bevor er sie in den Zug stieß.

Ein paar Stationen vor Duschanbe hatten sie sich endlich aus dem Zug schleichen können. Ein junger Mann hatte sie gewarnt: »Sie werden auf euch warten. Ihr glaubt doch nicht, sie lassen euch einfach so gehen? Die Polizisten haben euch sicher angekündigt.« Er hatte die Wunden der Jungen gesehen und schien auch ohne ihre Erzählungen zu ahnen, was passiert war. »Ihr steigt besser mit mir aus«, sagte er leise, während die Polizisten, die im Zug mitfuhren, längst eingeschlafen waren. »Es wird keine Probleme geben«, sagte er, »niemand wird sich groß aufregen.«

Der Plan war so verrückt und funktionierte so problemlos, dass sie es kaum glauben konnten. Niemand hatte sich umgedreht, als die beiden Jungen mit dem Mann aus dem Zug stiegen. Die Polizisten hatten nicht einmal geblinzelt, als der Zug stehen geblieben war und sich die Türen öffneten. Der Fremde hatte ihnen schließlich noch eine Mitfahrgelegenheit in die Stadt organisiert, und als es dunkel war, klopften sie wieder an Hanifs Tür.

Hanifs Frau erschrak, als sie ihren Neffen und Hesmat wiedersah. Sie schrie nach Hanif, der sich sofort um die beiden kümmerte. Als er die Blutergüsse auf Hesmats Brustkorb bemerkte, wurde er wütend.

»Wo ist dieser Scheißkerl?«, fluchte er. »Ihr bleibt jetzt erst mal hier und erholt euch. Ich kümmere mich um diesen Bachtabat.«

»Drei Tage«, seufzte Hesmat. »Verdammt, eigentlich wären wir schon in Moskau.«

Fahid war sofort eingeschlafen. Woher nahm er nur seine Gelassenheit?, fragte Hesmat sich und tastete nach seinem Handgelenk. Er hatte das letzte Andenken an seinen Vater verloren. Was hatte er getan, dass die Götter sich so gegen ihn verschworen hatten? Jedes Mal wenn er wieder Hoffnung schöpfte, kam alles noch schlimmer. Er hatte sich geschworen gehabt, nie wieder an eine Rückkehr nach Mazar zu denken, aber inzwischen quälte ihn der Gedanke Nacht für Nacht.

Es dauerte drei Wochen, bis ihre Wunden und Blutergüsse verheilt waren. Drei Wochen, in denen das Frühjahr längst in den Sommer übergegangen war und Duschanbe unter der Hitze stöhnte. Die Stadt lag wie eine Bratpfanne zwischen den Bergen und jeden Tag legte scheinbar jemand Feuer nach. Es war unerträglich.

»Das ist noch gar nichts«, lachte Hanif. »Warte, bis es Sommer ist, dann sind 40 Grad ganz normal.«

Sie gingen kaum aus dem Haus, das eines der wenigen mit einer funktionierenden Klimaanlage war. Selbst wenn der Strom in der ganzen Stadt ausfiel, sprang ein riesiger Generator im Garten ein.

»Du wirst dich verkühlen«, warnte Fahids Tante ihn, »du darfst dich nicht direkt vor die Klimaanlage setzen.«

Aber Hesmat war dermaßen von der Maschine, die den Winter in den Raum zauberte, beeindruckt, dass er so lange sitzen blieb, bis er tatsächlich mit einer Erkältung und Fieber im Bett lag. Fahid leistete ihm Gesellschaft, während Hesmat sich auskurierte, dabei fernsah und ein paar Wortfetzen der russischen Sendungen entschlüsselte. Zufrieden stellte er fest, dass der Unterricht seiner Mutter gar nicht schlecht gewesen war. Irgendwann hatte ihm sein Vater ein altes russisches Schulbuch mitgebracht. Lange hatte er darin geblättert, ohne zu verstehen, was die fremden Schriftzeichen bedeuteten. Schließlich hatte sich seine Mutter zu ihm gesetzt und begonnen, Wort für Wort zu entziffern. Er lernte schnell, und als sein Vater wenige Tage später zurückkam, flog ihm sein Sohn in die Arme und begrüßte ihn auf Russisch. Sein Vater hatte gelacht.

Wenn der Fernseher nicht lief, spielten Hesmat und Fahid Karten oder stritten sich über Belanglosigkeiten.

»Du kannst dich immer noch entschließen hierzubleiben«, bot Fahids Tante ihm an. »Wir schicken dich auf eine Schule, sagen, du wärst unser Sohn, und alles wird gut. Du kannst später auch noch weiter. Überleg es dir wenigstens.«

In dem Tempo, in dem seine Wunden heilten und die Blutergüsse verschwanden, regte sich jedoch auch neuer Mut in seinen Knochen. »Ich kann nicht bleiben«, sagte er. »Es ist zu nahe an Afghanistan, es erinnert mich zu viel an zu Hause, außerdem habe ich es meiner Mutter versprochen.«

Bachtabat fluchte, als er die beiden wiedersah. »Wenn ich gewusst hätte, was ich mir mit euch für Ärger aufhalse!«

Hanif hatte, wie er es nannte, ein *klärendes Gespräch* mit ihm geführt, und jetzt kochte Bachtabat vor Wut, als er sie in den Zug steckte und den Schaffner anbrüllte, weil der mehr Geld verlangte.

»Ihr bleibt hier sitzen«, befahl der Schaffner, »und rührt euch nicht vom Fleck. Ich will keinen Ärger. Habt ihr verstanden?«

Hanifs Arm reichte bis in diesen Zug, und dieses Mal hatte er dafür gesorgt, dass jeder Beteiligte wusste, dass die Jungen sicher nach Moskau zu bringen waren, wenn sie sich in Duschanbe je wieder blicken lassen wollten.

Der grüne Anstrich war längst von den 40 rostigen Waggons geplatzt, die die zwei Lokomotiven jetzt hinaus in die Hitze zogen. Auch diesmal hatten sich wieder Hunderte in die Abteile gedrängt und kämpften lange, bis jeder seinen Platz gefunden hatte. Die Gänge waren verstopft von Menschen, Taschen und Kindern, und es schien, als wolle das ganze Land nach Termez. Nach zwei Stunden hatte der Schaffner seine erste Runde gedreht und kam schlecht gelaunt zurück. Auf einer Metallkiste drückte er seine Zigarette aus und gab Hesmat wortlos zu verstehen, ihm zu folgen.

»Du bleibst«, sagte er zu Fahid.

Schon nach ein paar Atemzügen glaubte Hesmat zu ersticken. Die Hitze war unerträglich und drückte die wenige Luft, die er bekam, wie eine Faust aus seinen Lungen. Es war wie in einem Backofen, und sobald er sich auf den Kabeln und Leitungen, auf denen er lag, nur ein wenig bewegte und seinen Rücken durchdrückte, brannte sich das heiße Blech über ihm schmerzhaft in sein Fleisch. Das Loch, in das der Schaffner ihn gesteckt hatte, war gerade mal 40 Zentimeter hoch, und Hesmat lag zentimetertief in Staub und Rattendreck.

Als er die Luke über der Toilette geöffnet hatte, dachte Hesmat zuerst an einen bösen Scherz. Erst als der Schaffner ungeduldig wurde, zwängte sich Hesmat vorsichtig mit einer Ration Wasser und seinem Rucksack in den Backofen. Angeekelt und nass geschwitzt schob er sich Zentimeter für Zentimeter in die Röhre und bekam sofort Panik. Er wollte wieder zurück, aber das Loch war bereits verschlossen, und ohne Hilfe von außen hatte er keine Chance, je wieder herauszukommen. Er versuchte, sich zu beruhigen, aber die Hitze und die stickige Luft machten jeden vernünftigen Gedanken unmöglich. Er wollte etwas trinken. Er hatte seine Hände vor sich ausgestreckt und hielt die Flasche zwischen den Fingern, hatte aber in der engen Röhre nicht genug Platz, um die Ellbogen abzuwinkeln. Er robbte vorsichtig ein paar Zentimeter vor und führte den Mund an die Flasche. Ein kleiner Schluck schwappte in seinen trocknen Mund, aber der Großteil rann über sein Kinn und verwandelte den Staub und Dreck unter seiner Brust in eine schmierige Brühe.

Durch kleine Löcher, die in die Röhre gebohrt waren, sah er jetzt die Menschen unter sich sitzen. Er hielt seinen Mund an eines der Löcher, um frische Luft zu bekommen. Mit jedem Atemzug saugte er eine Handvoll Staub und Dreck ein, den er sofort wieder ausspuckte. Er musste sich fast übergeben, aber das Brennen auf seinem Rücken ließ ihn die Übelkeit vergessen. Von irgendwo strömte etwas Licht in diesen kochenden Sarg. Die Sonne hatte das Blech über ihm in eine Heizplatte verwandelt, und der Schweiß, der ihm in Bächen aus allen Poren drang, sammelte sich unter seinem Bauch. Er würde es nicht lange aushalten. Er versuchte, sich zu konzentrieren, aber die Panik und das Gefühl, zu ersticken, verstärkten sich mit jeder Bahnschwelle, die er am ganzen Leib spürte.

Wieder ein dunkles Loch, wieder die Angst vor dem, was auf ihn zukommen würde. Sofort musste er an jenes erste dunkle Loch zurückdenken, in dem sein Vater ihn wochenlang versteckt hatte. Noch jetzt roch Hesmat den Moder in dem feuchten dunklen Keller in ihrem Haus in Mazar. Täglich rechnete sein Vater damals mit dem Schlimmsten, und um seinen Sohn zu retten, hatte er beschlossen, ihn in das Versteck im Keller zu bringen. Die verstaubte und viel zu schwache Glühbirne hatte den Raum in ein trübes Licht getaucht. Vorsichtig hatte sein Vater ein kaputtes Fahrrad, ein paar Bretter, eine Schachtel mit Nägeln und Werkzeug auf die Seite geschoben, um Platz für seine Füße zu haben, und sich vor die hintere Wand des Kellers gekniet. Mit seinen Handknöcheln klopfte er gegen die Ziegelwand. Als er sich umdrehte, sah Hesmat, dass er eine mit Lehm verschmierte kleine Holzplatte in den Händen hielt. Erst dann erkannte er das Loch im Halbdunkel hinter seinem Vater in der Wand. Es war gerade groß genug, dass ein Erwachsener hindurchkriechen konnte.

»Hinein mit dir«, hatte sein Vater gesagt und sich auf allen vieren vor seinem Sohn in das Loch in der Wand gezwängt. Hesmat sah eine Röhre, die sich leicht nach unten neigte. An ihrem anderen Ende kniete sein Vater in einem kleinen Raum und wartete auf ihn. »Komm!«

Während er sich vorwärtsschob, rieselte ihm Erde auf den Rücken. Er fragte sich, wie sein Vater in dieser Röhre Platz gehabt hatte, und bekam Angst, stecken zu bleiben.

»Reiß dich zusammen«, sagte sein Vater, »du hast es gleich geschafft.«

Sein Vater kniete auf dem Boden, und als Hesmat aufstand, spürte er die Decke über sich. Es war kalt, feucht, und im Schein der Taschenlampe, die sein Vater eingeschaltet hatte, sah Hesmat das Versteck hinter der Kellermauer. Der Raum war gerade so hoch wie er und maß etwa drei mal drei Meter. Er sah ein paar Decken, eine Matte, einen kleinen Hocker, auf dem ein Messer lag, und eine zweite Taschenlampe.

»Ich habe das Loch schon vor Jahren gegraben«, sagte Hesmats Vater schließlich, »nur deine Mutter hat davon gewusst.«

»Und hier soll ich bleiben?«, schluckte Hesmat. Er hatte Angst vor der Dunkelheit und vor allem vor der Stille. Hier war nichts zu hören. Kein Ton, kein Geräusch drang von außen in dieses Loch. Er hatte Angst. Schon jetzt hatte er Angst, obwohl sein Vater neben ihm kniete. Er konnte sich nicht vorstellen, hier alleine zu sitzen. Er würde es keine Minute hier aushalten.

Sein Vater spürte die Angst. »Ich weiß«, sagte er, »aber es gibt kein besseres Versteck für dich. Ich werde nach dir sehen. Du musst mutig sein.« Dann schaltete er die Taschenlampe aus.

Hesmat kannte dunkle Nächte, wenn Wolken die Sterne verdeckten und es keinen Strom in der Stadt gab. Trotzdem war die Dunkelheit draußen nie vollkommen gewesen. Immer gab es irgendwo die Spur eines Lichts und man konnte trotz der

Dunkelheit irgendetwas erkennen. Hier drinnen aber war es nur schwarz. Ein schwarzes Loch. Sein Herz klopfte laut und heftig. Er hörte seinen Vater atmen. Er atmete schnell. Dann endlich sagte er wieder etwas.

»Du musst dich daran gewöhnen«, kam die Stimme aus der Dunkelheit. »Du musst schlafen und warten, bis ich wiederkomme. Du darfst die Taschenlampe nicht die ganze Zeit brennen lassen, denn ich habe nicht genug Batterien. Und du darfst auf keinen Fall Feuer machen. Du erstickst sonst.«

Hesmat wollte etwas antworten, aber die Dunkelheit, die ihn erdrückte, ließ es nicht zu.

Schließlich machte sein Vater die Taschenlampe wieder an. »Wenn du drin bist, drehst du dich um, kriechst nach oben und verschließt mit der Holztafel das Loch von innen.«

Hesmat spürte, wie die Angst wieder größer wurde. »Aber ich bekomme keine Luft!«

»Keine Angst«, sagte sein Vater, »es gibt genug Luft. Schau!« Er ließ den Lichtkegel zur Decke wandern. »Das Rohr dort führt hinauf ins Freie. Von draußen sieht es aus wie ein Loch in der Hausmauer, von dort kommt Luft herein. Du wirst nicht ersticken.«

Nachdem sich sein Vater davon überzeugt hatte, dass Hesmat das Loch von innen alleine mit der Holztafel verschließen konnte, krochen sie wieder hinaus. Im Keller klopften sie sich den Dreck und die Erde von den Kleidern und gingen zurück ins Erdgeschoss.

»Aber warum muss ich mich dort allein verstecken?«, fragte er.

»Weil ich rausmuss, um mich umzuhören. Ich muss wissen, wann wir endlich nach Pakistan flüchten können.«

»Und wann muss ich hinunter?«, hatte Hesmat gefragt.

»Jetzt«, hatte sein Vater gesagt.

Und jetzt war Hesmat wieder eingezwängt. Es war zwar nicht mehr das Loch in ihrem Keller, aber auch hier hatte er sofort Platzangst bekommen, und die Hitze und die schlechte Luft ließen die Panik in ihm aufsteigen.

Irgendwann merkte er jedoch, dass der Zug nicht anhielt und es keine Kontrolle gab. Er beruhigte sich etwas und die Angst vor den Kontrolleuren verflog langsam. Wahrscheinlich hatten sie die Polizeistation schon längst hinter sich und der Schaffner hatte ihn nur aus Rache für die Probleme in dieses Loch gesperrt. Der Schaffner zahlte ihnen wahrscheinlich alles zurück: den Ärger mit Bachtabat, die Verantwortung, die er ein zweites Mal übernehmen musste, ohne noch einmal Geld dafür zu bekommen, und die Probleme, die er mit Hanif bekommen hatte.

Hesmat hatte kein Zeitgefühl, und einmal mehr kochte der Zorn in ihm hoch, wenn er an den Polizisten dachte, der ihm seine Uhr abgenommen hatte. Fahid saß wahrscheinlich schon längst wieder im Abteil und fragte sich, wo Hesmat blieb.

Dann sah er durch das Loch, dass die Reisenden unter ihm in Bewegung gerieten. Sie suchten ihre Sachen zusammen, packten ihre Dinge um, Papiere wurden auseinandergefaltet und kontrolliert. Die Leute waren sichtlich nervös, als der Zug langsamer wurde. Sofort kam auch bei Hesmat die Angst zurück, und sein Herz raste in seiner Brust, als er ein paar Wortfetzen von dem verstand, was die Menschen unter ihm in Aufregung versetzte.

»Usbekistan, da vorne kommt die Grenze. Die Polizisten kommen.«

»Raus, alles raus!«

Unter ihm wirbelten Menschen durcheinander, Pakete fielen um, Männer stiegen über Alte, die sich nicht schnell genug aufrappeln konnten, und immer wieder hörte er die Befehle der fremden Stimmen. Sie kamen näher.

»Alles raus! Kontrolle! Stellt euch alle neben dem Zug auf. Raus jetzt, schnell! Wir haben nicht den ganzen Tag Zeit!«

Hesmat sah die Mütze des Polizisten direkt unter dem Loch. Sie war zum Greifen nahe. Er roch sogar den Schweiß des Mannes.

Wahrscheinlich war die schmutzige, ölige Brühe unter seinem Bauch längst durch die Luftlöcher gelaufen und tropfte gerade auf die Schulter des Polizisten. Hesmat hielt den Atem an. Er war überzeugt davon, dass der Polizist unter ihm den Luftzug seines Atems spüren konnte, aber der Mann ging weiter, ohne einen Blick nach oben zu werfen. Hesmat traute sich wieder zu atmen.

Als alle Reisenden den Zug verlassen hatten, kamen jedoch die Hunde. Zuerst erkannte er das Geräusch nicht, aber als das Kratzen und Klappern der Krallen auf dem blanken Boden näher kam, wusste er, dass sie ihn wieder erwischen würden. Noch bevor er sie sah, hörte er ihr gieriges Hecheln. Da fingen die Hunde schon an zu bellen, und er spürte einen Luftzug und sah das Licht, das in den Schacht fiel.

Der Schmutz des Schachts klebte an seinem verschwitzen Körper wie Leim, die Haare waren verschmiert und verdreckt, als wäre er gerade über den Hindukusch gekommen. Als er wieder zu sich kam, blutete sein Ellbogen, und seine neue Hose war an einem Knie aufgerissen.

Er erinnerte sich, dass sie ihn brutal und ohne Rücksicht an den Beinen aus dem Schacht gezogen hatten und er praktisch von der Decke auf den Boden gekracht war. Er hatte sich mit den Armen abfangen wollen, hatte aber keine Chance gehabt und war sofort bewusstlos gewesen. Als er sich jetzt aufrichtete, sah er Fahid. Auch er hatte kein Glück gehabt. Er starrte Hesmat an, als wäre ein Geist vor seinen Augen erschienen.

Als Hesmat etwas sagen wollte, bekam er sofort die erste Ohrfeige. Sie drehten ihm den Arm auf den Rücken, bis er aufschrie, und stießen ihn vor sich her durch den Zug, hinaus zu den anderen Wartenden.

Die Männer und Frauen fluchten. »Wegen euch Scheißkerlen stehen wir jetzt hier«, rief eine Frau und spie vor ihnen auf den Boden.

Die helle Sonne schmerzte in seinen Augen, und, angetrieben von den Männern, stolperte er durch den Staub in die Station. Erst als die Tür hinter ihnen ins Schloss fiel, ließen sie ihn los. Seine Arme schmerzten, Blut rann über seinen Unterarm, während Fahid und er wortlos am vergitterten Zellenfenster standen und die Kontrolle beobachteten. Schließlich warfen die Polizisten noch vier Männer in die Zelle, bevor der Zug sich nach einer Verzögerung von drei Stunden ohne sie Richtung Moskau in Bewegung setzte.

Es war das erste Mal, dass Fahid wirklich wütend auf ihn war. »Du bist so ein Idiot!«, schimpfte er. »Weißt du, in was für eine Scheiße du uns geritten hast? Sie werden die Namen überprüfen und gleich wissen, dass sie uns schon einmal erwischt haben.«

Hesmat verteidigte sich nicht, er wusste, dass er einen Fehler gemacht hatte. Als der Polizist ihn nach seinem Namen gefragt hatte, war ihm nichts Besseres eingefallen, als den Namen anzugeben, der in dem falschen Pass gestanden hatte, der ihnen schon vor drei Wochen bei ihrer ersten Festnahme abgenommen worden war.

»Du Idiot!«, schrie Fahid.

Die anderen Männer in der Zelle lachten.

»Ihr habt wohl nicht genug bezahlt«, sagte einer.

Fahids Augen waren voller Zorn, was die Männer noch mehr amüsierte.

»Komm, Kleiner«, sagte einer, »komm und ich brech dir den Hals.«

»Es ist doch klar, oder?«, fuhr ein anderer Mann fort. »Was glaubt ihr, wie viele Leute in dem Zug versteckt waren? Zwei? Hättet ihr mehr bezahlt, wärt ihr schon in Termez. Es ist immer dasselbe Spiel. Sie durchsuchen den Zug, kennen die meisten Verstecke, holen sich zwei, drei raus, kassieren vom Schaffner ihr Schmiergeld und ziehen wieder ab. Ihr seid schöne Idioten!«

Egal wie sehr er sich bemühte, erwachsen zu erscheinen, sobald ihm die Tränen kamen, wusste jeder, dass es das Weinen eines Kindes war. Der Polizist hatte viele Kinder weinen sehen. Kinder, die mit ihren Müttern weinten; Kinder, die wegen ihrer Mütter weinten; Kinder, die weinten, weil sie keine Mutter mehr hatten.

»Euer Weinen beeindruckt mich schon lange nicht mehr«, sagt der Polizist. »Es wird Zeit, dass du erwachsen wirst. Im Gefängnis werdet ihr genug Zeit haben.«

Da war das Wort: Gefängnis. Es klang wie eine Verurteilung zum Tode. Gefängnis bedeutete Leiden, Qualen, den Tod.

»Unschuldige kommen nicht ins Gefängnis«, hatte sein Großvater gesagt, »stehle nichts und du brauchst keine Angst vor Gott und König haben.«

»So ein Blödsinn«, hatte sein Vater widersprochen, »sie stecken jeden ins Gefängnis, der ihnen nicht passt.«

Wer im Gefängnis war, hatte etwas verbrochen, war ein Verbrecher, war einer jener Menschen, die seine Mutter verachtete.

»Aber ich habe nichts verbrochen«, schluchzte Hesmat. »Ich will doch nur nach Moskau. Ich habe nichts getan.« Man konnte ihn doch nicht einfach einsperren, nur weil er von Afghanistan wegwollte. »Ich habe nichts getan«, wiederholte er immer wieder.

Zwei Monate, hatte der Polizist gesagt, »und sei froh, dass wir dich nicht noch länger einsperren«.

Er schluckte seine Tränen hinunter. Diese Feiglinge, die zwei Kinder ins Gefängnis warfen, sollten ihn nicht weinen sehen. »Sie tun mir unrecht«, sagte er mit all dem Stolz, der ihm noch geblieben war. »Sie haben nicht das Recht, mich einzusperren. Ich bin ein Kind.«

Der Polizist zuckte nur mit den Schultern. »Wie du meinst«, sagte er.

Am nächsten Morgen brachten sie die beiden Jungen zurück auf den Bahnsteig, wo sie sie in den Zug zum Gefängnis steckten. Noch immer waren ihnen die Hände auf den Rücken gefesselt, und wenn einer von ihnen auf die Toilette musste, führte sie ein Bewacher zu einem verdreckten Loch im Zugboden und sah ihnen zu, wie sie ihre Notdurft mit gefesselten Händen erledigten, bevor er sie wieder in das Abteil zurückbrachte, wo sie von den anderen Mitfahrenden angestarrt wurden.

»Sie geben uns die Schuld für die vielen Kontrollen«, glaubte Fahid. »Wegen Menschen wie uns ist die Polizei so streng.«

»Blödsinn«, entgegnete Hesmat. »Die Kontrollen sind wegen der Drogen. Was glaubst du, was die alles in ihren Taschen schmuggeln? Wenn wir nicht wären, würden sie auch nicht weniger oft kontrolliert.«

In Termez warteten sie vier Stunden, zusammengebunden wie Kühe, am Bahnsteig sitzend auf den Abtransport ins Gefängnis. Zeit genug, um weitere Blicke voller Verachtung auf sich zu ziehen.

»Zeit genug, um noch mehr Angst zu bekommen«, sagte Fahid.

Beide kannten sie Gefängnisse nur von den Erzählungen aus Afghanistan. Immer wieder waren dort Männer über Nacht verschwunden und erst Wochen später halb tot wieder aufgetaucht. Viele waren überhaupt nicht zurückgekehrt.

Sie hatten auf der Polizeistation einen Vorgeschmack darauf bekommen, was sie erwartete, aber Fahids Optimismus war wie immer nicht kleinzukriegen.

»Wir werden uns sicher total langweilen«, sagte er. »Glaubst du wirklich, sie sperren Kinder ein?«

»Ich weiß nicht«, sagte Hesmat. »Wir sind nichts wert, warum sollte sich jetzt plötzlich jemand um uns kümmern?«

Seit der Abreise hatten sie nichts mehr gegessen, und als sie in Termez aus dem Zug gestiegen waren und den Polizisten auf der Wache ein Huhn hatten essen sehen, hielten sie es nicht mehr aus.

»Wir sind hungrig«, protestierte Fahid.

Der Mann blickte wortlos auf und stopfte sich ein weiteres Stück Hühnchen in den Mund. Mit seinen fettigen Fingern schob er ihnen den Teller mit den Knochen hin.

»Ich bin doch kein Hund«, protestierte Hesmat. »Was soll ich mit den Knochen?«

»Du bist ein Gefangener, sonst nichts«, sagte der Mann.

»Ich habe Hunger!«

»Hast du Geld? Wenn nicht, dann seid still!«

Als sie im Wagen zum Gefängnis saßen, verstummte sogar Fahid.

Im Gefängnis

»Die Regeln sind einfach«, sagte der Wärter, der sich auf dem Gefängnishof vor ihnen aufgebaut hatte. »Arbeitsbeginn ist um sechs Uhr früh. Um sieben Uhr abends geht's zurück in die Zelle, die Aufseher haben immer recht, und seid vor den anderen Gefangenen auf der Hut.«

Zwei Stunden waren sie in dem rostigen Gefängnistransporter durch die Stadt gefahren. Durch eine doppelte Mauer kamen sie auf einen Platz, der so groß war wie ein halbes Fußballfeld. In der Mauer rund um den Platz befanden sich die Zellen für die etwa dreihundert Erwachsenen, die sich jetzt an den Gitterstäben drängten, um einen Blick auf die Neuankömmlinge werfen zu können.

Fahid schien seine Angst schnell wieder vergessen zu haben, als sie an den Männern vorbei in eine eigene Zelle geführt wurden. »Ich habe dir doch gesagt, wir sind Glückspilze«, lachte er.

»Hör auf! Ich kann es nicht mehr hören«, sagte Hesmat. »Wenn wir wirklich Glück hätten, wären wir schon längst in Moskau. Das ist kein Glück.«

Fahid wischte Hesmats Pessimismus wie immer mit einer

Handbewegung weg. »Aber siehst du nicht, dass es irgendwer gut mit uns meint?«

Die Zelle maß ungefähr zwei mal drei Meter. In der Ecke stand ein Kübel für ihre Notdurft, an den Wänden hatten frühere Gefangene Namen und Dinge geschrieben, die sie nur schwer entziffern konnten. Ein Stuhl auf drei Beinen, der aussah, als würde er die Wand stützen, war das einzige Möbelstück. Ansonsten war die Zelle leer. Es gab keine Matten, kein Bett, nur einen kalten, von einzelnen abgeschlagenen Fliesen durchzogenen grauen Steinboden. Durch ein kleines Fenster sickerte der Lärm vom Hof und den anderen Zellen herein. In unregelmäßigem Abstand kamen Autos und fuhren wieder weg, irgendwann verstummten auch die Stimmen der Männer in ihren Zellen.

Am Abend brachte ihnen ein Aufseher eine Suppe, die ungesalzen war und nach Waschmittel schmeckte, in einer Plastikschüssel, die braun verkrustet und augenscheinlich noch nie gewaschen worden war. Es war gerade genug, um ihre leeren Bäuche zu wecken, die daraufhin nach mehr verlangten.

Zornig warf Fahid schließlich die leere Schüssel in die Ecke. »Was für ein Saufraß«, schimpfte er.

Die Männer wollten sie an die Gitter locken.

»Sei vorsichtig«, sagte Hesmat, der seinen Freund zurückhalten wollte. »Das sind doch alles Mörder und Verbrecher!«

»Was sollen sie mir tun? Sie sind doch eingesperrt«, entgegnete Fahid.

Hesmat blickte sich nach dem Wärter um. Es würde nicht lange dauern und einer der Aufseher würde sie verjagen. Er senkte den Kopf und schrubbte weiter.

Frühmorgens hatte der Wärter sie aus der Zelle geführt und mitten auf den Platz gestellt. »Putzen!«, hatte er in einer Sprache gesagt, die sie nicht verstanden, aber es war nicht misszuverstehen. Sie kehrten den ganzen Vormittag, bis sie den Platz sauber hatten, bevor sie sich an den kleinen Garten machten, der wie eine Verhöhnung mitten auf dem Betonplatz angelegt war und gerade genug Platz für die Wurzeln eines Baumes bot. Den ersten Kübel mit frischem Wasser leerte Fahid Hesmat über den Kopf, während er versuchte, mit seinem lauten Lachen nicht das ganze Gefängnis auf sich aufmerksam zu machen. Dann kehrten sie die Einfahrt.

Sie hatten schnell bemerkt, dass die Aufseher kein Interesse an ihnen hatten. Sie ließen sich kaum blicken, kamen nur morgens, kontrollierten die Zellen der anderen Gefangenen und schickten Fahid und Hesmat zum Putzen ins Freie. Danach verdrückten sie sich in die Wachstube und schliefen auf ihren Stühlen. Andere holten die Gefangenen ab und brachten sie zum Arbeiten hinaus aufs Land. Am späten Nachmittag kehrten sie zurück und steckten den zweiköpfigen Putztrupp und die zurückgekehrten Männer wieder in ihre Zellen, während sie die Schwerverbrecher, die nicht aufs Land zum Arbeiten durften, in kleinen Gruppen eine Stunde lang auf den Hof führten. Es war die einzige Stunde, in der Leben in das Gefängnis kam. Die Wachbeamten standen mit ihren Waffen im Kreis um die Gefangenen und warteten auf eine falsche Bewegung von ihnen.

Mit der Dämmerung hieß es für die beiden dann wieder zurück auf den Platz, zurück zur Knochenarbeit. Die Arbeit war bald Routine, und das Putzen und Schrubben wurde nur vom Eintreffen hoher Beamter unterbrochen, deren Auto sie in der Zeit ihres Besuchs zu polieren hatten.

Probleme gab es nur mit dem Gefängniskoch. Niemand kannte seinen Namen, und darüber, warum er einsaß, gab es nur Gerüchte. Er war schon seit Jahren im Gefängnis und hatte seine Privilegien. Erst nach einiger Zeit verstanden sie, dass ihn die Wärter so nachsichtig behandelten, weil er auch für sie kochte. Er trug ständig dasselbe verschwitzte Unterhemd und hatte sich wohl seit dem Tag, an dem er hier angekommen war, nicht mehr gewaschen.

»Im Vergleich zu ihm riechst du wie ein Baby«, spottete Fahid. »Ich wette, er wäscht sich die Hände in unserer Suppe.«

Das einzig Saubere an ihm war seine weiße Kochmütze, die täglich gewaschen wurde, und sein einziger Spaß bestand darin, Fahid und Hesmat zu schikanieren. Er kam aus der Küche, beobachtete die beiden lange und genussvoll aus dem Schatten, wie sie schrubbten, und schlich um sie herum wie eine Katze um ihr Opfer. Dann bückte er sich und strich mit dem Finger über den Boden. »Was ist das?«, fragte er und hielt ihnen seinen Finger unter die Nasen.

»Was mischst du dich ein! Siehst du nicht, dass der Wind ständig Sand hier hereinträgt?«, sagte Fahid am ersten Tag ärgerlich. »Kümmere dich um deine Angelegenheiten.«

Der Koch lachte nur. »Ihr wisst nicht, wer ich bin, oder?« Dann nahm er seine weiße Mütze und schleuderte sie quer über den Platz. Mit ein paar Schritten hatte er sie eingeholt und hob sie vorsichtig wie einen Schatz auf und präsentierte sie den beiden lachend. »Solange der Platz nicht so sauber ist, dass meine Mütze weiß bleibt, werdet ihr dafür büßen.«

Dann gab er Fahid eine Ohrfeige, die ihn von den Füßen riss. Der Knall hallte über den ganzen Platz. Hesmat wartete darauf, dass einer der Aufseher aus dem Schatten springen würde, aber nichts passierte. Jeden Tag kam der Koch mindestens zweimal. Nie war es ihm sauber genug. Jedes Mal musste einer von ihnen dafür herhalten. Hesmats Wange war die meiste Zeit angeschwollen wie eine reife Frucht.

Nach zwei Wochen hatte sich Fahid mit einigen der Männer in den Zellen angefreundet.

»Die meisten sind Usbeken oder Tadschiken«, erzählte er. »Sie sitzen wegen Mord oder Entführungen. Ein paar sind hier, weil sie Drogen geschmuggelt und die falschen Polizisten bestochen haben.«

Hesmat erfuhr, dass der Polizist, der sie beide an der Grenze aus dem Zug geholt hatte, kein Unbekannter in diesem Gefängnis war. Die Häftlinge erklärten, dass er selbst einen der größten Schmuggelringe aufgebaut hatte und praktisch den ganzen Drogenfluss von Heiratan nach Termez kontrollierte.

»Wer ihm in die Quere kommt und nicht genug bezahlt, landet hier«, erzählte Fahid Hesmat.

Die harte Arbeit, das schlechte Essen und die Hitze setzten den beiden bald zu. Schon nach einer Woche litten sie an schwerem Durchfall. Das Trinkwasser war meist nur eine braune Brühe, und nirgends gab es eine Möglichkeit, es abzukochen. Aber die Hitze und der Durst waren unerträglich. Mit schwindeligem Kopf und zittrigen Knien schrubbten sie weiter den riesigen Platz, kassierten ihre Ohrfeigen vom Koch und wurden unter der täglichen Schinderei, dem Durchfall und dem schlechten Essen schnell schwächer. Nach vier Wochen sahen sie aus wie lebende Skelette.

»Du bist ja nur noch ein abgenagter Knochen«, lachte Fahid müde und mit aufgesprungenen Lippen.

»Das hat mein Vater früher auch immer gesagt«, antwortete Hesmat und erinnerte sich an die Stimmen seiner Eltern. »Du bist so spindeldürr«, pflegte seine Mutter zu sagen und schlug die Hände über dem Kopf zusammen. »Was werden nur die anderen Eltern sagen! Sie werden glauben, ich lasse dich hungern!«

»Er sieht aus wie ein abgenagter Knochen«, kam von seinem

Vater, wenn er von seinen Einsätzen an der Front zurückkehrte und seinen Sohn auf den Arm nahm.

Sein Großvater nannte ihn nur einen *kleinen Teufel*, die Tanten ein *verzogenes Muttersöhnchen*, seine Mutter sagte zu ihm: *mein kleiner Engel*.

Dann bekam Fahid auch noch Fieber. Wütend trommelte Hesmat gegen die Tür der Zelle und verlangte nach einem Arzt. Die Wärter lachten, brachten ihnen aber wenigstens etwas sauberes Wasser. Tagelang bettelten sie um etwas Ruhe, aber Tag für Tag wurden sie wieder auf den Platz hinausgejagt.

Als sie Bachtabat sahen, dachten sie zuerst, es sei ein Traum. Zwei Augenpaare konnten sich jedoch nicht täuschen. Da hatte er gestanden und mit einem der Gefängnisaufseher geredet. Es tat gut, ein bekanntes Gesicht zu sehen, auch wenn es das Gesicht des unfähigen Schleppers war, der ihnen das alles eingebrockt hatte. 200 Dollar. Mehr waren sie beide nicht wert. Bachtabat hatte gar nicht lange verhandeln müssen.

Hesmat legte seinen ganzen Zorn in die Schläge, aber Bachtabat wehrte seine harmlosen Faustschläge ab wie lästige Fliegen.

»Hör auf!«, schimpfte der Schlepper. »Ich kann nichts dafür! Ihr macht mir mehr Arbeit als alle anderen zusammen. Jetzt reißt euch zusammen!«

Im Schritttempo war Fahid über den Platz geschlurft. Es tat weh, dem kranken und müden Körper zuzusehen, wie er sich in der Hitze quälte.

»Ab morgen wird alles besser«, sagte Bachtabat leise. »Ihr kommt raus!«

»Du hast uns im Stich gelassen!«, schrie Fahid. »Warum kommst du erst jetzt, vier Wochen zu spät?«

Ein Polizist fuhr mit ihnen in die Stadt bis zum Bahnhof. Sie trotteten hinter dem Polizisten her wie zwei geprügelte Hunde, die der Mann in der Stadt ausführte.

»Eis?«, fragte der Polizist plötzlich ganz freundlich.

Beide lachten. Er hatte von den Gemeinheiten wohl noch nicht genug.

»Eis?«, fragte er noch einmal. Es war ihm ernst, und das Eis schmeckte wie der Himmel, wie eine kühle Wolke voller Regen, die sie aussaugten. Langsam zerrann es in ihren Fingern, die sie abschleckten wie Katzen.

Bachtabat wartete in einem Café auf die Jungen und schüttelte dem Polizisten noch einmal zum Abschied die Hand. Hesmat hasste ihn, trotzdem war er der einzige Mensch, den er hier außer Fahid kannte.

»Der Schaffner hatte Angst und hat mir nicht gemeldet, dass sie euch festgenommen haben«, sagte Bachtabat. »Erst als euer Onkel nachfragte, sind wir darauf gekommen. Dann bin ich gleich mit dem nächsten Zug an die Grenze, um euch zu suchen. Aber niemand wollte dort etwas von euch gehört haben. Glaubt mir!«

»Und wie bist du dann doch hierhergekommen?«, fragte Fahid ärgerlich, der wie Hesmat nicht so recht an die Geschichte glaubte.

»Irgendjemand hat mir erzählt, dass ihr im Gefängnis in Termez sitzt.«

»Und das sollen wir dir abnehmen?«, fragte Fahid wütend. »Du warst doch froh, dass du uns los bist! Warte nur, bis ich das meinem Onkel erzähle!«

»Jetzt hör aber auf«, sagte Bachtabat, »ihr müsst mir glauben! Sie haben euch nirgends gemeldet, auch jetzt taucht ihr noch nirgends auf. Wie hätte ich euch denn schneller finden sollen?«

Die beiden wussten, wer in Wirklichkeit hinter der Suche steckte. Wäre Hanif nicht gewesen, hätte Bachtabat sie im Gefängnis verrecken lassen. Er hätte keinen Gedanken an sie verschwendet. Die Suche diente nur seinen eigenen Interessen. Hätte er sie nicht gefunden, hätte er Hanifs Zorn zu spüren bekommen.

Schließlich brachte Bachtabat sie bei einem Freund nahe dem Bahnhof unter. Die ersten Tage schliefen sie dort die meiste Zeit und standen nur auf, wenn sie Hunger hatten. Das Schönste waren zwei neue Flaschen mit frischem Wasser, die ihnen Bachtabat am nächsten Tag brachte. Fahid bekam Medikamente und nach einer Woche war er fast wieder der gut gelaunte Optimist.

»Weißt du eigentlich, wie viel Glück wir schon gehabt haben?«, fragte er.

Fünf Tage später ging es endlich weiter.

»Übermorgen fährt der nächste Zug«, sagte Bachtabat. »Diesmal wird alles anders.«

Am Nachmittag gingen sie ein letztes Mal hinunter zur Brücke der Freundschaft und blickten über den mächtigen Grenzfluss hinüber in ihre alte Heimat. Mazar lag nur ein paar Autostunden von hier entfernt. Was sie trennte, war die Front.

Alles wäre so einfach ohne den Krieg, dachte Hesmat. Er hatte den langen Umweg über die Berge, über Hodscha-Bahaudin und Duschanbe in Kauf nehmen müssen und nach acht Wochen war er trotzdem nur ein paar Autostunden von Mazar entfernt. Sein Vater war vor Jahren über diese Brücke gefahren. Immer wieder war er in Termez gewesen, wo die Russen mit fast 100 000 Soldaten stationiert gewesen waren. Er hatte ihm nie viel über die Stadt erzählt, immer nur von dieser Brücke.

Eine Brücke zwischen zwei Welten, über die jetzt kein Fahrzeug mehr fuhr. Dort drüben war der Feind. Dort drüben waren die Männer, die seinen Vater getötet hatten. Dort drüben war die Familie, die ihn nicht wollte. Dort drüben war alles, was er hasste. Dort drüben lag seine tote Mutter in einem Grab, das er nicht kannte. Die Erinnerung holte ihn ein, und er begann, Fahid von seiner Mutter zu erzählen.

Irgendwann war sie immer schwächer geworden. Sie hatte stark abgenommen und selbst die leichtesten Arbeiten bereiteten ihr große Mühe. Schnell war sie außer Atem, musste sich setzen und sich die Schweißperlen von der Stirn wischen.

»Es ist nichts«, sagte sie immer wieder. Sie versuchte, ihm seine Angst zu nehmen. Dann kam der Husten. Es war schrecklich, wenn dieser zarte Körper vom Husten gebeutelt wurde, und ihr Atem klang oft, als würde man durch einen löchrigen Schlauch blasen.

Immer wieder hatten sie und ihr Mann die Krankheit verdrängt, hatten darauf gehofft, dass sich ihre Lunge erholen würde. Doch sie spürte das Fortschreiten der Krankheit auch ohne Röntgenbilder und Diagnosen. Sie wusste, dass sie sterben würde. Sie hatte keine Angst davor.

Was ihr Angst und Sorgen bereitete, war die Zukunft ihrer Kinder, vor allem die Hesmats. Er war dünn und zart und im Gegensatz zu seinem kräftigen jüngeren Bruder hasste ihn sein Großvater. Wie sollte er im Leben zurechtkommen, in einem Land, in dem Bildung nichts wert war und nur das Morden und die Gewalt zählten? Sie besorgte am Schwarzmarkt teure Schulbücher und lehrte Hesmat das, was er eigentlich in der Schule hätte lernen sollen. Sie wusste, dass die Zeit drängte. Sie fühlte sich von Monat zu Monat schwächer. Die Schmerzen wurden unerträglich. Jede Arbeit wurde zur unlösbaren körperlichen Herausforderung und außer Hesmat wollte ihr niemand aus der Familie helfen. Oft gab es deswegen Streit zwischen ihrem Mann und seiner Familie, die kostenlos in seinem großen Haus lebte.

Hesmat ging nicht mehr zur Schule. Die Radikalen hatten sich der Schulen bemächtigt und sein Vater hielt ihren Unterricht für wertlos. »Deine Mutter braucht dich jetzt zu Hause«, hatte er gesagt.

Sie hatte stark abgenommen und bestand fast nur noch aus Haut und Knochen, lediglich ihr Gesicht war von den Medikamenten rundlicher geworden. Wenn es der Husten zuließ, schloss sie die Augen und schlief für ein paar Stunden. Die meiste Zeit jedoch röchelte sie und kämpfte um Luft. Ihre wunderschöne weiße Haut hatte sich verfärbt und spannte sich beinahe bläulich über die brüchigen Knochen. Sie weinte, wenn sie sah, wie ihr Sohn das Haus sauber zu halten versuchte und wie er sich Mühe gab, seine Angst um sie zu verbergen.

Die Bewegungen seiner Mutter waren langsam und bereiteten ihr Schmerzen, als sie sich kurz vor ihrem Tod auf ihrer Matte aufrichtete und Hesmat bat, sich zu ihr zu setzen. Ihre Hand war so leicht geworden, dass er sie kaum noch spürte, wie sie ihm über seinen Kopf, seine Hände und das Gesicht strich.

»Ich kann dir die Angst nicht nehmen«, sagte sie. »Aber weine nicht. Ich bin es, die weinen muss. Ich kann dich nicht weiter beschützen, aber glaub mir, ich werde immer bei dir sein. Egal, wohin du gehst, egal, was du machst, ich bin in deiner Nähe.«

Hesmat spürte, wie ihre Tränen sein Haar benetzten.

»Du musst mir eines versprechen«, sagte sie. »Lass dich nicht von diesen Menschen leiten. Lass dir nie verbieten zu lernen. Das musst du mir versprechen. Lerne, so viel du kannst. Du kannst mir nicht mehr helfen, aber vielleicht wirst du irgendwann Arzt und kannst anderen Menschen helfen, denen es nicht besser geht als mir. Lerne und sei auf der Hut. Und sobald du alt genug bist, musst du aus diesem Land verschwinden. Versprich mir das!«, sagte sie, und ihre Hände schlossen sich mit aller Kraft, die sie noch besaß, um seine Schultern. »Dein Vater wird dir helfen, ganz sicher.« Sie versuchte zu lachen und strich ihm über die Hände, die sie drehte und von allen Seiten bewunderte wie ein Kunstwerk. »Mein großer Sohn, ein Arzt.«

Hesmat hörte zu und weinte. Er wollte ihr doch noch so viel sagen, er hatte noch so viele Fragen, auf die er die Antworten nicht kannte. Sie hatte ihm so viel beigebracht, und trotzdem hatte er das Gefühl, noch nichts verstanden zu haben. Was sollte aus ihm und seinem kleinen Bruder werden? Seine Mutter war sein Paradies. Sie liebte ihn und er spürte diese Liebe. Er hatte verstanden, was Liebe bedeutete. Er wusste, dass man aus Liebe an einem gebrochenen Herzen sterben konnte. Er legte sich neben sie und merkte, dass sie eingeschlafen war. Was würde aus ihm werden? Wie sollte er es ohne ihre Hilfe schaffen? Mit den Zweifeln wurde die Angst noch größer. Er weinte und vergrub seinen Kopf in ihrem dunklen Haar. Das Haar war noch immer kräftig und lebendig. Ihre langen schwarzen Haare, die meist nach Rosenwasser geduftet hatten. Der Duft ließ ihn seine Sorgen vergessen und er schlief neben ihr ein.

Zwei Tage später war seine Mutter tot gewesen. Als ihn sein Vater morgens aus dem Haus schickte, um Brot zu kaufen, hatte sie so ruhig wie seit Tagen nicht mehr geschlafen. Ihr Gesicht war entspannt, ihr Atem ging leise und sanft, als wären die Flecken auf ihrer Lunge plötzlich verschwunden. Wieder klammerte sich Hesmat an die Hoffnung auf ein Wunder.

Sein Bruder war unruhig, und als er zurückkam, ging er, um die Mutter nicht zu wecken, zum Spielen mit ihm auf die Straße. Er beobachtete seinen Bruder, der in der Hitze und dem Staub gerade eine alte Holzkiste zerlegte, als sie die Schreie hörten. Er stürmte ins Zimmer und sah, wie sein Vater über die Mutter gebeugt weinte und seine schreiende Tante verloren in einer Zimmerecke stand.

Die Verwandten versammelten sich im Haus und sprachen seinem Vater ihr Beileid aus. Sie umarmten und küssten Hesmats kleinen Bruder, schüttelten ihre Köpfe und sprachen über seine Mutter wie über eine Heilige, während sie Hesmat, der neben seiner Mutter kniete und ihre tote, fremd gewordene Hand hielt, nicht beachteten.

Als sie schließlich kamen, um sie abzuholen, klammerte er sich mit aller Gewalt an seine tote Mutter, aber seine kleinen Hände konnten nichts gegen die Hände ausrichten, die ihm seine Mutter wegnahmen. Er schrie und biss jeden, der ihm zu nahe kam, bis ihn ein Onkel von seiner Mutter wegriss und den spuckenden, schreienden Jungen aus dem Haus trug und ins Auto sperrte. Der Zorn, die Trauer und Verzweiflung nahmen ihm die Kraft, seine Fäuste konnten nichts gegen die Scheiben des Jeeps ausrichten. Er vergrub sein Gesicht in einem der Autositze und ließ seinen Tränen freien Lauf. Als ihn sein Onkel wieder aus dem Auto holte, war seine Mutter verschwunden.

Er erfuhr nie, wo seine Mutter begraben wurde.

»Erst wenn du alt und stark genug bist, den Schmerz zu ertragen, werde ich es dir zeigen«, sagte sein Vater.

Er wusste, dass es üblich war, Kindern die Grabstellen ihrer Eltern nicht zu zeigen. Sie sollten ihre toten Eltern nicht unter ein paar Steinen, die auf die Toten gelegt wurden, auf dem harten Boden verfaulen sehen, nicht sehen, wie die streunenden Hunde schon nach ein paar Tagen Teile und Fetzen wegtrugen.

»Aber sie ist doch meine Mutter«, weinte Hesmat, als sein Vater wortlos das Zimmer verließ.
»Sei stark«, hatte er gesagt.

»Das ist es, glaube ich, was ich am öftesten von meinem Vater gehört habe«, erzählte Hesmat seinem Freund, »dieses: Sei stark! Immer sollte ich stark sein, aber ich habe es fast nie geschafft!«
Fahid hatte schweigend zugehört, während Hesmat vom Tod seiner Mutter erzählt hatte, und er weinte nun mit ihm, als Hesmat mit den Tränen kämpfte. Dann versuchte er, seinen Freund auf andere Gedanken zu bringen. Wie immer wenn Fahid nicht wusste, was er am besten tun sollte, begann er, von der Zukunft zu reden. Davon, was er in Frankreich alles erreichen würde, davon, dass Hesmat bei ihm bleiben könnte und sie Frankreich »erobern« würden. Immer wieder blickten sie über den Fluss nach Afghanistan hinüber. Ein Land, das so vielen Menschen so viel genommen hatte und doch so einzigartig und auch so wunderschön sein konnte.
»Was hätten wir nicht alles in unserer alten Heimat werden können«, sagte Fahid, »hätten die Alten nur einmal ihren Kopf und nicht immer nur den Abzug ihrer Waffen benutzt!«
Er saß tatsächlich auf dieser Seite des Flusses und schmiedete Pläne für seine Zukunft. Wie oft hatte Hesmat daran gezweifelt, es überhaupt bis hierher zu schaffen. Wie oft hatte er in den Bergen gefroren und sich gefürchtet. Schließlich blieb der Entschluss, nie wieder einen Gedanken ans Aufgeben zu verschwenden. Er würde nie wieder dorthin zurückkehren. Er konnte nicht aufgeben. Die Brücke der Freundschaft war in seinem Kopf schon lange gesprengt worden.
»Lass uns gehen«, sagte Hesmat, »hier haben wir nichts mehr verloren.«

Wertlos wie eine lästige Stechmücke

»Warum kann ich plötzlich nicht mehr in das Versteck?«, protestierte Hesmat.

Endlich hatte es geklappt und jetzt sollten sie sich für das letzte Stück plötzlich nicht mehr in dieses Loch unter der Liegefläche quetschen?

Bis hier hatten sie alle Kontrollen überstanden, die Hunde hatten sie nicht gefunden, die Stimmen der Kontrolleure waren gekommen und wieder gegangen und Moskau war nur noch zwei Tage entfernt.

»Aber warum?«, fragte Fahid.

»Ich habe keine Lust, mit euch zu diskutieren«, sagte der Schaffner. »Entweder ihr macht, was ich euch sage, oder sie werden euch eben wieder schnappen.«

Sie schüttelten die Köpfe.

»Ihr glaubt wohl, jemand wie ich macht Scherze?«

»Wenn er uns loswerden will, bräuchte er uns nicht als Gehilfen zu verkleiden«, überlegte Fahid.

»Schau uns doch an«, meinte Hesmat, »wir sehen aus wie Schweine! Wer sollte uns das glauben?«

»Sperr deine Augen auf, Kleiner!«, sagte der Schaffner wieder. »Der Zug ist doch voll mit Schweinen.«

Schließlich hatten sie sich doch die Hose und Kappe des Pervernik, eines Laufburschen im Zug, angezogen. Hesmat musste sich das Lachen verbeißen. Fahid sah aus wie ein Idiot, aber jetzt war nicht die Zeit für Scherze. Die Anweisungen des Schaffners waren klar. Der Zug hielt ein paar Kilometer vor Saratov, wo die Polizisten den ganzen Zug auseinandernehmen würden.

»Sie haben Hunde, Spiegel, einfach alles«, hatte der Schaffner gesagt. »In dem Versteck schafft ihr es nicht. Ihr seid meine Gehilfen, das ist nichts Besonderes. Wenn der Zug hält und sie mit der Kontrolle beginnen, steigt ihr aus wie alle anderen. Wenn euch jemand aufhält, sagt einfach, ihr holt Wasser für mich, und wenn ihr von den Leuten weg seid, lauft, so schnell ihr könnt.«

Im Schutz der Dunkelheit sollten sie um die Kontrollstelle herumlaufen und drei Kilometer weiter bei einem Bahnübergang warten.

»Dort fährt der Zug nach der Kontrolle noch ganz langsam«, sagte der Schaffner. »Dort könnt ihr aufspringen.«

»Der will uns wohl verarschen«, sagte Fahid. »Glaubst du ihm?«

Hesmat war unsicher. »Was bleibt uns anderes übrig?«

Sie sahen den mit riesigen Scheinwerfern hell erleuchteten Platz schon von Weitem. Sie sahen die Hunde, die vielen Kontrolleure, die Waffen und auch die Handschellen, die an ihren Gürteln baumelten.

»Raus jetzt«, befahl der Schaffner, »es geht los!«

Keiner achtete auf die beiden Gestalten mit den auffälligen Pervernik-Mützen und den viel zu großen Hosen. Ihre Herzen zitterten wie die leeren Plastikeimer, die sie zur Tarnung in den

Händen hielten. Nur nicht auffallen, ermahnte sich Hesmat immer wieder. Sie trotteten neben der ersten Gruppe Fahrgäste hinüber zum Posten, während ein bewaffneter Polizist jeden ihrer Schritte verfolgte. Als sie den Wasserschlauch sahen, bogen sie nach links. Die Blicke folgten ihnen.

Jeder Schritt fühlte sich an, als wäre Hesmat wieder in den Bergen. Alle Kraft war aus seinem Körper gewichen. Seine Füße zerflossen wie Wasser, alles zitterte, der Mund war trocken wie der heiße Wind, der alles noch schlimmer machte. Noch immer folgten ihnen die Blicke.

»Zehn Meter«, schätzte Hesmat leise, »noch zehn Meter.«

Dann plötzlich Geschrei.

»Geh weiter«, zischte Fahid. »Verdammt, Hesmat, geh weiter!«

Es dauerte einen Augenblick, bis er verstand, dass das Geschrei von der Gruppe kam, die sich bereits ein Stück abseits von ihnen befand. Ein Mann hatte sein Bündel fallen lassen, die Beamten befahlen ihm weiterzugehen, er wollte aber stehen bleiben und alles einsammeln und protestierte gegen die Behandlung der Polizisten.

»Wir sind keine Verbrecher«, schimpfte er und kniete sich hin, um sein Bündel in aller Ruhe wieder zusammenzupacken.

»Das ist unsere Chance«, flüsterte Fahid, »jetzt sind sie abgelenkt.«

Nur noch ein paar Meter und sie wären vorbei an der Lok, weg von den Scheinwerfern, endlich im Dunkeln.

Hesmat war sich nicht sicher, was zuerst kam. Das »Stopp!« oder der Schlag. Sie mussten nahezu zeitgleich gekommen sein. Er erinnerte sich noch an den kurzen Schmerz und das Fluchen: »Ihr verdammtes Saupack!« Dann wurde er bewusstlos.

Er sah den Zug, er sah die Leute einsteigen, er spürte den

Schmerz an seinem Hinterkopf. Er spürte den Luftzug. Er hörte die Stechmücken, die sich auf sein Ohr gesetzt hatten, und er sah die Gitterstäbe. Er schmeckte salzige Tränen und die Gitterstäbe verschwammen. Er hatte keinen Grund mehr, seinen Schmerz und seine Tränen zurückzuhalten. Wieder waren seine Hoffnungen enttäuscht worden, wieder sank ihm der Mut. Der Strick an seinen Handgelenken schnitt in seine Haut.

Erneut überprüften sie ihre Daten und nahmen ihre Fingerabdrücke. Immer wieder kamen die Fragen nach dem Woher und Wohin. »Wer sind eure Helfer?«, wollten sie wissen. »Wo sind die anderen? Zu wem wolltet ihr? Wer hat euch geholfen?«

Immer wieder dieselben Fragen. Fragen, auf die es keine Antworten gab, Antworten, die niemandem gefielen. Antworten, die sie wieder in eine Zelle brachten. Antworten, für die es nur schlechtes Essen gab. Antworten, mit denen niemand zufrieden war. Niemand wollte ihr Betteln hören, als der Mann sagte, dass sie wieder nach Afghanistan zurückmüssten.

Die Stechmücken waren fast noch schlimmer als die Polizisten. Keine Frage, kein Schlag schmerzte wie die Mücken, die kein Erbarmen kannten. Hesmat beobachtete die Menschen mit den Kappen und den Netzen vor den Gesichtern, draußen vor den Gitterstäben. Draußen auf der Straße. Draußen in der Freiheit, draußen in dem Land, in das sie wollten. Hesmat hatte noch nie Kappen wie diese gesehen, Netze vor den Augen kannte er nur von den Frauen, die die Burka trugen. Netze, die die Frauen gefangen hielten wie diese Gitterstäbe sie. Die Netze auf den Kappen hier waren dagegen gute Netze.

»Ich wünschte, ich hätte eine Burka«, sagte Hesmat laut, und Fahid hob verdutzt seinen zerstochenen Kopf.

Er wollte sich darunter verstecken. Verstecken vor den Fragen – und vor den Stechmücken. Er konnte seinen Kopf, seine Hände und Füße nicht ständig schützen. Wenn der Schlaf siegte, hockten sie zu Dutzenden auf seinem Körper und saugten sein Blut. Das Jucken, das Blut, die aufgekratzten Arme, Beine, das Gesicht.

»Wir sind keine Menschen mehr«, sagt Fahid. Er konnte sich nicht mehr erinnern, was Glück war.

Dann stiegen sie wieder in einen Zug, der sie in ein anderes Gefängnis brachte, bevor es zurück nach Afghanistan gehen sollte.

»1000 Dollar? Du bist verrückt«, sagte Fahid.

Die Menschen sahen von ihren Taschen auf, nur kurz hob sich ihr Blick, traf die Uniform, senkte sich.

»Woher sollen wir 1000 Dollar nehmen? Wir haben schon längst nichts mehr!«

Hesmat überlegte. Wenn er seinen Gürtel aufschneiden würde, wären sie frei. Doch sie würden sich nicht mit 1000 Dollar zufriedengeben. Sie würden alles nehmen und sie aus dem Zug werfen. Ohne Geld würden sie verhungern. Irgendwo in der Steppe verdursten. Er wollte sich nicht den eigenen Tod erkaufen. Er legte die Hand wieder in den Schoß.

Der Polizist zuckte mit den Schultern.

Als Hesmat das Fenster öffnen wollte, krachte der Gewehrkolben auf seinen Arm. »Hinsetzen!«

Schließlich schlief der Soldat ein.

»Wir müssen hier raus«, flüsterte Fahid.

Sie kamen nicht weit. Der Schaffner hielt sie fest. Zwei Hände wie Schraubstöcke gegen zwei Arme wie Stechmückenbeine. »Wenn ihr abhaut, sitz ich im Gefängnis«, sagte er. »Vergesst es, ihr habt keine Chance.«

Erst als die Nacht hereinbrach und die Blicke zu Träumen

wurden, als der Soldat wieder schlief, der Schaffner seit Stunden nicht zu sehen gewesen war, versuchten sie es noch einmal. Der Zug fuhr schnell.

»Das Scheißding kriecht die ganze Zeit, nur jetzt hat er es eilig«, fluchte Fahid, doch das Fenster klemmte, und die Schlafenden öffneten die Augen, wurden wach.

Der Strick um die Hände schmerzte nicht mehr, denn seine Hände waren längst taub. Er sah dem Blut zu, das über seinen Arm in Richtung der Stricke lief, wie sich der Strick mit dem Blut vollsaugte. Fahids Lippe war aufgeschlagen, Blut rann aus seinem Ohr, ein Auge war zugeschwollen.

Niemand hatte etwas gesagt. Sie hatten alle nur zugesehen, wie die beiden Jungen verprügelt worden waren. Wie die Polizisten und der Schaffner sie vom halb geöffneten Fenster weggerissen hatten und ihre ganze Wut, die Wut auf ihre Arbeit, ihr Land, ihre Hoffnungslosigkeit und Armut in die beiden jungen Körper prügelten. Der Soldat, der auf Geld gehofft hatte, der Schaffner, der auf Geld gehofft hatte. Der Soldat und der Schaffner, die nur Arbeit und Ärger mit den beiden Jungen hatten.

Termez.

Sollten sie lachen oder weinen? Wollte er sterben oder schreien?

»Wir haben schon wieder Glück gehabt«, sagte sein Freund wie zum Trotz.

Der Polizist, der sie ins Gefängnis bringen sollte, ließ mit sich handeln. Bachtabat feilschte mit ihm wie um zwei Schafe. Sie kosteten 400 Dollar, die er von ihnen zurückhaben wollte.

Bachtabat sagte nicht, woher er es gewusst hatte. Er sagte nicht, warum er ihnen half. Er bezahlte für beide und setzte sie in sein Auto. Er hatte Angst vor Hanif. Hätte Hanif seinen Neffen und dessen Freund so gesehen, hätte der Schlepper das nicht überlebt. Bachtabat brachte sie wieder zu einem Freund und seiner Frau. Eine gute Frau, die sich um die Wunden der Jungen kümmerte, während sie selbst Wunden von ihrem Mann im Gesicht trug. Ihr Mann, der nach billigem Fusel roch und fraß wie ein Schwein. Ein Schwein, das sich im Nebenzimmer auf die dünne Frau legte und grunzte. Eine Frau, die weinte und danach nach Fusel roch, während sie die Wunden der Jungen frisch verband.

»Wunden, die heilen«, sagte sie.

Hesmat sah in ihren Augen Wunden, die nicht heilen würden. Das Schwein rief wieder, es grunzte wieder, die Frau flehte und weinte wieder und kam wenig später besudelt und gedemütigt mit neuen, sichtbaren Wunden zu ihnen zurück.

»Erzähl mir von draußen«, sagte sie.

Sie erfanden Geschichten. Sie mussten sie erfinden. »Schöne Geschichten muss man erfinden«, sagte Fahid.

Hesmat hatte seine Kleidung gewaschen und alles auf die Wäscheleine gehängt. Nackt hockte er an der Hausmauer und schaute dem sauberen Stoff beim Trocknen zu. Die Frau zählte seine Wunden mit ihren Fingern. Sie sprach nicht, doch ihre Hände halfen.

Nach zwei Wochen waren die schlimmsten Wunden und die meisten Mückenstiche und aufgekratzten Hautstellen verheilt.

»Du hast Kraft«, sagte sie. »Dein Körper heilt gut. Du hast einen starken Willen.«

»Wir müssen warten«, sagte Bachtabat, als er wiederkam. »Schlechte Nachrichten. Sie haben den Zug gestoppt. Jetzt ist Schluss, mindestens für einen Monat. Irgendjemand hat da wohl zu wenig bezahlt.«

Siebzig Kilogramm Heroin und Opium machten sie zu Gefangenen dieser Stadt.

Die Zollbeamten in Russland hatten die ganze Ladung Drogen hochgehen lassen und als Strafe für die schlechte Arbeit der Polizei wurde die Zugstrecke gesperrt. Für Hesmat und Fahid hieß das, zu warten. Sie hatten keine Papiere und längst Angst vor jeder Uniform, jedem Beamten, jedem, der sie genauer musterte. Die Straßen waren voll von Uniformierten, und nur in der Abenddämmerung wagten die Jungen sich vor die Tür des Hauses und setzten sich auf die Bordsteinkante, um den Wagen nachzusehen, die an ihnen vorbeijagten. Fahid pfiff den Mädchen nach.

»Lass das«, sagte Hesmat. »Ich will keine Probleme.«

Manchmal spielten sie mit ein paar Kindern aus der Nachbarschaft Fußball mit alten Dosen, bis sich Hesmat an einer die Zehe schnitt.

Im Haus fanden sie einen alten Drachen. Sie reparierten das alte Papier und ließen den Drachen in der Nacht steigen. Sie zogen an einer Schnur, die über ihnen in der Dunkelheit verschwand.

»Wie eine Strickleiter in den Himmel«, sagte Fahid.

Noch immer regnete es nicht, die Hitze war unerträglich. Es war Hochsommer. Mit dem Schweiß trieb es den Menschen alles Leben aus dem Körper. Sogar das Schwein im Schlafzimmer der Frau hatte aufgehört zu grunzen. Seine Kraft reichte gerade noch zum Fressen aus.

Die Abflüsse verweigerten ihren Dienst und in der Wohnung stank es unerträglich. Sie halfen der Frau, die Wasserkübel zu tragen, und erzählten ihr weiter erfundene Geschichten.

»Wir sind Brüder«, erklärte Fahid und erfand irgendwelche gemeinsamen Abenteuer, die sie als Brüder erlebt hatten. Die

Hitze lähmte schließlich sogar den Kopf und die Geschichten wurden zäh. Die Nächte brachten einen Hauch von Abkühlung, aber die Albträume blieben. Hesmat träumte jede Nacht. Die Träume hörten nicht auf. Er träumte von seinen Eltern. Er träumte von dem Loch unter ihrem Haus in Mazar, von der Höhle in den Bergen mit den Toten. Sein Herz raste. Er träumte vom Gefängnis, von der Zugfahrt, von den Schlägen. Er erwachte und hörte Fahid, der im Schlaf weinte.

Was hatte die Flucht aus ihnen gemacht? Wo waren die Träume, die sie aus Afghanistan geführt hatten? Sie waren verschwunden. Zurückgeblieben war nur die schwarze Nacht, draußen und auch in ihnen drin.

Fahid wollte nach Duschanbe zurück.

»Ich halte es hier nicht mehr aus«, sagte er. »Wer weiß, ob der Zug tatsächlich in einem Monat wieder fährt. Ich halte die Hitze nicht mehr aus und vor allem nicht mehr das Schwein. Sein Gestank bringt mich um. Mir wird schlecht, wenn ich ihn nur sehe.«

Wie aufs Stichwort stand der Mann in der Tür. Er war nackt bis auf seine Unterhose. Sie rochen ihn, bevor sie ihn sahen. Er schaute die beiden an, rieb sich seinen Schwanz und lachte.

»Ich muss hier raus«, sagte Fahid. Er wollte zurück zu Hanif. Dort würde er sich erholen. »Vielleicht wird es nächstes Jahr besser. Ich habe die Schnauze voll.«

»Ich kann nicht«, sagte Hesmat. »Wenn ich jetzt zurückgehe, werde ich nie wieder in diesen Zug steigen. Ich weiß es. Wenn ich jetzt aufgebe, gebe ich für immer auf.«

Er hatte über Hanif und seine Frau nachgedacht. Wie gut würde es ihnen in Duschanbe gehen. Hanif würde sein Versprechen halten. Er würde Hesmat aufnehmen wie seinen eigenen Sohn. Er konnte nicht zurück, um noch einmal zu verschwinden. Er hätte den Willen dazu nicht mehr aufgebracht.

»Ich warte«, sagte er, »komm mit, ich muss dir was zeigen.« Langsam zog er den Gürtel aus der Hose. Er blickte Fahid in die Augen. »Du bist mein bester Freund«, sagte er, »mein einziger, mein Bruder.«

Fahid hatte keine Fragen gestellt, woher er das viele Geld hatte. Trotzdem erzählte ihm Hesmat, wie ihm sein Onkel geholfen hatte, das Haus seines Vaters zu verkaufen, um Geld für die Flucht zu bekommen.

Zuerst hatte sein Onkel nicht gewusst, wie er reagieren sollte, als ihm Hesmat seinen Fluchtplan vorlegte. Der Plan war verrückt. Ein Elfjähriger, der sich alleine bis nach Moskau durchschlagen wollte, war ein Selbstmörder. Sein Onkel hörte ihm genau zu, während Hesmats kleine Hand die von Tuffon gezeichnete Landkarte mit dem Fluchtplan vor ihm ausbreitete.

»Ich werde es schaffen«, hatte Hesmat gesagt, »alles, was ich noch brauche, ist Geld.«

Eine Woche später hatte sein Onkel das nötige Geld. Siebzig glatt gebügelte und fast neue Hundertdollarscheine, in schmieriges braunes Papier gewickelt, das sein Onkel plötzlich aus der Tasche zog. Er legte die Scheine auf den Tisch und ging einen Schritt zurück. »7000 Dollar«, hatte sein Onkel gesagt.

Noch nie hatte Hesmat oder sein Onkel so viel Geld gesehen. In einem Land, in dem Menschen wegen lächerlicher Schulden in der Höhe von zwei, drei Dollar bedroht und umgebracht wurden, waren 7000 Dollar mehr als tausend Gründe, vorsichtig zu sein.

»Das reicht bis London«, hatte sein Onkel gesagt. »Dort bist du sicher. Wenn sie dich dort erwischen, werden sie dich nicht zurückschicken.«

Hesmat war so mit der Planung seiner Flucht beschäftigt gewesen, dass er sich nie den Kopf über das Ziel zerbrochen hatte. Niemand glaubte daran, dass er überhaupt lebend aus dem

Land kommen würde, wie konnte er da an London denken? Weiter als bis Moskau hatten seine Pläne nie gereicht. Moskau musste doch genügen? Sein Vater hatte immer nur gut über die russische Hauptstadt gesprochen. »Dort kann man gut leben«, hatte er gesagt.

Als Tuffon von seinen Freunden in Moskau gesprochen hatte, war die Sache für Hesmat klar gewesen. Er würde nach Moskau gehen und dort bleiben. Aber London?

»Du kannst nicht in Moskau bleiben«, hatte sein Onkel gesagt. »Wir sind dort nicht mehr erwünscht. Als dein Vater noch lebte, hat die Welt anders ausgesehen. Inzwischen verachten uns die Russen, genauso wie die Pakistani es tun. Du musst weiter in den Westen. England ist das beste Ziel. Ich werde meine Freunde dort anrufen, sobald du unterwegs bist. Wenn du es wirklich schaffst, werden sie dir sicher helfen.«

»Und wie soll ich da hinkommen?«, hatte er schließlich gefragt.

»Für das Geld kriegst du in Moskau die nötigen Papiere, mit denen du problemlos weiterkommst. Du wirst sogar noch genug Geld für ein Flugticket haben, und dann bist du von Moskau aus schneller in England, als du glaubst.«

»Aber ich habe keinen Pass, keine Papiere, nichts«, hatte Hesmat gesagt.

»In Moskau bekommst du alles«, hatte sein Onkel geduldig wiederholt. »Du musst mir vertrauen. Wenn du es wirklich lebend bis nach Moskau schaffst, bist du auch schon so gut wie in London.«

Er hatte nicht gewusst, wie viel Geld er genau in den Händen hielt, doch hatte ihn sein Onkel davor gewarnt, es jemandem zu zeigen. Es schien ihm beinahe lächerlich, dass ihn siebzig einzelne Scheine zu einem reichen Mann machen sollten. Es war ein kleiner Stapel Dollarscheine, der mehr wert war als all diese wertlosen afghanischen Geldbündel. Er hatte das Geld genommen und damit gemacht, was ihm sein Vater gezeigt hatte. Er hatte den Gürtel seiner Hose mit der Messerspitze aufgetrennt und die Scheine klein gefaltet in den Zwischenraum gestopft. Geschickt hatte er die Naht wieder geschlossen und sich vergewissert, dass man nichts sah. Es war eine saubere Arbeit. Keine Naht, keine Beule, nichts deutete darauf hin, dass er praktisch ein ganzes Haus im Gürtel trug. Die restlichen Scheine, die er nicht im Gürtel untergebracht hatte, versteckte er in seiner Unterhose. Er hatte sich gerade seinen Pullover über den Gürtel gezogen, als er seinen Großvater kommen hörte. Der Alte wusste längst Bescheid, was passiert war.

Als sein Großvater erfahren hatte, dass Hesmats Onkel das Haus für den Jungen verkauft hatte, hatte er die ganze Familie um sich versammelt und bot Hesmat an, sich doch im Haus zu verstecken.

»Es wird schon nicht so schlimm werden«, hatte seine Tante gesagt. »Du wirst sehen, sie werden das alles vergessen und du wirst deine Ruhe haben.«

»Was können sie schon von einem kleinen Jungen wollen, der nichts weiß?«, hatte der Großvater ergänzt, während er sich Reis in den Mund schob. »Was willst du eigentlich mit dem ganzen Geld?«

»Ich gehe nach London!«, sagte Hesmat. »Ich mache das, was sich meine Eltern gewünscht haben. Ich gehe weg und werde in England einen guten Beruf erlernen und ein achtsamer Mann werden.«

Sein Großvater schüttelte den Kopf. Er hatte wohl nicht recht gehört. »Du bist ja vollkommen verrückt. Du wirst es nicht einmal bis zur Grenze schaffen!«

Hesmat war aufgestanden und hatte ihm ins Gesicht gesehen. »Es ist meine Entscheidung. Meine Mutter wollte, dass ich mit Vater aus diesem Land fortgehe. Jetzt sind beide tot. Ich werde nicht hierbleiben.«

»Und was ist mit deinem Bruder?«, wollte sein Großvater wissen. »Willst du ihn vielleicht mitnehmen?«

»Ich werde ihn holen, wenn ich in London bin.«

»London!«, sein Großvater hatte gelacht. »Wer hat dir das denn in den Kopf gesetzt? Bist du jetzt vollkommen verrückt geworden?«

»Ich weiß, was ich tue«, hatte Hesmat entgegnet.

London! Sein Großvater hatte geschwiegen und den Kopf geschüttelt. »Ihr habt das Haus verschenkt! Ich hätte den doppelten Preis dafür bekommen können. Ich kann die Sache nicht mehr rückgängig machen, aber dem Kleinen steht auf jeden Fall die Hälfte des Geldes zu. Du wirst mir 3500 Dollar für deinen Bruder hierlassen, vorher kannst du nicht gehen. Womit soll ich sein Essen bezahlen? Er braucht das Geld für die Schule. Gib mir das Geld, du verlierst es nur.«

Alle Augen im Raum waren auf Hesmat gerichtet. Die Frauen schwiegen, die Kinder hatten aufgehört zu schreien. 3500 Dollar würden ihnen das Leben um einiges erleichtern.

Hesmat hatte überlegt. *Du darfst ihnen nicht vertrauen. Werde nicht so wie sie. Versprich mir das.* Er hörte noch jedes Wort seiner Eltern. Sie kannten die Familie. Lange genug hatte Hesmats Mutter unter ihr gelitten. Er zweifelte nicht an dem, was er tat. Ihre Blicke, ihre Gier bestärkten seinen Entschluss.

»Ich werde dich nicht um Erlaubnis fragen«, hatte er schließlich gesagt.

Sein Großvater starrte ihn an. Noch nie hatte ein elfjähriger Junge gewagt, so mit ihm zu sprechen. Er war das Familienoberhaupt. Selten wagte es überhaupt jemand, seine Stimme gegen ihn zu erheben. Dieser Bengel hatte die Grenze überschritten.

»Aber du bist ein Dieb, wenn du deinem Bruder das Geld nicht gibst«, hatte eine Tante geschimpft.

»Nein«, hatte Hesmat bestimmt entgegnet. »Das bin ich nicht. Ich werde es ihm später geben. Sobald er alt genug ist, wird er seinen Teil bekommen. Wenn ich in London bin, werde ich Arbeit finden. Ich werde studieren und ich werde Arzt werden. Ich werde genug Geld haben, um ihn zu mir zu holen.«

Sie hatten geschwiegen.

»Du wirst maximal sterben«, hatte sein Großvater schließlich gesagt.

»Da hast du dem Alten aber mächtig die Meinung gesagt«, lächelte Fahid, als er die Geschichte des Geldes, das jetzt vor ihnen lag, zu Ende angehört hatte. »Du hast ihm wirklich die Stirn geboten. Du bist ein stolzer Mann.«

Fahid machte ihm keinen Vorwurf. Er wusste genau, dass Hesmat all sein Geld verloren hätte, wenn er nur einmal vor den Männern im Gefängnis, im Zug oder in den Polizeistationen das Geld hervorgeholt hätte.

»Du würdest nicht mehr leben«, sagte er. »Du hast richtig gehandelt.«

»Ich will, dass du mit mir kommst«, sagte Hesmat. »Ich kann dir ein wenig Geld leihen. Lass es uns noch einmal probieren! Wenn sie uns schnappen, werde ich uns mit dem Geld freikaufen und wir gehen zurück nach Duschanbe und leben wie Brüder. Hanif wird uns helfen. Aber jetzt kann ich noch nicht. Ich muss es noch einmal probieren.«

»Nein«, sagte Fahid. »Ich habe Angst. Ich spüre, dass ich es nicht schaffen werde.«

»Wir werden es schaffen«, sagte Hesmat. »Zusammen schaffen wir alles.«

Bachtabat brauchte Geld. Er wollte eintausend Dollar. »Wisst ihr, was für Ausgaben ich schon wegen euch hatte?«

»Frag Hanif«, antwortete Fahid kühl.

»Aber ihr habt es doch gesehen«, wehrte sich der Schlepper. »Ich habe kein Geld mehr. Ich kann nicht einmal mehr den Schaffner bestechen.«

Fahid war dagegen.

»Aber es ist mein Geld«, hatte Hesmat gesagt und Bachtabat schließlich fünfhundert Dollar gegeben. »Wenn es diesmal nicht klappt, wirst du Probleme bekommen!«

»Wenn sie uns noch einmal schnappen, gehen wir zurück. Hanif wird sich freuen, sich das Geld von dir zurückzuholen.«

»Keine Angst, keine Angst!« Bachtabat wurde sichtlich nervös. »Es war nicht meine Schuld! Ihr wisst, ich bin unschuldig. Großer Gott, was habe ich mir mit den Jungen aufgehalst. Ich will euch doch nur helfen.«

»Dann bring uns endlich nach Moskau!«, forderte Fahid.

Der erste Zug seit Wochen war schon in Termez völlig überbelegt. Es dauerte eine ganze Stunde, bis sich die Streitereien um den nicht vorhandenen Platz endlich gelegt hatten und die Lokomotive losstampfte. Einige Menschen saßen sogar auf dem Dach und sahen aus wie Raben. Der Fahrtwind blies ihnen die Rauchschwaden der Lokomotive ins Gesicht. Nur wenn sie die Augen öffneten, sah man zwei helle Punkte. Der Rest von ihnen war schwarz wie die Nacht.

Wieder gab es einen neuen Schaffner. Er versteckte die beiden in seinem Abteil. »Je weniger euch sehen, desto besser«, erklärte er, schloss die Tür von außen und verschwand.

»Ich hoffe, ich sehe euch nie wieder«, hatte Bachtabat zum Abschied gesagt.

»Wir schreiben dir eine Karte aus Frankreich«, lachte Fahid.

Schon nach einer Stunde hatte Fahid zu weinen begonnen. Dann hatte er um sich geschlagen und Hesmat hatte ihn nur mit Mühe beruhigen können.

»Ich halte das nicht aus«, flüsterte Fahid. »Ich ersticke hier!« Er hustete. »Gib mir zu trinken.« Er verschüttete die Hälfte.

Der Zug fuhr immer noch. Der Schaffner hatte sie viel zu früh versteckt. Die Kontrolle würde ein paar Stunden dauern und niemand konnte es so lange in dem engen und heißen Loch unter dem Zugdach aushalten.

Endlich hielt der Zug. Die Luft im Versteck wurde unerträglich. Schon nach ein paar Minuten waren sie vollkommen durchgeschwitzt. Das Wasser war bald zu Ende. Die Hitze, die das glühende Zugdach in den Zwischenraum abgab, brannte auf ihren Rücken, und bei jeder Berührung schrie einer der beiden leise auf. Sie lagen wie Tote in der engen Röhre und durch die wenigen kleinen Löcher kam nicht genug Luft für zwei. Das Atmen wurde immer schwerer. Hesmat wurde schwindlig. Fahid hatte sich übergeben. Er lag mit dem Oberkörper in seinem eigenen Erbrochenen und starrte ihn aus weit aufgerissenen Augen wortlos an.

»Wisch es von den Löchern weg«, sagte Hesmat. »Wenn es nach unten tropft, werden sie uns sofort finden.«

Als Hesmat die Polizisten unter sich sah, pochte sein Herz gegen das Metall, auf dem er lag. Hesmat wusste, was kommen würde. Er wartete nur darauf, wieder die Hände an seinen Füßen zu spüren; den Ruck, wenn sie ihn rückwärts aus der Röhre zogen; die Schläge, die er bekommen würde; das Loch, in das sie ihn stecken würden. Sein Gürtel wäre alles, was ihn am Leben erhalten würde, außer sie würden ihn umbringen, um keine Spuren zu hinterlassen. Zum ersten Mal seit Langem betete er.

Die Männer unter ihnen blickten sich um. Er schloss die Augen, als er hörte, wie sie den Zug verließen.

Die Leute starrten sie an wie Außerirdische.

»Ihr verdammtes Pack«, fluchte einer, während der Schaffner sie zurück in sein Abteil schob.

»Haltet das Maul!«, schrie er die Umstehenden an.

»Wegen diesen Scheißkerlen filzen sie uns bis aufs Letzte«, fluchte eine Alte.

»Dann sag das deinen Brüdern mit den Drogen in den Taschen!«, schimpfte der Schaffner zurück.

Fahid war mehr tot als lebendig. Hesmat half ihm, sich auf den Boden des Abteils zu legen, und bettete Fahids Kopf in seinen Schoß. Mit einer alten Zeitung fächerte er ihm Luft zu.

Als der Schaffner sie wieder holte, waren beide eingeschlafen.

»Ich kann nicht mehr«, sagte Fahid. »Lass mich hier liegen. Ich kann nicht mehr in das Loch.«

Sie versteckten ihn in einer Zwischenwand zwischen dem Schaffnerabteil und dem Wagenende.

»Wie bekommt er dort Luft?«, fragte Hesmat.

»Es gibt Schlitze«, sagte der Schaffner und drückte das Brett zurück in die Wand und schob seinen schweren Stuhl davor. Das Letzte, was Hesmat von seinem Freund gesehen hatte, waren die weit aufgerissenen Augen, die sagten: »Hesmat, ich halte das nicht aus.« Warum hatte er ihm nicht geholfen, warum hatte er die Angst nicht gehört, wollte sie nicht verstehen? Wie oft hatte Fahid ihm gesagt, dass er es nicht schaffen würde, und trotzdem hatte er dem Schaffner geholfen, das Brett vor das Versteck zu drücken. Aber es gab keine andere Möglichkeit, und er vertraute auf das, was er von seinem Vater gehört hatte: »Du glaubst zehnmal, dass du etwas nicht überlebst, bis du am nächsten Tag wieder aufstehst und den Kopf darüber schüttelst.«

Hesmat musste sich in eine Holzkiste legen, die der Schaffner zunagelte, unter eine der Sitzbänke schob und die Blechblende davor wieder anbrachte. Das ganze Abteil hatte ihm wortlos bei der Arbeit zugesehen.

»Wenn jemand den Jungen verrät«, sagte er, »wird er gleich mit ihm aussteigen. Habt ihr verstanden?«

Er zählte jede Sekunde und trug jede neu begonnene Minute auf einer imaginären Uhr in seinem Kopf ein, doch die Zeit schien stillzustehen. Trotzdem zählte er weiter, um sich abzulenken. Es war stickig, finster und er war wie taub. Als hätte man ihm Augen und Ohren genommen. Die Stimmen waren nur als dumpfes Murmeln zu vernehmen. Die Kiste glich einem Sarg. Er lag auf dem Rücken und hatte keine Chance, die Trinkflasche auf seinem Bauch zum Mund zu führen, und mit jeder Minute wurde die Luft dünner und die Hitze unerträglicher. Er konnte sich keinen Zentimeter bewegen und hätte nicht einmal mit den Fäusten gegen den Deckel klopfen können, so eng war es in diesem Sarg.

Irgendwann spürte er seine Füße nicht mehr und bekam Panik. Es schnürte ihm die Kehle zu, er konnte nicht schreien. Schließlich begann er, mit dem Kopf gegen die Decke der Kiste zu schlagen, obwohl er wusste, dass niemand das Klopfen im fahrenden Zug hören würde. Er würde hier verrecken. Sein Puls und seine Atmung rasten. Er wusste, dass er so nur zusätzlich Luft verbrauchte. Er musste sich beruhigen. Um sich abzulenken, versuchte er wieder zu zählen. Jede Sekunde wurde zur Ewigkeit. Er dachte an die Beeren in Mazar, an den Markt.

Daran, was er sich jetzt mit dem Geld in seinem Gürtel dort kaufen könnte. Er legte in seiner Fantasie all die Sachen in eine Eselskarre und suchte dann den ganzen Markt nach Wasser ab, fand aber keines. Er stellte sich vor, wie er in den Fluss stieg und trank, bis ihm der Bauch schmerzte. Dazwischen weinte er, bis der Zug plötzlich ruckartig stehen blieb. Nichts passierte und er hörte nur weiter das dumpfe Murmeln. War das die Kontrolle?

Als der Zug erneut anfuhr, fand er seine Stimme wieder und schrie: »Ich will nicht sterben. Lasst mich hier raus!«

Nichts passierte. Der Schaffner hatte ihn vergessen.

»Ich bring dich um!«, schrie er.

Der Zug blieb noch einmal stehen. Wieder nur dieses dumpfe Gemurmel und der Zug fuhr weiter. Wieder passierte nichts.

Sie lassen mich hier verrecken, dachte er. Seine Füße waren taub. Sein Rücken schmerzte nicht mehr. Sein Hinterteil war eingeschlafen. Nur die Angst war noch da. Dann wurde er still.

Als er schließlich hörte, wie der Schaffner das Brett unter der Sitzbank löste und die Kiste herauszog, nahm er all seine Kraft zusammen. Er wollte ihn schlagen, ihn anbrüllen. Aber als der Schaffner den Deckel von der Kiste hob und ein Schwall Luft seine Lungen füllte, konnte er nicht einmal die Arme heben. Es dauerte eine Ewigkeit, bis er wieder stehen konnte. Das Licht und die Luft wischten seinen Zorn weg. Der Schaffner schob ihm den Arm unter die Schulter und schleifte ihn unter den Blicken der anderen zurück in sein Abteil.

Fahid war bereits dort. Er hatte eine ganze Flasche Wasser ausgetrunken und hatte sich den Rest über den Kopf geschüttet. »Mich bringt nichts mehr in das Loch«, sagte er.

»Wie weit ist es noch?«, fragte Hesmat.

»Immer noch fast zwei Tage«, sagte der Schaffner. »Wir sind in Kasachstan. Ihr habt für eine Weile Ruhe. Schlaft jetzt.«

Er gab ihnen etwas getrockneten Fisch, brachte ihnen Wasser und schloss wieder das Abteil hinter sich.

Fahid blutete aus der Nase.

»Was ist?«, fragte Hesmat.

»Ich weiß nicht«, sagte sein Freund. »Es wird schon besser. Lass uns schlafen.«

Vor dem Fenster zogen die endlosen Ebenen Kasachstans an ihnen vorbei. Das trostloseste Land, das Hesmat je gesehen hatte. Ein einsamer See. Ein braunes Nichts. Büsche, Salzseen, einzelne Strommasten, Straßen, die aus dem Nichts kamen, sich an einem Punkt vereinten und wieder ins Nichts führten. Zweimal sah er Kamele und traute seinen Augen nicht. Nur selten entdeckten sie Menschen in dieser trostlosen Gegend. Nach Stunden entdeckte er ein riesiges Gebäude am Horizont. Wer baute hier eine Fabrik? Nur vertrocknete Sträucher, Steine und das Nichts säumten den Weg.

»Wer baut hier eine Eisenbahn?«, fragte er laut.

»Ich weiß nicht«, antwortete Fahid, »aber wahrscheinlich ist sie für Leute wie uns. Sollen wir vielleicht zu Fuß gehen?« Er schloss wieder die Augen.

Es wurde ruhig im Zug. Niemand würde hier im Nichts auf die Idee kommen, einen Zug anzuhalten. Hier gab es nichts, nicht einmal Kontrollen. Endlich schlief auch Hesmat ein.

»Bleib bei mir«, bat Fahid. »Ich will nicht mehr allein in dieses Loch. Ich kann dort nicht mehr hinein.«

Der Schaffner drängte. »Ihr müsst euch entscheiden.«

»Wo ist es sicherer?«, fragte Hesmat.

»Sicher ist es nirgends. Es ist immer ein Glücksspiel. Einmal gibt es keine Probleme, dann finden sie wieder alles. Ich weiß es nicht.«

»Dann gehen wir wieder ins Zwischendeck.«

Fahid protestierte leise, gab sich aber nickend geschlagen. Sie füllten ihre zwei Plastikflaschen mit Wasser und aßen das letzte Stück Fisch.

»Lasst das«, sagte der Schaffner. »Ihr werdet nur Durst bekommen. Jetzt kommt endlich.«

Sie lagen bereits vier Stunden in dem Loch, als er irgendwann aufgehört hatte zu atmen. Hesmat war zu sehr mit sich selbst beschäftigt, um zu begreifen, dass sein Freund starb. Er bekam selbst kaum Luft, die Mittagshitze war schon im Abteil unerträglich gewesen, und in diesem Loch kochte die wenige Luft, die ihnen blieb.

Fahid hatte geweint. Dann war er müde und ruhig geworden.

Hesmat hatte mit den Füßen geschlagen, sich aber nur die Haut von seinen Knien und Ellbogen gerieben. Es war zu wenig Platz, um zu schlagen. Zu heiß, um zu schreien.

Fahid hatte sich in die Hose gemacht, der Urin schwappte ein paarmal zu Hesmat herüber, dann sogen ihre Sachen, ihre Haare den Urin auf. Der Gestank war unerträglich, die Luft nicht mehr zu atmen. Dann musste sich Fahid auch noch übergeben. Schließlich aber schlief sein Freund ein. Hesmat stieß ihn mit der Hand an, aber er reagierte nicht.

Als sie ihn aus dem Loch zogen und seinen Körper auf den Boden legten, war er schon lange tot. Hesmat wollte zu ihm, aber die Männer, die aufgesprungen waren, hielten ihn zurück.

»Du musst stark sein«, sagte einer.

Er war in einen Albtraum eingetaucht und kam nur langsam an die Oberfläche zurück. Fahid konnte nicht tot sein! Er kniete sich neben seinen Freund und schrie die Umstehenden an. Immer wieder riss er Fahid in die Höhe, immer wieder entglitt ihm der schlaffe Körper. Mit aller Kraft schüttelte er den schmutzigen, reglosen Freund. Er schrie, so laut er konnte.

Dann packten ihn diese mächtigen Hände. »Sei ruhig! Du schreist den ganzen Zug zusammen. Beruhige dich. Er ist tot. Du kannst nichts mehr für ihn tun. Willst du auch noch sterben?«

Alles ging so schnell. Hesmat sah, wie jemand das Fenster öffnete, drei Männer seinen Freund packten und ihn aus dem Fenster warfen. Wie ein Stück Abfall. Einfach aus dem Fenster. Fahid würde irgendwo im Dreck entlang der Bahnstrecke in den unbewohnten kargen Weiten Kasachstans vergammeln. Verrotten, wie einer der toten Esel, die Hesmat gesehen hatte. Es war aus. Alles vorbei. Die Reise war hier zu Ende.

Alle hatten ihm davon abgeraten. Alle, denen er nicht vertrauen konnte, alle, vor denen ihn sein Vater gewarnt hatte. »Glaube ihnen nicht«, hatte er gesagt, »du kannst dich auf niemanden verlassen. Vergiss nicht, was ich dich gelehrt habe!« Wenig später war auch er tot gewesen. Tot wie alle Menschen, die Hesmat etwas bedeutet hatten. Jetzt war sein letzter Freund gestorben. Verreckt in einem stickigen Loch, einem dunklen Versteck im Zwischendeck der verrosteten Bahn. Aus dem Fenster geworfen wie ein vergammeltes Stück Fleisch.

Hesmat hatte überlebt. Die heiße Luft hatte nur für einen von ihnen gereicht. Wieder hatte *er* überlebt, und wieder wünschte er sich, gestorben zu sein. Er lebte weiter.

Sein Körper lag auf dem aufgerissenen Plastikfußboden, seine Finger krallten sich in einen der Risse im Boden. Sein Geist hatte den verdreckten Körper verlassen. Er atmete. Irgendetwas füllte die Lungen und verließ seinen Körper wieder, ließ ihn weiterleben. Sein Kopf war tot. Die Reise war zu Ende. Die

Flucht vorbei. Die Flucht, die alles war, was ihn in den letzten Monaten am Leben erhalten hatte. Er hatte kein genaues Bild davon, was er sich erhofft hatte. Hoffnung war nur ein Gefühl. Hoffnung und Angst hatten ihn angetrieben, aus Afghanistan zu flüchten. Hoffnung und Angst hatten ihn schließlich in diesen Zug gebracht. Doch mit Fahid hatten die Männer die Hoffnung aus dem Fenster geworfen.

Seine Eltern wären stolz auf ihn. Er hatte es zumindest versucht, auch wenn er London niemals erreichen würde. Die Stadt, von der ihm seine Mutter erzählt hatte, die Stadt, die sie nie zu sehen bekommen hatte. In seinen Träumen steht sie noch immer in der Tür und wartet, dass er von der Schule nach Hause kommt. Träume von einer heilen Welt, von ihrem weißen Haus am Stadtrand. Träume vom Geruch ihrer Haare, vom Gefühl, von ihr in die Arme geschlossen zu werden. Träume, die nur noch Schmerzen und Tränen verursachen.

Er hatte keine Kontrolle mehr über sich und schrie, so laut er konnte, bis ihm einer der Umstehenden auf den Kopf schlug und er in das Nichts sank, nach dem er sich gesehnt hatte, seit seine Eltern gestorben waren.

Teil II

Schützende Hände

Fahid hatte für sie beide bezahlt. Der Tod hatte seinen Wegzoll erhalten und gab sich vorerst damit zufrieden. Alle Probleme waren wie weggewischt. Es kam Hesmat vor, als hielte Fahid seine schützende Hand über ihn.

Zweimal wurde Hesmat noch wie eine Puppe in eine Kiste unter die Sitzbank gesteckt. Es gab Kontrollen, aber keine Probleme. Er zitterte nicht mehr, die Angst war mit Fahid aus dem Fenster geflogen. Er spürte keine Hitze im Versteck, keine Panik, keinen Schmerz. Er war völlig gefühllos geworden. Der Schaffner verschob ihn wie ein Möbelstück in die Holzkiste, das Abteil, wieder in das Versteck und zurück. Wortlos saß Hesmat, lag Hesmat, weinte Hesmat stumm, für sich allein. Als Anklage an all jene, die seinen Freund entsorgt hatten, an all jene, denen nichts heilig war.

Er hörte nicht einmal die Kontrollen, hörte kein fernes Murmeln, hörte nicht die Krallen der Hunde, die über den Boden kratzten. Das Herz schlug keinen Schlag schneller. Ihm konnte nichts Schlimmes mehr passieren. Wenn sie ihn festnahmen, würde er sich freikaufen, so wie er es Fahid versprochen hatte. Er würde nach Duschanbe zurückkehren, erzählen, weinen. Er würde sich schuldig fühlen, jeden Tag seines restlichen Lebens. Schuldig, überlebt zu haben, während sein Freund neben ihm gestorben war und er aus Angst, entdeckt zu werden, aus dem Vertrauen in Gott und dem Glauben, dass sie alles gemeinsam überstehen würden, geschwiegen hatte. Kein Ton war aus seinem Mund gekommen, als Fahid neben ihm im Sterben lag.

Er hatte nur geweint und gewartet. Auf ein Wunder gehofft, die Augen geschlossen und gebetet. Er würde zurück zu Hanif gehen, ihn um Vergebung für den Tod seines Neffen bitten, sich seinem Urteil beugen, ihn um Aufnahme in seine Familie bitten. Er hatte keine Angst mehr vor den Soldaten, den Polizisten mit ihren Hunden, den Stricken und Handschellen, den verwanzten Löchern, in die sie ihn stecken würden. Sie könnten ihn schlagen, ihn einsperren – wehtun konnten sie ihm nicht mehr. Sie könnten sein Geld haben. Er würde ihnen den Gürtel ins Gesicht schlagen und sie auslachen.

»Du musst jetzt stark sein«, war alles, was die Fremden im Zug gesagt hatten. Als das Fenster geschlossen wurde, war Fahid für sie vergessen. Als hätte er nie existiert. Hesmat war nichts von ihm geblieben. Nicht einmal ein Foto, kein Stück Kleidung, nichts, was er begraben konnte. Fahid war nur noch eine Erinnerung in seinem Kopf.

Sie hatten das Fenster geschlossen und damit das Problem gelöst. Sie kehrten in den Alltag zurück. Zurück zu ihren eigenen Problemen. Kein Grund zu trauern. Vielleicht würden sie es den Familien, die in den Bahnhöfen auf sie warteten, irgendwann bei Tee und Keksen erzählen: »Ach ja, was ich ihm Zug erlebt habe, werdet ihr nie glauben«, würden sie sagen. Fahids Tod war schon jetzt eine Geschichte, die sich gelangweilte Menschen erzählten, um ihre eigenen Probleme zu vergessen. Die Männer, die ihn gepackt und entsorgt hatten, saßen längst wieder auf ihren Bänken, dösten vor sich hin, rauchten Zigaretten und spielten Karten. Sie lachten, aßen und atmeten wie jede Stunde in ihrem Leben. Niemand verlor ein Wort über die Tragödie, die sich vor ihren Augen abgespielt hatte.

»Du musst stark sein, sonst stirbst auch du«, hatte der Schaffner gesagt, als er Hesmat festhielt.

Fahid war zwei Minuten für sie interessant gewesen. Da war ein Toter. Wohin damit? Sie nahmen sich, was sie in seinen Taschen fanden. Mit umgedrehten Taschen warfen sie ihn aus dem Fenster. Ohne Schuhe, denn schließlich waren es gute Schuhe, die man irgendwo verkaufen konnte. Sie steckten jetzt in der Tasche einer Alten, die sie den Männern abgeschwatzt hatte.

»Was schaust du! Er braucht sie nicht mehr und du hast ja selbst ein gutes Paar!«, hatte sie zu Hesmat gesagt.

Sie hatten kurz überlegt, was sie mit dem toten Jungen machen sollten. Wenn ihn jemand bei den Kontrollen finden würde, bedeutete das Probleme für alle, und so war der Entschluss schnell gefasst. Schneller, als Hesmat denken konnte. Schneller, als er verstand, warum sie das Fenster plötzlich geöffnet hatten. Schneller, als Hesmat reagieren konnte. Schneller, als er es begriff. Zwei Minuten, ein Handgriff, und dem Toten war jede Würde genommen.

Die anderen waren längst verschwunden. Er war allein mit dem Schaffner. Auch die Frau mit Fahids Schuhen war längst ausgestiegen. Zusammen mit den Zeugen, die nichts gesehen hatten und doch alle dabei gewesen waren. Der Schaffner hatte seine Hand auf Hesmats Schulter gelegt. Dieselbe Hand, die ihn vor zwei Tagen zurückgehalten hatte, den Männern in die Arme zu fallen; die Hand, die ihn gehindert hatte, seinem Freund ein würdiges Grab zu bauen, die Steine um seinen Körper zu legen und an seinem Grab zu beten. Dieselben Hände, die ihn von Fahid fortgerissen hatten, lagen jetzt friedlich und tröstend auf seinen Schultern. Dann kam der Mann, von dem ihm der Schaffner erzählt hatte.

»Du bist alleine?«

Hesmat nickte.

»Dann komm jetzt, wir haben nicht viel Zeit«, sagte der Fremde, der sich zu ihm gesetzt hatte. »Halte dich an mich.«

»Viel Glück«, sagte der Schaffner, bevor er sich umdrehte und verschwand. Auch auf ihn wartete der Alltag; warteten die nächsten Menschen, die sich in seinen Verstecken einem besserem Leben entgegenzittern würden; warteten Menschen, die ihren Traum vielleicht mit demselben Preis bezahlen mussten wie Fahid. Warteten Menschen, auf die niemand mehr wartete; Menschen, die niemandem fehlten. Menschen, auf deren Gräbern keine Namen stehen würden, falls es überhaupt Gräber für sie geben würde.

»Bachtabat schickt mich«, sagte der Fremde und begleitete ihn aus dem Zug, aus dem Bahnhof hinaus in ein Auto, das eigentlich auf Hesmat und Fahid wartete.

»Es ist schwer«, sagte der Fremde. »Sei froh, dass du überlebt hast.«

Die Lichter der Stadt verschwammen vor seinen Augen, er presste sie zusammen und weinte still. Der Fremde brachte ihn in eine Wohnung und gab ihm etwas Suppe. Das Wasser in der warmen Dusche rann über seinen Körper. Sein Körper lebte. Er war wie eine Maschine, die aus Gewohnheit weiterarbeitete. Er atmete, er aß. Er schlief und öffnete die Augen. Er sog Luft in seine Lungen. Alles war, wie es immer war. Wie konnten Menschen nur so grausam sein? Wie konnte Gott so etwas zulassen?

Es vergingen Tage, in denen Hesmat schlief, aufwachte und wieder schlief. Die blauen Flecken an seinen Handgelenken und seiner Brust verfärbten sich grünlich gelb, verschwanden. Er hatte nicht die Kraft, mit Hanif zu telefonieren, und er verschob es auf später.

Irgendwann nahm ihn der fremde Mann an der Hand. »Steh auf, wir müssen los. Der Zug wartet.« Er ging mit ihm zum Bahnhof, setzte sich neben den fremden Jungen, der nichts sprach. Der Zug setzte sich in Bewegung, durchschnitt die grünen Ebenen, rollte an Siedlungen und Fabriken vorbei, und noch immer starrte Hesmat wortlos aus dem Fenster. Es gab keine Kontrollen, keine Probleme. Als der Zug sich durch immer engere Häuserschluchten presste und die Menschen ihre Sachen von den Gepäckablagen hoben, um auszusteigen, verstand er, dass er in Moskau war.

Mit offenem Mund stand er auf dem Bahnsteig und starrte in Hunderte Lampen, die die Halle erhellten. Unzählige Menschen drängten sich an ihm vorbei. Er stand in diesem Menschenmeer und ließ sich treiben. Die Woge spülte ihn fort, bis ihn die Hand des Fremden rettete. Über einen Tag war er schweigend neben Hesmat gesessen und hatte keine einzige Frage gestellt, er war nur da gewesen. Still und ruhig wie ein Engel, der ihn schützte. Er hatte ihm in der Wohnung die Haare geschnitten, neue Kleider gegeben, ihm einen kleinen Rucksack geschenkt. Er hatte ihn an der Hand genommen und bis Moskau nicht aus den Augen gelassen. Jetzt stand er neben ihm und blickte mit ihm in den künstlichen Sternenhimmel an der Decke des Bahnhofs.

»Ist schon verrückt, oder?«, sagte er und blinzelte in die Lichter. »Komm, wir müssen weiter. Wir fallen sonst auf.«

Sayyid

»Zum Markt der Afghanen« war das Erste, was Hesmat am Bahnhof sagte. »Ich muss dorthin, dort gibt es Leute, die mir helfen werden.«

Der Fremde schien zu wissen, wovon er sprach, und organisierte ein Taxi.

Moskau erschlug ihn mit seinen Reizen. Die Stadt war so unglaublich schön und riesig, so unglaublich anders als alles, was Hesmat bisher gesehen hatte. Die hohen Türme der Kirchen stießen in die Wolken wie die Bergspitzen des Hindukusch, die Menschen trugen Anzüge und glänzende Taschen. Viele hielten sich tragbare Telefone ans Ohr und sprachen in den Straßenlärm. Hinter riesigen Glasscheiben und Schaufenstern lagerten Schätze, deren Namen Hesmat nicht einmal kannte. Aus dem Autoradio drang Musik, die er noch nie in seinem Leben gehört hatte. Er hatte keine Zeit für Fragen an seinen Begleiter, mit jeder Frage drängten sich drei neue auf, und mit jedem Blick entdeckte er Dinge, die ihm fremd waren. Sogar die Luft in dieser Stadt war eine andere. Es war der Geruch der Freiheit, der Geruch seines neuen Lebens.

»Es stinkt«, sagte sein Begleiter, »mach das Fenster zu.«

»Scheißsmog«, sagte der Fahrer.
Hesmat wusste nicht, wovon sie sprachen.

Der Markt war riesig, ungleich viel größer als alle Märkte, die er kannte, und er fragte sich, wo er mit der Suche beginnen sollte. Schließlich stellte er sich auf die Zehenspitzen und sah sich um. Blaue Abdeckplanen, Tausende Köpfe verstellten ihm die Sicht. Sie alle schoben sich in eine Richtung vorwärts, hatten ein Ziel. Nur Hesmat und sein Begleiter standen ihnen wie Steine in der Strömung im Weg. Die Menschenwelle spülte sie vorbei an Hunderten kleinen Ständen, von denen einer aussah wie der nächste. Vorbei an Lebensmitteln, Kleidern, Fernsehgeräten, Telefonen und Gewürzen, Hühnern und Singvögeln, Tabak und Alkohol. Vorbei an Menschen, die wie Afghanen aussahen, aber gekleidet waren wie Europäer, und mit jedem Schritt hörte Hesmat neue Sprachen, roch fremde Gerüche, sah Hinweisschilder, die von Dingen sprachen und Dinge verboten, die er nicht kannte.

Wie sollte er hier jemanden finden? Tuffon hatte ihm nicht gesagt, dass der Markt eine eigene Stadt war. Er kannte nur die Märkte in Mazar und dachte, das seien die größten, die es gebe. Aber hier, hier drehte sich eine ganze Welt, die nur aus Markthütten, Zelten und Ständen bestand. Sein Begleiter führte ihn schließlich in eine Sackgasse am Rand des Markts.

»So hat das keinen Sinn«, sagte er. »Wir warten, bis sich der Trubel gelegt hat.«

Dann war er losgegangen, um ihnen etwas zu essen zu kaufen. Hesmat blieb alleine zurück und starrte auf die Massen, die sich an ihm vorbeischoben.

»Tuffon! Wer von euch kennt Tuffon aus Mazar?« Ihre Stimmen unterschieden sich kaum von den Stimmen der Verkäufer, die den ganzen Tag über lautstark ihre Waren angepriesen hatten. Jetzt waren die Stimmen der Verkäufer verstummt, und sie blickten, ein Glas Tee in den Händen, neugierig den zwei Fremden nach, die schreiend zwischen den Ständen nach jemandem suchten. Die Verkäufer bereiteten sich auf die Nacht vor, die kalt werden würde, obwohl es August war. Eine weitere Nacht unter den Planen, die am Tag ihre Waren, in der Nacht ihren Körper schützten, und unter denen sie von einem besseren Leben in einem warmen Zimmer träumten. Neidisch blickten sie auf jene, die ihre Waren in Kastenwagen stapelten und in ihre Wohnungen fuhren.

Viele von ihnen waren hergekommen, um reich zu werden, aber nur für wenige war der Traum wahr geworden. Über die Jahre waren immer mehr gekommen und der Markt wuchs nach wie vor täglich. Die Nachfrage war groß, aber das Angebot wuchs beinahe stündlich. Ihre Gewinne fielen ständig und so begruben täglich mehr Händler ihren Traum vom Wohlstand zusammen mit ihren Waren unter den Planen. Sie schüttelten den Kopf.

»Wieder zwei, die vom großen Glück träumen«, flüsterten sie sich zu und drehten sich weg. Wieder zwei, die uns Geld und Kunden wegnehmen werden, dachten sie insgeheim.

Wie lange hatte er nichts mehr von Tuffon gehört? Mit dem Wind, der ihm den Namen des Freundes ans Ohr trug, kam die Erinnerung. Sayyid hob kurz den Kopf, lauschte. Nichts. Er musste sich getäuscht haben. Tuffon, sein guter alter Freund. Mit dem Namen kamen die Erinnerungen an zu Hause, an Afghanistan. Der Großhändler bückte sich und arbeitete weiter, während sich ein warmes Gefühl in seiner Brust ausbreitete.

»Tuffon, du alter Freund, wie geht es dir wohl?«, gab er dem Wind zurück.

Wieder glaubte er, den Namen seines Freundes zu hören. Wieder hielt er inne.

»Seid still!«, schimpfte er mit den Frauen, die um ihn herum schnatterten. Wie ein Hund, der Witterung aufgenommen hat, hielt er den Kopf in die Höhe, drehte sich, lauschte in den Wind. Da war sie wieder. Die Stimme klang jung.

»Wo kommt das her?«, fragte er die Frauen, die ihn mit großen Augen beobachtet hatten und zu kichern anfingen.

»Wo kommt das her, verdammt noch mal?«, wiederholte er.

Der Fremde versperrte ihm den Weg und sah ihm wortlos in die Augen. Es waren gute Augen. Die Frauen unter den Planen hatten aufgehört zu arbeiten und sahen abwechselnd den Mann und den fremden Jungen an, der stumm vor ihnen stehen geblieben war.

»Was willst du?«, fragte der Mann.

»Tuffon«, sagte Hesmat, »ich suche jemanden, der Tuffon aus Mazar kennt.«

Der Mann gab keine Antwort.

»Er hat mir gesagt, ich soll hier in Moskau nach seinem Freund suchen.«

»Wo kommst du her?«, fragte der Mann.

»Ich bin aus Mazar, Tuffon hat mir geholfen zu fliehen. Er hat eine Apotheke in Mazar, mein Vater hat mit ihm gearbeitet. Kennen Sie ihn? Helfen Sie mir bitte! Tuffon, der Apotheker?«

Das Gesicht des Mannes entspannte sich, er schüttelte sich und hörte nicht mehr auf zu lachen. Er humpelte auf den Jungen zu und zerrte ihn in seinen Stand.

»Du bist der Junge, von dem Tuffon mir erzählt hat! Gott ist groß! – Seht ihn euch an«, sagte er zu den Frauen. »Ein abgenagtes Huhn ist dick gegen ihn! Gebt ihm zu essen und holt mir mein Telefon! Setz dich, Freund von Tuffon«, sagte er und klopfte mit der Hand auf einen Stuhl. »Erzähl, mein Freund!«

Sayyid ließ ihnen Dal bringen, und Hesmat und sein Begleiter aßen die Roten Linsen mit Gewürzen, bis ihnen die Bäuche wehtaten.

»Bengali Mazar Dal«, sagte Sayyid, »es gibt niemanden, der es so gut kocht wie meine Schwester. Möge Gott euch nicht mehr hungern lassen. Solange ihr bei mir seid, kümmere ich mich darum!« Er lachte über das ganze Gesicht über seinen eigenen Scherz. »Lass es dir schmecken, mein Freund. Du bist nicht mehr in Afghanistan, hier werden wir auf dich aufpassen. Gott ist groß!«

Es war ein komisches Gefühl, die Stimme Tuffons am Telefon zu hören.

»Ich kann es noch immer nicht glauben! Du hast es geschafft. Hab keine Angst, sie werden sich um dich kümmern«, hörte Hesmat.

Tuffon wollte jede Einzelheit wissen, aber Hesmat hatte beschlossen, nie mehr jemandem von seiner Flucht zu erzählen. Mit jeder Erzählung kamen die Bilder zurück, die Schmerzen, die Angst und die Trauer. Jedes Wort tat weh und führte unweigerlich zum Tod seines Freundes. Einsilbig gab er Auskunft.

»Gib mir wieder Sayyid«, sagte Tuffon, »aber danach muss ich noch mal mit dir reden.« Hesmat reichte dem Afghanen, der neben ihm stand, den Hörer.

Er schüttelte den Kopf. Er sah Fahid vor sich, wie er tanzend und lachend durch den Markt gesprungen wäre. »Wir sind wahre Glückspilze«, hätte er gesungen und Hesmat in die Arme geschlossen.

»Sie sind gute Freunde. Vertraue ihnen, sie werden sich um dich kümmern«, hatte Tuffon gesagt.

Hesmat hatte gehört, dass etwas nicht stimmte.

»Dein Onkel ist weg«, war Tuffon schließlich mit der Sprache rausgerückt. »Ich weiß nicht, warum. Es gibt viele Gerüchte. Dein Großvater hat gesagt, er sei nach Italien gegangen. Die Grenze in den Norden ist dicht, er soll über den Iran geflüchtet sein. Auf jeden Fall will er nach London. Viele sagen, es sei wegen des Geldes deines Vaters.«

Dieses Wort hatte genügt: Geld. Sie hatten es nicht vergessen.

»Mehr weiß ich nicht«, sagte Tuffon. »Ich würde es dir sagen, aber ich weiß nicht mehr. Deinem Großvater geht es gut, auch deinem Bruder, aber irgendetwas ist mit deinem Onkel passiert. Er war bei mir, hat nach dir gefragt. Ich habe ihm gesagt, dass du wahrscheinlich tot bist.«

Er verstummte einen Moment.

»Ich habe wirklich geglaubt, dass du am Hindukusch gestorben bist. Ich habe um dich getrauert, so wie ich um deinen Vater getrauert habe. Dein Onkel war wütend. Er hat gemeint, du lebst. Er war sich sicher. Du seist der Sohn seines Bruders, hat er gesagt. Er würde es spüren, wenn du uns verlassen hättest. Er hat gesagt, dass er dich in London finden würde. Dann ist er verschwunden.«

Nach dem Dal verabschiedete sich der freundliche Fremde. Er verschwand so unauffällig, wie er in Saratov plötzlich vor ihm gestanden hatte. »Ich habe noch einiges zu erledigen«, hatte er gesagt und war aufgestanden.

Hesmat hatte ihn nicht einmal nach seinem Namen gefragt. Bachtabat hatte ihn geschickt. Bachtabat, der jetzt wohl erfahren würde, dass Fahid tot war. Bachtabat, der jetzt Angst bekommen würde. Es bestand kein Zweifel, dass ihn Hanif umbringen würde, wenn er vom Tod seines Neffen erfuhr. Hesmat zögerte. Es waren genug Menschen gestorben und so steckte er Hanifs Telefonnummer zurück in seinen Rucksack.

Die Blicke wechselten zwischen den Scheinen und Hesmat hin und her. Acht Augenpaare waren auf ihn gerichtet.
»Wie viel?«, fragte Sayyid.
»Es müssen noch 3800 Dollar sein«, sagte Hesmat leise.
Tuffons Worte waren ihm Sicherheit genug gewesen. Kurz hatte er gezögert. *Vertraue niemandem.* Aber wenn er einem Freund seines Vaters nicht trauen konnte, wie sollte er dann je sein Ziel erreichen? Er hatte seinen Gürtel gepackt, mit einem raschen Schnitt die Naht aufgetrennt und die Scheine vor sich ausgebreitet.
»Reicht das bis nach London?«, fragte er.
Sayyid nickte.
»Lass uns gehen«, sagte er. »Du solltest nicht so viel Geld mit dir herumtragen.«

Hesmat hatte nicht verstanden, was sein Vater damit gemeint hatte. »Eine Weltstadt«, hatte er gesagt, »Moskau ist eine Weltstadt.« Er hatte die Arme ausgebreitet, um seinem kleinen Jungen die unglaubliche Größe der Stadt zu verdeutlichen. »Es gibt nichts, was es in Moskau nicht gibt.« Hesmat hatte das Leuchten in den Augen seines Vaters gesehen. Er erzählte ihm vom Roten Platz, vom Leninmausoleum, von der U-Bahn. Doch ein Zug, der unter einer Stadt fuhr, war für ihn unvorstellbar.
Seine Mutter hatte gelacht. »Er glaubt dir die Dinge nicht, wenn er sie nicht selbst gesehen hat.«
»Du wirst es irgendwann sehen«, hatte sein Vater daraufhin gesagt. »Irgendwann, wenn dieser Krieg vorbei ist, wirst

du es mit deinen eigenen Augen sehen. Dann wirst du mir glauben.«

Hesmat stand am Ticketautomaten und blickte auf die blinkende Anzeige. Die Russen hinter ihm hatten es eilig und drängten ihn zur Seite.

»Komm«, sagte Walera, »die Leute wollen weiter.« Immer wieder griff sie nach seiner Hand. Immer wieder zog er seine Hand zurück. Er war kein kleines Kind mehr. Er konnte selbst auf sich aufpassen.

Sie war hübsch und sie hatte ein wunderbares Lachen. Sie lachte oft und meist über Kleinigkeiten, die Hesmat nicht verstand. Er hatte noch nie jemanden gesehen, der so herzhaft lachen konnte. Freiheit bedeutete, zu lachen, dachte er. Nur wer in Moskau lebt, kann wirklich lachen. Nur wer frei ist, kann unbeschwert lachen. Wer Angst vor der nächsten Explosion, dem nächsten Angriff, den fremden Männern vor dem Haus, den Weidenruten der Taliban hat, kann nicht lachen. Afghanistan hat sein Lachen verloren.

Sie lachte wieder. »Jetzt komm endlich, Hesmat, träum nicht! Wir haben nicht den ganzen Tag Zeit.« Sie hatte seine Hand gepackt und ließ sie nicht mehr los.

Sie zog den Jungen die Treppe hinunter, immer tiefer und immer weiter hinunter in die Erde. Doch es gab immer noch ein Stockwerk, wie in einem Ameisenbau, und aus jedem Loch krochen Menschen. Alle hatten es eilig. Mit dem Lachen kommt auch die Eile. In Afghanistan kannte man diese Eile nicht. Er war nervös, er wollte nichts falsch machen und zögerte lange, bis er auf die Rolltreppe stieg.

»Ich bin wie ein wildes Tier, das zum ersten Mal die Zivilisation sieht«, sagte er.

Sie lachte. »Mein Wilder!«

Dann waren sie auf die Rolltreppe gestiegen, und Hesmat begriff, was sein Vater unter einer Weltstadt verstand. Er hörte so viele Sprachen, sah so viele verschiedene Gesichter, roch tausend fremde Gerüche, die sich doch glichen, sah Frauen in engen Hosen, Polizisten mit Maschinengewehren, die ihm Angst machten, Soldaten mit Freundinnen im Arm, schlafende Menschen, die zwischen den Füßen der Dahinstürmenden träumten. Er sah Bildschirme mit Nachrichten aus aller Welt, hörte Musik aus Kopfhörern, die Jugendliche über ihre Köpfe gespannt hatten, während sie vor sich hin starrten, als gehörten sie nicht in diese Welt.

Die U-Bahn schepperte und quietschte auf ihrem Weg durch die Stadt, und es dauerte ein paar Minuten, bis er den Schrecken vor den unberechenbaren Bewegungen der Bahn und dem lauten Quietschen überwunden hatte und nicht mehr jedes Mal wenn das Licht kurz ausfiel, zu zittern begann.

Auf farbigen Tafeln sah man die Stationen, die vor ihnen lagen, und die Stationen, an denen sie vorbeigehuscht waren. Tausende Menschen stiegen unsichtbar gesteuert gleichzeitig aus, Tausende andere wieder ein. Es war ein Kommen und Gehen. Jeder, wohin er wollte.

Das ist Freiheit, dachte Hesmat. Trotzdem waren die Blicke der Menschen nicht fröhlich. *Vertraue niemandem,* fiel ihm ein. Vielleicht wollte niemand sich sein Glück ansehen lassen. Er würde Sayyid fragen. Der konnte ihm das sicher erklären.

Auf den Tafeln in den Waggons sah er das Spinnennetz, das die U-Bahn unter der Stadt zog. Er versuchte, sich vorzustellen, wie lang diese Gänge waren, und zählte die Sekunden und Minuten, die sie von einer Station zur nächsten brauchten. Sie hatten sich nur einen kleinen Punkt weit auf der Karte fortbewegt. Es mussten Tausende Kilometer sein, dachte er. Sayyid konnte ihm sicher auch alles über die U-Bahn erzählen.

Das Schütteln der Bahn warf ihn an Waleras Brust.

»Du bist aber ganz schön stürmisch«, lachte sie.

Hesmat verstand nicht, was sie damit sagen wollte.

»Sie ist ein wenig verrückt«, hatte Sayyid gesagt und gelacht, »aber ohne sie wäre ich aufgeschmissen.«

Die U-Bahntunnel waren eine eigene Welt. Eine Welt ohne Sonne, in der es trotzdem keine Nacht gab. Bei jeder Einfahrt in eine neue Station wurde der Zug in grelles elektrisches Licht getaucht.

Er lief Walera voraus in Richtung der Rolltreppen. Stockwerk um Stockwerk ging es jetzt nach oben, hinaus aus dem Ameisenbau, hinauf an die Oberfläche. Er war enttäuscht, als er sah, dass es zu regnen begonnen hatte. Wer aus einem solchen Loch stieg, sollte die Sonne sehen, fand er, aber selbst bei Regen war die Stadt unbeschreiblich.

Walera hatte ihn in ein Kaufhaus mitgenommen.

»Du wirst so etwas nicht mehr so schnell zu sehen bekommen«, hatte Sayyid gesagt, »geh mit, aber verlier sie nicht aus den Augen.«

Wieder stand er wortlos in einer fremden Halle. Alles glänzte. An den Wänden hingen riesige Bilder halb nackter Frauen, deren Kurven nur von einem durchsichtigen Stoff bedeckt waren und dadurch erst recht die Blicke anlockten. Er schämte sich, dass er die Frauen auf den Plakaten anstarrte und seinen Blick doch nicht senken konnte. Erst als er fühlte, wie er rot wurde, drehte er sich um.

Walera lachte, wie immer.

Hesmat fühlte sich zum ersten Mal wie ein junger Mann und wusste nicht, ob das Gefühl von den Plakaten, den Düften, den Büstenhaltern oder den Stoffen kam, die ihn nicht mehr losließen.

»Du bist mir ein Schürzenjäger«, sagte sie.

Sie sprach von Dingen, die er nicht verstand. In einer Weltstadt wie dieser redeten Menschen von Dingen, von denen er keine Ahnung hatte. Ständig machten sie Aussagen, die sehr wichtig klangen, und er wusste doch nicht, wovon sie redeten. Es war fast wie eine andere Sprache.

Walera ließ sich von der Verkäuferin eine Tasche geben. »Hab ich bestellt«, erklärte sie und nahm ihn wieder an der Hand.

Hesmat hatte in Mazar immer das Gefühl gehabt, alles zu besitzen, was man braucht. Seine Freunde waren neidisch auf ihn gewesen. Sein Vater hatte seiner Familie alles geboten, was man sich in Afghanistan nur vorstellen konnte. Selbst einen Fernseher und eine Satellitenschüssel hatten sie gehabt. Was konnte es noch geben?, hatte er damals gedacht. Doch in einer Weltstadt konnte man sein Geld jederzeit für tausend Dinge ausgeben, die man nicht brauchte. Walera hatte Dutzende scheinbar nutzlose Dinge in ihrer Wohnung, die Hesmat nicht kannte. Luxus war, sich Dinge kaufen zu können, die man nicht brauchte, dachte Hesmat. Sein Großvater würde die Hände auf den Kopf schlagen.

»Was lachst du?«, fragte Walera.

»Nichts«, sagte er. »Ich habe nur an meinen Großvater gedacht. Er würde dich hassen.«

Wenn Walera nicht da war, schlief Hesmat oder sah fern. Er wusste nicht, was sie arbeitete. »Meine Dewotschka ist jeden Rubel wert«, sagte Sayyid.

Wenn sie zurückkam, kochte sie Essen oder sie holte etwas *bei einem Inder um die Ecke* oder sie *ließen sich eine Pizza kommen*. In einer Weltstadt musste man nie selbst kochen oder das Haus verlassen, um satt zu werden.

Sein Bruder würde ihm kein Wort glauben. Irgendwann würde Hesmat ihm alles erzählen. Ihm erzählen, dass sein Vater mit keinem Wort übertrieben hatte. Alles war noch unglaublicher, als es ohnehin schon geklungen hatte. Die Stadt war endlos. Vier Stunden war er mit Sayyid durch die Stadt gefahren und hatte doch weder das eine noch das andere Ende gesehen. Zusammen waren sie auf dem Roten Platz gewesen, und er hatte geweint, als er das Hinweisschild zum Grab von Lenin sah. Sayyid machte ein Foto von ihm und versprach, es bald zu entwickeln. Sie fuhren zu einem Supermarkt, der Hesmats Augen übergehen ließ. Er hatte noch nie so volle Regale gesehen. Man musste einfach nur zugreifen. Es gab, was das Herz begehrte. Keine Spur von Mangel.

»So muss das Paradies sein«, sagte er.

Sayyid lachte. »Aber das Paradies ist teuer.«

Mit jedem Schritt, den er tat, fühlte er sich schlechter. Er hatte im Mittelalter gelebt und es nicht einmal gewusst. Die Welt war so groß, und schon hier in Moskau gab es tausend Dinge, die er noch nie gesehen hatte. Wie erst London sein musste? Die Stadt, wie seine Mutter gesagt hatte, mit der sich nicht einmal Moskau messen konnte? Als sie in die Wohnung zurückfuhren, wurde Sayyid ernst.

»Bist du dir sicher?«, fragte er. »Willst du wirklich weiter?«

»Ich habe es doch bis hierher geschafft«, sagte Hesmat, »und Tuffon meinte, wenn ich in Moskau bin, bin ich auch schon fast in London.«

»Mein lieber Freund«, sagte Sayyid, »es tut mir leid, aber Tuffon hat keine Ahnung, wovon er spricht. Es ist nicht so einfach, wie du dir das vorstellst.«

Hesmat war verwirrt.

Sayyid wechselte das Thema. »Ich habe Arbeit für dich«, sagte er. »Du kannst morgen anfangen. Ich kann dir einen Pass besorgen, und du kannst hierbleiben, wenn du willst.«

»Aber ich muss nach London«, sagte Hesmat, »jetzt erst

recht.« Sein Onkel war auf dem Weg dorthin und er musste ihn finden. »Dann werden wir meinen Bruder holen und es wird alles gut.«

»Lass dir Zeit«, sagte Sayyid. »Überleg es dir.«

»Ich habe es mir überlegt«, sagte Hesmat. »Du hast gesagt, du hilfst mir!«

Die Weltstadt hatte auch ihre hässlichen Seiten, von denen Sayyid ihm lange nichts gezeigt hatte. Dinge, vor denen Hesmat eigentlich geflüchtet war. Dinge, die nicht in diese Welt passten.

»Fast 100 000 Afghanen leben inzwischen hier«, erzählte Sayyid schließlich. »Die meisten leben versteckt. Wenn sie den Milizen oder Schlägertrupps in die Hände fallen, gibt es Probleme.« Einige waren für immer verschwunden und ihre Leichen wurden nie gefunden. »Du musst vorsichtig sein! Und ich will nicht, dass du allein durch die Stadt ziehst.«

Hesmat hatte ihn ungläubig angeschaut. Was ihm sein Freund erzählte, konnte einfach nicht stimmen. Nicht in einer Stadt wie Moskau. Er konnte sich nicht vorstellen, dass hier Dinge passierten, die er nur aus Afghanistan kannte.

Zwei Tage später fuhren sie mit der U-Bahn zum Hotel Sewastopol und Sayyid bewies ihm das Gegenteil. Als sie aus der U-Bahn stiegen, sah er die vier riesigen Plattenbauten, die ihn an die großen Gebäude entlang der Bahnstrecke erinnerten.

»Es sind sechzehn Stockwerke«, sagte Sayyid, »und hier leben fast 3000 Afghanen.«

Am Eingang standen Afghanen, die Eintritt verlangten. Sie wollten 8 Rubel. Sayyid zahlte fünf und schob Hesmat vor sich her in das Hotel. Es roch nach Reis und Gummi und der Lärm war schlimmer als auf jedem Markt. In der Halle verkauften Afghanen und Tadschiken Nudeln und Kaffee. Hesmat sah ein paar Hazara, die sich herumdrückten und die Fremden kritisch beäugten.

Zu Hause waren Hazara die brutalsten Krieger gewesen, die Hesmat kannte. Die Granaten waren ihnen wie Ketten um den Hals gehangen, das lange, schmutzige, oft rote Haar tat sein Übriges. Jeder Junge hatte damals Angst vor ihnen, man musste einfach Angst vor ihnen haben. Als die Taliban Mazar zurückerobert hatten, nahmen sie jedoch auch an den Hazara schreckliche Rache. Hesmat erinnerte sich, wie die Hazara damals verstümmelt zu Hunderten in den Straßen lagen. Die Stadt war von Blut rot gewesen, überall hatten Leichen gelegen, Frauen mit aufgeschnittenen Bäuchen, abgehackten Brüsten, tote Kinder mit abgeschnittenen Ohren, Väter ohne Nasen und mit ausgestochenen Augen. Dann hatte er einen Jungen in seinem Alter gesehen, der einem angeschossenen Hazara, der sterbend auf der Straße lag, mit einem Stein so lange auf den Kopf geschlagen hatte, bis ihm der Schädel geplatzt war und der Körper zu zucken aufgehört hatte. Immer wieder träumte er davon. »Das ist das Ende«, hatte sein Vater damals gesagt. Die Stadt war abgeriegelt und niemand konnte mehr unbemerkt hinaus.

»Was ist mit dir?«, fragte Sayyid.

»Nichts, nur Erinnerungen. – Was wollen wir hier?«, fragte Hesmat, um abzulenken.

»Ich muss einen Freund besuchen«, sagte Sayyid.

Sie stiegen in den achten Stock, wo Sayyid schließlich seinen Bekannten fand, der zwischen Staubsaugern saß, die praktisch das ganze Zimmer füllten. Sie umarmten sich, dann sprachen sie über Hesmat. Er verstand kein Wort. Es war einfach viel zu laut.

»Du kannst dich ruhig umsehen«, sagte Sayyids Freund. »Hier drinnen tut dir niemand etwas.«

Die, die hier lebten, hatten ihre Zimmer in kleine Geschäfte umgebaut. Zwischen ihren Betten und Schränken verkauften sie Turnschuhe, Essbesteck, Messer und Klobürsten. Der Lärm kam von einem Zimmer drei Türen weiter. Der Raum war fast bis zur Decke mit Radios vollgestopft und alle spielten unterschiedliche Musik. Es war wie im Irrenhaus.

»Was tun die Menschen alle hier?«, fragte Hesmat, als sie endlich wieder vor dem Hotel standen.

»Sie leben hier«, sagte Sayyid, »und das ist nur ein kleiner Teil. Weißt du, wie viel 100 000 Afghanen sind? Die Stadt hier im Süden ist voll von ihnen, du musst nur die Augen aufmachen. Du findest sie überall. Sie sind Freiwild«, erklärte Sayyid. »Die Miliz macht mit ihnen, was sie will. Sie haben keine Rechte. Niemand weiß, wie viele es genau sind, aber es sind zu viele, denken die Russen. Die Milizen haben erst vor Kurzem das Hotel gestürmt, haben mitgenommen, was sie wollten. Glaub mir, es wird nicht lange dauern und es wird Tote geben.«

Da war sie wieder, die Angst. Auch hier waren sie also nicht erwünscht. Egal wohin sich die Afghanen flüchteten, überall schlug ihnen Hass und Angst entgegen.

»Wir sind einfach zu viele«, sagte Sayyid. »Wegen ein paar Tausend regt sich niemand auf, aber jetzt, wo es täglich mehr werden, wird es bald wirklich Probleme geben.«

Hesmat hatte schon auf dem Markt von den Milizen gehört. Die Jungen erzählten sich Schauergeschichten über sie: »Wenn du nicht aufpasst und mal keine fünfzig Rubel in der Tasche hast, um sie zu bestechen«, sagte einer, »verschwindest du schneller, als du glaubst.«

Sie hatten von der Mafia gesprochen, die alles kontrollierte. Die Märkte, die Milizen, jeden Rubel, der von einer Hand in die nächste wechselte. Immer wieder wurden Leute von den

Schlägern verprügelt. Egal ob Kleinkind oder Großmutter. »Die kennen da nichts«, sagte ein Junge. »Wer seinen Kram an den Mann bringen will, der muss dafür bezahlen. Sie wollen zehn Dollar von mir! Jeden Tag zehn Dollar. Wie soll mir da was zum Leben bleiben?«

»Wenn die Milizen kein Geld haben, nehmen sie den ganzen Markt auseinander. Wer bezahlen kann, darf bleiben, wer nicht, dem steht eine harte Nacht im Gefängnis bevor. Wir sind nichts als Freiwild, das jeder jagen darf.«

»Sayyid hat gut reden«, sagten sie. »Er ist lange hier, er kennt die Leute. Ihm wird nichts passieren, aber er hat ja keine Ahnung, wie es uns geht. Frag deinen Freund, wann er das letzte Mal verhaftet wurde! Er verkauft seinen Schmuck an die hübschen Russinnen und wird jeden Tag reicher. Er hat keine Probleme. Er ist keiner mehr von uns, er hat Afghanistan verraten.«

Es tat weh, die Fremden so über seinen Freund sprechen zu hören. Sayyid war stolz darauf, Afghane zu sein. Er hatte einen starken russischen Akzent in seinem Paschtu, aber im Herzen war er ein Mann vom Hindukusch geblieben, und sie sollten doch alle zusammenhalten. Hesmat beschloss, ihm nichts von den Neidern am Markt zu erzählen.

Erinnerungen an zu Hause

Sayyids Neugier war nicht zu bremsen. Er gab nicht auf und drängte Hesmat immer wieder, ihm mehr von der Situation in Afghanistan zu erzählen. »Woher weißt du so viel über Moskau?«, fragte er. »Und was ist mit deinem Vater passiert?«

Hesmats Vater hatte für die Russen gearbeitet. Er verdiente gut und konnte sich ein großes, wunderschönes Haus leisten. Sie hatten Strom und fließendes Wasser. Einen Luxus, den nicht nur der Schwiegervater verachtete – und trotzdem genoss. Es war ein kleines Paradies inmitten der heruntergekommenen, staubigen braungrauen Stadt während des Krieges.

Die ersten Gerüchte kamen auf, als sich das Ende der russischen Besatzung abzeichnete. Den Gerüchten folgten Anspielungen und schließlich Drohungen und Hass, aber Flucht kam für seinen Vater nicht infrage. Immer wieder drängte ihn seine Frau dazu, sprachen sie über Pakistan oder den Iran, wo sie sicher leben könnten. Er aber war stolz auf das Land und überzeugt davon, dass es untergehen würde, wenn die Männer anfingen, es zu verlassen. Schließlich hatten die Russen verloren und mussten aus Afghanistan abziehen.

Sein Vater versuchte zu diesem Zeitpunkt, ihre Zukunft abzusichern. Er wusste, dass die Mitgliedschaft in der kommunistischen Partei, die sich noch an der Macht hielt, bald lebensgefährlich sein würde. Zu lange hatten die Menschen unter den russischen Soldaten gelitten. Ihre Rache war nur eine Frage der Zeit und die Zeiten änderten sich schnell.

Von einem Tag auf den anderen verlor Hesmats Vater seine Arbeit. Die kommunistische Partei wurde abgesetzt, der Präsident ermordet.

Hesmats Vater hatte mit den Kommunisten paktiert, mit dem Feind. Es dauerte nur wenige Wochen, bis vier fremde Männer an die Tür klopften. Sein Vater schickte Hesmat und seinen Bruder in das Zimmer der Mutter. Dort hörte er nur undeutlich, was die Fremden von seinem Vater forderten. Sein Vater sagte ihnen, dass er nichts habe, er die Gerüchte kenne, ihnen aber versichern könnte, dass er nichts damit zu tun habe. Sie gingen wieder.

Am Gesichtsausdruck seines Vaters hatte er erkannt, wie ernst die Sache war. Sein Vater fand keine Arbeit mehr, niemand wollte mehr etwas mit ihm zu tun haben. Schließlich wurde das Geld weniger. Sie besaßen zwar ein großes Haus, trotzdem musste sein Vater so schnell wie möglich an Geld kommen.

Der Bürgerkrieg, der nach dem Abzug der Russen ausgebrochen war, näherte sich Mazar. Wenn das Telefon funktionierte, sprach sein Vater mit Bekannten jenseits der Grenze in Pakistan.

Die einzig gute Nachricht damals war, dass sein Vater wieder einen Weg gefunden hatte, Geld zu verdienen. Er kannte die geheimen Pfade über die Grenze und wusste, was die Menschen in der Stadt brauchten. Er kannte jene, die noch Geld genug besaßen, um sich einen bescheidenen Luxus leisten zu können. Vor allem aber kannte er die Schmuggler in Pakistan.

Er hatte sich Geld geliehen und wollte damit in Pakistan Waren kaufen, sie über die Grenze schmuggeln und in Afghanistan teurer an Apotheken weiterverkaufen.

»Bald haben wir wieder Geld im Haus«, versicherte er. »Niemand von uns hat bisher hungern müssen und das wird auch so bleiben. Habt keine Angst. Ich weiß, auf wen ich mich verlassen kann.«

Hesmat war damals neun Jahre alt. Er würde bald erwachsen sein. Er konnte auf sich aufpassen. Hasip, sein Bruder, war noch zu klein. Er sollte bei Hesmats Großvater bleiben und so übertrug Hesmats Vater ihm entgegen aller Vernunft die Verantwortung für seinen jüngeren Sohn. Sollte ihm etwas passieren, hatte sich Hesmats Großvater um die Erziehung des Kleinen zu kümmern. Der Entschluss schmerzte und Hesmat sah die Verzweiflung im Gesicht seines Vaters. Nie hätte er unter normalen Umständen seinen jüngeren Sohn dem fundamentalistischen Vater anvertraut. Aber was war in dieser verrückten Zeit normal? Auch wenn er nichts vom religiösen Eifer seines Vaters wissen wollte, musste er seine Kinder versorgt wissen, falls er nicht mehr zurückkehren sollte. Hesmat würde das Haus bekommen, er war gebildet und er kannte die Freunde seines Vaters. Er würde Arbeit finden und überleben. Nicht aber ein vierjähriger Junge ohne Mutter und Vater.

Zwei Tage bevor er nach Pakistan ging, teilte er der Familie seinen Entschluss mit. Hesmat sah, wie sehr es ihn schmerzte, seinen eigenen Sohn jenem Menschen zu übergeben, vor dem er als Junge selbst geflüchtet war.

»Warum gehen wir nicht einfach weg?«, fragte Hesmat.

Sein Großvater lachte verächtlich. »Dummes Kind.«

Sein Vater antwortete ihm nach kurzem Schweigen. »Wohin sollen wir gehen? Pakistan? Ich habe nicht genug Geld, außerdem wollen sie uns dort nicht mehr. Sie haben schon mehr als genug Flüchtlinge. Es gibt dort keine Arbeit. Nichts, wovon wir leben könnten.«

Dann wurden die Gerüchte um seinen Vater immer lauter. »Gold.« Irgendwann war das Wort gefallen und hatte sich rasch verbreitet. Es sei ein richtiger Schatz, den er irgendwo versteckt habe, hieß es. Hesmats Vater kannte die Gerüchte, aber er unterschätzte sie. »Lass sie doch reden«, hatte er immer wieder zu seiner Frau gesagt.

»Aber ich habe den Neid unterschätzt«, gab sein Vater später zu, als die Mutter bereits gestorben war. »Sie haben sich in den Kopf gesetzt, ich sei ein reicher Mann. Niemand will mir glauben, dass es diesen Schatz nicht gibt. Sie glauben, was sie glauben wollen. Die Wahrheit interessiert sie nicht.«

»Aber sie sehen es doch, dass du nicht reich bist«, sagte Hesmat.

»Sie sehen, was sie sehen wollen«, entgegnete sein Vater. »Sie haben Angst, dass ich mit dem Schatz verschwinde, und sie lassen mich nicht mehr aus den Augen. Es gibt kein Gesetz mehr, und je mehr Leute von den Gerüchten hören, desto gefährlicher wird es.«

Es war die Zeit der Rache. Die Zeit, alte Rechnungen zu begleichen. Es herrschte Anarchie und die Taliban waren die Schlimmsten. Das Gerücht hatte sich längst in der halben Stadt herumgesprochen.

»Du musst dich verstecken«, sagte sein Vater schließlich und hatte ihn in das Versteck im Keller gebracht.

Stundenlang hatte er immer und immer wieder die Taschenlampe kurz eingeschaltet. Jedes Mal wenn er erneut auf den Knopf drückte und das Licht erlosch, kehrte mit der Dunkelheit die Angst zurück. Es war kalt. Die Erde, die ihn umgab, saugte die Wärme aus seinem Körper, obwohl es draußen für die Jahreszeit noch warm war.

»Ein paar Tage, vielleicht zwei Wochen, länger wird es nicht dauern«, hatte sein Vater gesagt. So lange musste er es dort unten aushalten.

Meistens kam sein Vater vormittags ins Haus, um seinem Sohn etwas Brot und Wasser in das Versteck zu bringen. Ansonsten versuchte er, draußen zu überleben und ihre Flucht nach Pakistan zu organisieren.

Das Licht blendete ihn, wenn Hesmat aus dem Loch krabbelte und mit seinem Vater ins Haus hinaufging. Sie aßen zusammen und er blieb für ein paar Stunden bei ihm. Dann musste Hesmat wieder zurück in sein Versteck.

»Warum kann ich nicht hier oben auf dich warten?«, hatte er einmal gefragt.

»Du würdest es nicht rechtzeitig in den Keller schaffen, vor allem nicht nachts. Sie werden nicht lange an die Tür klopfen, und bevor du wach bist, haben sie dich.« Eine Diskussion war zwecklos.

»Warum kommst du nicht öfter?«, fragte Hesmat.

»Ich schlafe bei Tuffon. Es ist besser so.«

»Warum kann ich nicht mit?«

»Du weißt, dass das nicht geht, Hesmat. Niemand soll uns zusammen sehen. Wenn sie mich erwischen, werde ich sagen, du seist nicht hier. Ich werde ihnen sagen, dass ich dich weggeschickt habe.«

»Aber wohin?«

»Ich werde sie anlügen«, sagte sein Vater, »und jetzt nimm die zwei Brote und das Wasser, ich muss weg. Es wird diesmal ein wenig länger dauern. Mach dir keine Sorgen.«

Hesmat weinte, als er das Loch wieder von innen verschloss, und hörte, wie sein Vater den Keller verließ.

Er hatte lange gewartet, ehe er das erste Brot gegessen hatte. Er kaute langsam und zählte, wie oft er einen Bissen kaute, bevor er schluckte. Er hatte geschlafen, hatte wieder Hunger bekommen und musste auf die Toilette. Er wartete. Er konnte nicht schlafen. Wie spät war es? War der Tag vorbei, war es schon Nacht? Nein, er hörte das regelmäßige Brummen von der Straße.

Er überlegte und erledigte sein Geschäft schließlich in einer Ecke des Loches. Mit dem Ende der Taschenlampe kratzte er eine Handvoll Erde von der Mauer und warf sie auf die Exkremente. Die Erde schluckte den Geruch.

Er schlief, wachte auf und aß das zweite Brot. Der Hunger war groß. Wie lange hatte er geschlafen? Das Wasser ging zu Ende. Er bekam Angst. Er dachte an seine Mutter. Er versuchte, nicht zu weinen. Nur die Dunkelheit sah seine Tränen.

Es waren rasche Schritte, dumpfe, fremde Stimmen, die ihn aus dem Schlaf rissen. Er wusste sofort, dass es nicht sein Vater war. Er hörte ein Krachen, ein Scharren. Irgendetwas wurde auf dem Boden herumgeschleift. Er drängte sich in die hinterste Ecke des Lochs und setzte sich in seine verdeckten Exkremente, die er vergessen hatte.

Sein Herz raste. Was sollte er jetzt tun? Er tastete nach dem Hocker. Egal was passieren würde, er würde ihn dem Ersten, der durch die Röhre gekrochen kam, auf den Kopf schlagen. Er zitterte und seine Finger umklammerten das Holz.

Die Stimmen verstummten. Auf was warteten sie? Sein Herz hämmerte gegen seine Brust. Das Klopfen in seinem Kopf war so laut, dass er Angst hatte, die Fremden könnten es hören. Er war wie versteinert. Wer waren diese Unbekannten? Hatten sie nach ihm gesucht? Was wollten sie im Keller und warum hatten sie das Loch nicht gesehen? Warteten sie da draußen, bis er herauskam? Und wo war sein Vater? Er musste sich zwingen, ruhig zu sitzen. Er zählte seine Herzschläge, er hörte in die Dunkelheit hinein, aber die Fremden waren gegangen. Er weinte.

Er kämpfte. Lang hielt er es nicht mehr aus. Die Angst hatte ihm jedes Zeitgefühl geraubt. Er erinnerte sich, wie sich seine verkrampfte Hand irgendwann wieder vom Hocker gelöst hatte und er schlaff zusammensank. Es waren die Kälte und der unerträgliche Durst, die ihn schließlich trotz des Verbots nach oben trieben. Es war mitten in der Nacht und das Haus war ausgestorben. Er erschrak, als er auf Glasscherben trat. Der Mond erhellte die Räume. Alles war verwüstet. Die Fenster hingen wie Leintücher in den Angeln, die letzten Glassplitter spiegelten den Mond. Die Fremden hatten das ganze Haus auf den Kopf gestellt, alles auf den Boden geworfen und durchsucht.

Er überlegte. Er wollte nicht wieder zurück in das Loch. Warum sollte er auch? Sie waren da gewesen und hatten nichts gefunden. Er musste auf seinen Vater warten. Doch vor allem hatte er Hunger und Durst.

Der Nachbar erschrak, als er die Tür öffnete. Er erkannte den Jungen kaum wieder. Erst als Hesmat den Mund öffnete, war er sich sicher. Er umarmte ihn und zog in schnell ins Haus. Woher kam der Junge? Was war mit ihm passiert? Er war voller Schmutz, vollkommen ausgemergelt und er stank erbärmlich. Seine Frau brachte Brot, und gemeinsam beobachteten sie den Jungen, der das Brot wie ein Tier in sich hineinstopfte. Der Junge stellte immer wieder dieselbe Frage: »Wo ist mein Vater?«

Seine Frau begann zu weinen und ging hinaus.

»Er ist tot, mein Junge«, brachte der Nachbar schließlich über die Lippen. »Sie sind gekommen und haben ihn getötet. Wo warst du? Wir haben dich tagelang gesucht. Du musst weg von hier. Ich bring dich zu deinem Großvater.«

Es dauerte ein paar Tage, bis Hesmat langsam zu verstehen begann, was passiert war.

»Es war an einem Nachmittag vor drei Tagen«, erzählte sein

Großvater. Die sechs Männer hatten seinen Vater gefunden und waren mit ihm zu seinem Haus gefahren. Immer wieder hatten sie ihn gefragt, wo er das Gold versteckt habe. Er gab ihnen immer wieder dieselbe Antwort. Er habe kein Gold. Sie müssten ihm glauben. Er würde es ihnen geben, aber er habe nichts. Sie schlugen ihn. Drei Männer hielten ihn fest, während die anderen abwechselnd auf ihn einschlugen.

Niemand war ihm zu Hilfe gekommen. Alle hatten zugesehen. Die Nachbarn, sein Großvater. Alle hatten zugesehen, wie sie seinen Vater umbrachten. Es hatte zwei Stunden gedauert, in denen sie ihn blutig schlugen und mit Wasser übergossen, wenn er bewusstlos wurde. Dann begannen sie von Neuem. Niemand schritt dagegen ein, niemand gab seinem Vater eine Chance.

»Warum glaubt ihr mir nicht?«, war das Letzte, was er gesagt hatte. Dann schoss einer der Männer ihm in den Hinterkopf.

»Wir konnten nichts tun«, sagte sein Großvater immer wieder. »Sie haben ihm nicht geglaubt, sie hätten auch uns nicht geglaubt.«

»Wo ist mein Vater jetzt?«, fragte Hesmat.

»Wir haben ihn begraben. Es ist alles erledigt. Wenn du alt genug bist, werde ich dir das Grab deines Vaters zeigen.«

Hesmat war elf Jahre. Er erfuhr nie, wo seine Eltern begraben lagen.

Sayyid war ruhig geworden. Kein einziges Mal hatte er Hesmat unterbrochen, jetzt rannen ihm die Tränen über die dicken Wangen und er wollte Hesmat umarmen, aber der Junge wehrte ab.

»Und dann haben sie mich nach Kabul geschickt«, erzählte er weiter.

Plötzlich brach alles aus ihm heraus. Noch nie hatte er jemandem die ganze Geschichte erzählt, die zu seiner Flucht geführt hatte. Wie sollten die Menschen auch verstehen, dass einem elfjährigen Jungen nichts blieb als die Flucht. Die Flucht aus einem Land, in dem seine Mutter gestorben und sein Vater umgebracht worden war und der Familienclan nichts von ihm wissen wollte.

»Sie hatten ja alle nur Angst«, erzählte er weiter. »Angst, dass sie wegen mir und dem angeblichen Schatz Probleme bekommen würden. Und so haben sie mich dann zu einer Tante, die ich nicht kannte, nach Kabul geschickt«, erzählte Hesmat. »Drei Tage waren wir über den Hindukusch und durch den Salang-Tunnel über die ewig löchrigen Straßen unterwegs, bis ich endlich mit dem Sammeltaxi bei der schrecklichen Tante in Kabul ankam. Sie ist verrückt geworden, weil ihr Mann im Krieg gestorben war und sie allein mit den zwei nutzlosen Söhnen zurechtkommen musste. Das waren vielleicht zwei Kerle!«

Stundenlang saß er in Kabul vor dem Haus seiner Tante und blickte hinüber zu den gewaltigen Riesen, die majestätisch über die Probleme der Menschen wachten. Der Hindukusch herrschte über das Land wie ein unerreichbarer König und er trug stolz seine Krone aus Schnee und Eis. Doch zu seinen Füßen lag eine sterbende Stadt. Jahrelange Kämpfe hatten Kabul ins Mittelalter zurückgebombt. Während es im Norden der Stadt noch intakte Häuser, Straßen und sporadisch Strom und Wasser gab, war der Süden, in dem seine Tante wohnte, eine einzige Wunde.

Niemand blickte auf die Berge. Wer den Kopf zu hoch trug, war für die Taliban, die alles kontrollierten, verdächtig. Alles, was die Menschen sahen, waren die verdreckten Spitzen ihrer Sandalen.

Auf seinen langen Spaziergängen durch die Stadt kam er

vorbei an Ruinen, wich den ausgebrannten und ausgeweideten Panzern aus, blickte auf Fassadenteile und zerschossene Mauerreste. Menschen waren ständig unterwegs in der Stadt, auf der Suche nach Essbarem, nach Arbeit, nach etwas Lebendigem zwischen den Ruinen. Hoffnungslose Wesen in braunen Gewändern, versteckt hinter langen Bärten und noch längeren Gesichtern. Vereinzelt verirrten sich ein paar Frauen als konturlose Wesen zwischen die Männer, ihre Augen und ihre Welt gefangen hinter vergitterten Netzen.

Jeeps rasten durch die Menge. Ihre bloße Anwesenheit reichte aus, um die Stimmen der ziellos wandernden Massen ersterben zu lassen. Die Gewehre der Taliban, die darin saßen, ließen keine andere Meinung als ihre zu.

Einmal begegnete er einer Gruppe Flüchtlinge, die nach dem langen Weg zur pakistanischen Grenze erfolglos zurückgekehrt war. Seit die Nachbarländer die Flüchtlinge abwiesen, kamen immer mehr aus der Ausweglosigkeit in die Hoffnungslosigkeit zurück. Dort waren sie nicht willkommen, hier würde sie zumindest niemand verjagen. Sie kehrten zu ihren Häusern zurück, um sich in Ruinen und Steinhöhlen wiederzufinden. Ihre letzte Hoffnung war die Flucht gewesen, ohne Hoffnung kehrten sie zurück. Sie warteten. Auf den nächsten Angriff, auf den nächsten Bissen Brot, auf den Tod, der sich Zeit ließ.

Im Norden lag der Flughafen, und Hesmat sah ein Flugzeug, das gerade auf die Startbahn hinausrollte, während eine zweite Maschine, wie von Zauberhand geführt, in den Himmel stieg. Es waren stumme, gigantische Vögel, die lautlos in eine bessere Welt schwebten. Erst als es eine lange Schleife zog und Richtung Pakistan abdrehte, erreichte ihn der Lärm der Triebwerke. Er hatte von den Verhandlungen gehört, die die Taliban mit der Regierung dort führten. Sie forderten, das neue Afghanistan anzuerkennen. Wie konnte man nur über so unwichtige Dinge Gespräche führen, während es den Menschen hier im Land von Tag zu Tag schlechter ging? Aber die Politik war wichtig, das wusste er von seinem Vater.

Wenn es dunkel wurde, musste er sehen, dass er nach Hause kam. In der Nacht war die Stadt gefährlich und die Taliban billigten niemanden auf den Straßen. Oft war es längst dunkel, wenn er endlich nach Hause kam. *Nach Hause,* dachte er. Was war das für ein Zuhause? Langsam öffnete er dann die Tür und hörte sofort die Stimme der verrückten Tante. Er legte sich auf seinen Schlafplatz und schloss die Augen, während er hörte, wie seine Tante mit ihren Söhnen stritt.

Er träumte vom grünen Garten ihres alten Hauses, vom Leben vor dem Krieg, bevor die Männer kamen, die Krankheiten, der Schmutz. Davon, wie hell das Leben sein konnte, wie sauber, wie leicht.

Jeden Tag betete seine Tante für die Rückkehr ihres Mannes. Doch seit Monaten hatte sie nichts mehr von ihm gehört.

»Hör auf damit«, sagte Hesmat. »Er ist tot. Tot wie alle.«

Sie schrie. »Du Teufel, er kämpft! Er kämpft für uns.«

»Er braucht nicht für mich zu kämpfen«, antwortet Hesmat, »wir sind doch alle schon längst geschlagen.«

Sie weinte, bis ihre Söhne kamen und die Mutter mitnahmen. Im Stadion, wo einst Buzkashi gespielt worden war, steinigten jetzt die Taliban eine Frau, und alle liefen sie hin, um zuzusehen. Es war schon dunkel, als sie zurückkamen, aufgeregt wie aufgeschreckte Hühner.

»Das war eine üble Verbrecherin«, sagte sein Cousin, als sie über die Steinigung sprachen.

»Weißt du eigentlich, was dir passieren würde, wenn die da draußen wüssten, wie gottlos du bist?«, sagte der andere.

»Niemand hat das Recht, einen anderen umzubringen. Erst recht nicht eine Frau«, sagte Hesmat.

»Halt's Maul!«

Sie waren wie die Schafe, dachte Hesmat. Keines von ihnen dachte, sie liefen alle in eine Richtung, und selbst wenn der Schlachter sie rief, kamen sie blökend angelaufen, um zu sterben.

Drei Monate waren vergangen, bevor der Streit mit seinen Cousins begann. Sieben Monate, als Hesmat weiteres Geld aus Mazar bekam und sich damit wieder für Monate Ruhe von ihnen erkaufte. Ein Jahr war bereits vergangen, seit sein Vater ermordet worden war, doch es schien Hesmat, als wäre es gestern gewesen. Gleichzeitig hatte er das Gefühl, bereits ein halbes Leben ohne seine Eltern verbracht zu haben.

Er war allein. Seine Familie war tot. Es gab keine Zukunft mehr, nur noch das Warten auf das eigene Ende. Kabul wurde ihm unerträglich. Die Hoffnungslosigkeit in dieser Stadt war allgegenwärtig und schlich sich wie Gift in seinen Körper. Es gab keinen Grund mehr zu leben, das tägliche Sterben war Routine. Der Hunger, die Krankheiten, die Taliban waren die Totengräber.

Dann kehrte er nach Mazar zurück.

»Was hätte in Kabul aus mir werden sollen?«, sagte Hesmat jetzt an Sayyid gewandt. »Aber es hat nichts genützt. Zu Hause in Mazar bin ich allen erst recht eine Last gewesen. Und dann bin ich zu Tuffon. Er war der Einzige, der mich verstanden hat, auch wenn er zuerst nichts von einer Flucht hören wollte. Er meinte, es wäre verrückt und ich solle bei meinem Großvater bleiben.«

»Und warum ist das nicht gegangen?«, fragte Sayyid.

»Weil er nichts von mir wissen wollte. Er hasst mich wegen meiner Mutter. Sie hat ihm nie gepasst. Sie war eine Frau, die in die Welt hinauswollte, die ihrem Mann nur Flausen in den Kopf setzte, wie es Großvater genannt hat. Er war gegen ihre Hochzeit, und solange meine Mutter lebte, hat er sie nur schlecht behandelt. Sogar als sie im Sterben lag, hat er sich nicht um sie gekümmert. Er war froh, als sie endlich tot war. ›Jetzt wird wieder alles, wie es einmal war‹, hat er gesagt. Aber Tuffon hat mir das nicht geglaubt. Doch als er selbst mit Großvater geredet hat, hat er gemerkt, dass ich die Wahrheit gesagt habe, und ab da hat er begonnen, mit mir die Flucht zu planen.«

Seine Familie wollte Hesmat nicht in ihrer Nähe haben, und Tuffon wurde zornig, als er vom Vater seines verstorbenen Freundes hören musste, dass es keine Möglichkeit gäbe, den Jungen zu verstecken, ohne die Familie zu gefährden. Alles, was über die Lippen des Alten kam, klang nach Ausrede.

Er hatte seit Monaten nichts von den Männern gehört, trotzdem sei es noch viel zu gefährlich, meinte Hesmats Großvater. »Sie warten nur darauf, dich in ihre Finger zu bekommen. Du kannst nicht bei uns bleiben. Warum bist du so dumm und bringst uns in Gefahr? Ich habe dir gesagt, du sollst in Kabul bleiben.«

Sein Onkel half ihm schließlich, einen sicheren Schlafplatz für ein paar Tage zu finden. Trotzdem musste er alle paar Tage in eine neue Wohnung. Immer wieder mussten sie Freunde finden, auf die sie sich verlassen konnten. Niemand durfte erfahren, dass Hesmat wieder in der Stadt war. Jeder, der wusste, wo er war, und den Jungen nicht auslieferte, brachte sich und seine Familie in Gefahr. Nach ein paar Wochen wurde die Lage immer aussichtsloser. Es gab nicht genug Freunde, denen sie vertrauen konnten. Wenn er schlief, hörte er die fremden Menschen leise flüstern. Sie sprachen über ihn, darüber, warum er ausgerechnet ihr Haus aufsuchen musste. Warum der Junge sich selbst, seine Familie und jetzt auch noch sie, Fremde, in

Gefahr brachte. Es waren die Frauen, die ihre Männer davon überzeugten, dem Jungen zu helfen. Sie mussten sich selbst vor den Taliban in ihren Häusern verstecken, teilten daher sein Leid und hatten Mitleid mit ihm. Manchmal bekam er von ihnen Tee oder eine warme Suppe. Wenn die Männer zurückkamen, verschwand die Freundlichkeit aus ihren Gesichtern, das Mitleid aus den verweinten Augen.

»Ich weiß bald nicht mehr, bei wem ich dich verstecken soll«, sagte sein Onkel schließlich. »Bist du dir eigentlich im Klaren darüber, welches Risiko diese Leute auf sich nehmen? Ich kann ihnen nichts dafür geben. Ich habe nichts. Es sind Freunde und sie wollen keine Schwierigkeiten bekommen.«

Niemand wollte Schwierigkeiten wegen Hesmat bekommen. Nicht die Freunde seines Onkels, vor allem aber nicht sein Großvater. »Du musst von hier wieder verschwinden. Du wirst morgen zurück nach Kabul gehen!«, befahl er, und nicht einmal Tuffon konnte ihn davon überzeugen, dass Hesmat auch in Kabul sterben würde.

»Dann hat mir Tuffon den Plan gegeben«, sagte Hesmat, »und gesagt, dass ich zuerst nach Moskau muss, zu dir. ›Ohne Freunde hast du in Moskau keine Chance‹, hat er gesagt«, erzählte Hesmat und wehrte sich nicht mehr gegen die Umarmung von Sayyid.

Doch seit Hesmat gehört hatte, dass sein Onkel auf dem Weg nach London war, war er nicht mehr zu halten. Sayyid und Walera hatten es aufgegeben, auf den Jungen einzureden.

»In London wird alles besser.«

»Ich kann dich nicht daran hindern«, sagte Sayyid. »In zwei Tagen weiß ich mehr.«

Seit drei Wochen sprach er immer von diesen zwei Tagen. Immer würde es nur noch zwei Tage dauern.

»Er will nicht, dass du gehst«, sagte Walera, als sie für seine Weiterfahrt einkaufen gingen. »Er hat Angst um dich.« Sie steckte ihn in zwei Dutzend verschiedene Jeans. Alle waren blau, alle fühlten sich gleich an, alle passten. Walera stand jedes Mal kopfschüttelnd vor ihm. »Probier die nächste«, sagte sie. »Wenn du uns verlässt, dann in vernünftigen Jeans.«

Sayyid hatte recht. Sie war ein wenig verrückt.

Wieder allein

Er hätte auf das Gefühl in seinem Bauch hören sollen. Jetzt war es zu spät. Dabei hatte sich sein Inneres schon beim ersten Treffen gegen den Mann gesträubt, den Sayyid ihm vorstellte. Musa war ein Idiot. Doch Hesmat hatte seinen Bauch ignoriert und Sayyid vertraut, der ihn für einen verlässlichen Mann hielt.

»Ich mag ihn nicht«, hatte er gesagt.

»Du tust ihm unrecht«, entgegnete Sayyid.

Sein ganzer Körper sträubte sich dagegen, als er in den Wagen des Schleppers stieg.

»Nach London, das haben wir in einer Woche erledigt«, sagte Musa. »Wir setzen dich in den Bus und ab geht es.«

Sayyid klopfte Hesmat aufmunternd auf die Schulter. »Siehst du«, sagte er, »hab ich es doch gesagt.«

Dann fuhren sie los. Er war wieder allein. So allein wie seit Langem nicht mehr. Die Lippen waren ihm über Nacht vor Nervosität aufgesprungen und er hatte keine Minute geschlafen. Fahid hatte ihn bis zu seinem Tod begleitet, dann waren Sayyid und Walera für ihn da gewesen. Jetzt war er wieder allein mit einem fremden Mann, den er nicht kannte, dem er nicht vertraute. Er hatte ihm 3500 Dollar für die Flucht nach London bezahlt. 300 Dollar waren ihm geblieben. Nervös und mit zitternden Fingern hatte er die letzten Reste vom Haus seines Vaters in seinen neuen Gürtel eingenäht.

»300 Dollar reichen«, sagte Musa. »Wenn du drüben bist, kannst du dich ja bei mir bedanken. Alles easy, wirst sehen.«

Aber gleich zu Beginn gab es Probleme und zwei Tage später saß Hesmat immer noch in der Wohnung des Schleppers. Der Bus, in den Musa ihn gesetzt hatte, war gerade mal bis ans andere Ende der Stadt gefahren, und jetzt saß er in dieser Wohnung fest. Es gab keine Bücher, keinen Fernseher, kein Telefon. Am dritten Tag schlich er sich raus auf die Straße und rief Sayyid an.

»Bist du vollkommen verblödet?«, knöpfte sich Sayyid Musa vor. »Du holst den Jungen und setzt ihn in dein Dreckloch?«

»Morgen«, versprach Musa, »es hat Verzögerungen gegeben.«

Als der Bus über eine Bodenwelle rumpelte, wachte Hesmat auf. Musa war verschwunden. Vorsichtig drehte er sich um. Waren sie schon über der Grenze? Er begegnete Blicken, die Hesmat aus dem Zug kannte. Sie sprachen schnell und leise, trotzdem verstand er bald, dass sie die Grenze schon passiert haben mussten.

Die Flucht war ein Leben zwischen Lachen und Weinen. Er hasste Musa dafür, dass er ihn im Stich gelassen hatte. Doch er musste lachen, weil Musa recht gehabt hatte. Es war kein Problem gewesen, alles easy. Er hatte nicht einmal bemerkt, wie sie über die Grenze gefahren waren. In ein paar Tagen würde er endlich in London sein. Er überlegte sich die wenigen Worte, die er in Englisch kannte. »My name is Hesmat«, war alles, was ihm einfiel, und »easy«. »Alles ist easy«, hatte Musa gesagt. Musa. Mit dem Namen kam der Zorn zurück.

Er war mit ihm in den Bus gestiegen und hatte ihm eine Landkarte in die Hand gedrückt. »Zuerst nach Minsk, dann mit dem Auto bis nach Kiew und von dort geht's über Österreich nach Italien. Dann bist du eh schon auf dem Schiff nach England. In vier Wochen bist du in London.« Hesmat war die Nervosität in Musas Stimme aufgefallen. Er schien selbst vor etwas auf der Flucht zu sein, als sie in den Überlandbus gestiegen waren. Jedes Mal wenn der Bus stehen blieb, Menschen einstiegen, fremde Gerüche kamen und gingen, drehte Musa sich nervös in alle Richtungen. Er schien auf etwas zu warten und ständig wischte er sich den Schweiß von der Stirn. Fremde Gesichter drängten sich in den Bus, suchten mit versteinerter Miene nach einem Sitzplatz.

»Nichts da«, sagte Musa, als sich eine Alte neben sie setzen wollte.

Hesmat hatte den Kopf eingezogen, als er die Polizisten auf dem Gehsteig sah. Seine Hände schwitzten, als die Männer in den Bus gestiegen waren und begannen, die Pässe zu kontrollieren. Mit jedem Blick in einen der aufgeschlagenen Pässe kamen sie eine Reihe näher. Würden sie ihn für 300 Dollar laufen lassen?

Musa werkte nervös in seiner Tasche herum. »Halt den Mund«, hatte er Hesmat angezischt.

Mit einem Nicken deutete der Polizist auf Hesmat, der sich schlafend stellte.

»Mein Sohn«, sagte Musa. Die Polizisten gingen weiter.

»Siehst du? Alles easy.«

Dann war Hesmat wirklich eingeschlafen. Als er erwachte, war sein Begleiter verschwunden.

»Falls wir getrennt werden, wird jemand am Busbahnhof auf dich warten«, hatte Musa gesagt. »Keine Angst, nur für den Fall. Mach dir keine Sorgen, es ist für alles gesorgt.«

Es war passiert, und Hesmat wurde das Gefühl nicht los, dass das so geplant gewesen war. Der fremde Mann, der sich schließlich neben ihn gesetzt hatte, verzog keine Miene, als er das Schluchzen des Jungen hörte.

Die Armut Weißrusslands zog an den trüben Fenstern des Busses vorüber. Vor den bunten Holzhäusern sah Hesmat die Menschen, die das wenige, was sie besaßen, mit Pferden zu den leeren Märkten karrten. Pferde schienen das einzig Wertvolle in diesem Land zu sein. Wer Geld hatte, saß auf einem Pferderücken, der Rest schlich zu Fuß über die staubigen Straßen.

Ein schönes Land, dachte Hesmat. Immer wieder sah er Seen mit klarem Wasser. Immer wieder rollten sie an Bächen und Flüssen vorbei. Nur die Bäume störten den Blick auf den weiten Horizont. Weißrussland hieß ihn mit schönem Wetter willkommen.

Als der Bus für eine längere Pause stoppte, stiegen sie aus. Niemand stellte Fragen, niemand fiel auf. Wortlos und synchron setzten sich die Menschen in den Schatten des bunten Hauses, vor dem sie gehalten hatten, und ruhten sich aus. Als sich einer der Männer eine Zigarette anzündete, stieß ihn der Fahrer mit den Schuhen gegen das Schienbein. »Sei vorsichtig«, brummte er, »der Wald brennt wie Zunder.«

Einige tranken Bier, die Frauen servierten dazu getrockneten Fisch auf Plastiktellern. Hinter dem Rasthaus sah Hesmat Kinder, die eine Kuh hüteten, während immer wieder Männer mit ihren Pferden an ihnen vorübertrotteten. Er kaute an dem Sandwich, das ihm Musa gekauft und mitgegeben hatte, und blinzelte in die untergehende Sonne. Wo war er? Wie weit war es noch? Was sollte er in der Stadt machen? Er holte Musas Karte aus seinem Rucksack und beschattete Weißrussland mit der Hand. Minsk konnte nicht mehr weit sein. Wer würde ihn dort erwarten? Er fragte sich, wie sich die Schlepper organisierten. Musa war verschwunden, trotzdem beunruhigte ihn die Tatsache nicht, dass er allein unterwegs war. Die Fahrt war problemlos verlaufen, und wenn alles schiefgehen würde, würde er einfach den nächsten Bus zurück nach Moskau nehmen. Sayyid würde schon dafür sorgen, dass er sein Geld wiederbekam.

Als sie wieder in den Bus stiegen, senkte sich die Sonne im Westen endgültig auf das Land herab, und der Horizont schien zu brennen. Er warf einen letzten Blick auf dieses wunderschöne weite Land. Eine Weite, die ihm keine Angst machte. Im Gegenteil, sein neues Leben lag vor ihm wie die weite Ebene, die nicht enden wollte.

Endstation. Minsk war eine dunkle Stadt. Die Straßen waren schlecht beleuchtet und die Menschen verschmolzen schon nach ein paar Metern mit der Dunkelheit. Die Dörfer, durch die sie gefahren waren, waren so dunkel wie in Afghanistan gewesen, und nur selten erhellte eine einsame Glühbirne einen Fleck weißrussischer Erde. Hinter den Fenstern der Holzhütten flackerten Kerzen. Moskau war eine Weltstadt voll heller Straßen gewesen, hier herrschte Finsternis.

Er hatte Angst vor der Dunkelheit, doch auch Angst vor dem Licht. In der Dunkelheit war er verloren. Im Licht war er eine einfache Beute. Er musste sich verstecken, aber gleichzeitig musste ihn der Unbekannte, der ihn abholen sollte, finden können. Immer wieder sah er die Milizen, die die Stadt durchkämmten. Schritte kamen näher und er wurde nervös. Sein Herz beruhigte sich erst wieder im Takt der sich entfernenden Schritte. Er sah Männeraugen auf sich gerichtet, hörte fremde Stimmen, die über ihn sprachen. Er wusste, dass es Menschenhändler gab, die an den Bahnhöfen auf der Suche nach jungen Männern waren. Von den Versprechungen, die sie machten, von den Verbrechen, die sie an den Körpern und Seelen der Jungen anrichteten. Er suchte nach einer Telefonzelle, Sayyid musste ihm helfen.

Er hatte den Fremden nicht gehört. Erst als der Mann die Hand auf seine Schulter legte, war er erschrocken. Plötzlich stand er einfach neben ihm. Was wollte dieser Fremde von ihm? Immer wieder griff er mit der Hand nach seiner Schulter, immer wieder entzog sich Hesmat seinem Griff. Er wollte weglaufen. Der Fremde hob die Hand, zeigte in die Richtung einer schwach beleuchteten Kreuzung.

»Ich verstehe dich nicht«, sagte Hesmat.

Der Mann dachte nach. »Musa«, sagte er und deutete wieder zu der Kreuzung. »Musa! Davai!« Er tippte sich mit dem Finger auf die Brust. »Musa!«

Sein Leben hing an einem Namen. Am Namen eines Mannes, dem er nicht vertraute. Ein Mann, der ihn im Bus allein gelassen hatte. Der einzige Grund, warum er Hesmat nicht umbringen oder im Stich lassen würde, war das Geld, das auf ihn wartete. Sayyid war gerissen. Er hatte Musa erst ein Drittel der vereinbarten 3500 Dollar für das Schleppen in die Hand gedrückt. Den Rest hatte er in seine Brusttasche gesteckt. »Wenn er sicher angekommen ist und mich anruft, bekommst du den Rest«, hatte er gesagt.

Musa wollte protestieren, aber Sayyid hob stumm den Finger an den Mund. »Überleg dir, mit wem du dich anlegst.«

Musa war sauer.

»Wir machen es auf meine Art«, hatte Sayyid bestimmt. »Ende der Debatte.« Das Geld in Sayyids Brusttasche war Hesmats Lebensversicherung, die ihn beruhigte, als er in den fremden Wagen stieg. Sie würden ihn nicht einfach verschwinden lassen, dazu war er zu wertvoll.

Im Auto stank es wie auf einer Müllkippe. Der Mann roch nach Pisse und der säuerliche Geruch nach ranziger Butter nahm Hesmat fast den Atem. Kopf nach unten, hatte ihm der Fremde angezeigt, dann war er mit ihm zu einem Haus am Stadtrand gefahren. Er bekam getrockneten Fisch, Wasser und schließlich bot ihm der Mann Bier an. Hesmat lehnte ab. Schon beim Gedanken an Alkohol wurde ihm übel.

Spät in der Nacht kamen zwei weitere Männer, die ihm endlich erklären konnten, was passiert war.

»Musa hat Probleme bekommen«, sagten sie. »Er kann nicht kommen. Wir sind jetzt dein Boss«, sagte einer.

Die anderen nickten.

Er schlief keine Minute und hörte den Männern zu, wie sie auf der anderen Seite der Holzwand immer betrunkener wurden. Sein Ohr gewöhnte sich an das Weißrussisch, das kaum anders klang als das Russisch, das er von seiner Mutter und seinem Vater gelernt hatte. Wie hielten es die Männer mit dem Unbekannten aus? Sogar hier im Zimmer stank alles nach ihm. Der Geruch drang selbst durch die Wände. Sie tranken Wodka und ihre Stimmen wurden lauter, einer begann zu singen, die anderen lachten, der Gesang verstummte. Irgendwann dämmerte er hinüber in einen traumlosen Schlaf.

Er erwachte mitten in der Nacht und spürte sofort die Nähe des Fremden. Regungslos stand der Mann neben seinem Bett und starrte ihn an. Hesmat hörte, wie der Fremde sich über die Bartstoppeln strich. Der Schrei aus seinem Mund kam gemeinsam mit der Panik in seinem Kopf, aber die Hand des Fremden erstickte den Hilferuf.

»Verdammt, halt den Mund! Noch ein Wort und ich bring dich um. Ist das klar?«

Hesmat nickte und spürte die feuchte Hand auf seinen trockenen Lippen. Sein Herz drohte zu zerspringen. War er bis hierher gekommen, nur um all das erleben zu müssen, was die Jungen in den Zelten der Mudschaheddin ertragen mussten? Wurde er jetzt zum Geliebten gemacht, wie Fahid es genannt hatte?

Der Mann nahm die Hand von seinem Mund. »In fünf Minuten komme ich wieder«, sagte er und verschloss die Tür.

Er war gefangen.

Fünf endlose Minuten. Die Gedanken rasten wie sein Herz, seine Knie versagten. Wohin konnte er in diesem Land fliehen? Er wusste nur, dass er in irgendeinem alten Haus bei Minsk war. Hier kannte er niemanden, niemand konnte ihn beschützen. Seine Füße trieben ihn von einer Ecke des dunklen Raums in die andere. Immer wieder stieß er mit den Knien gegen etwas. Ein Tisch, ein Stuhl, ein Schrank. Es gab kein Licht, der Lichtschalter klickte, nichts geschah. Vergeblich zerrte er an der Tür. Die Stimmen waren verschwunden. Wohin waren die Männer gegangen? Dann hörte er das Auto.

Die Fahrt dauerte die ganze Nacht. Immer wieder blieb der Wagen kurz stehen, und mit jeder Bremsung stach ihm etwas, das auch im Kofferraum war, in den Rücken. Die Stimmen, die er hörte, wenn das Auto stand, klangen fremd, nach Befehlen. Es wurde verhandelt, gelacht. Dann schlug jemand mit der Hand auf den Kofferraumdeckel. Die Fahrt ging weiter.

Zwischen dem Rütteln der Straße und dem ächzenden Fahrwerk des alten Wagens hörte er dumpfe Musik aus den Lautsprechern. Der Kofferraum war klein, und er hatte die Knie anziehen müssen, als sie ihn hineingelegt hatten. Er wollte wissen, wohin die Fahrt ging, wie lange sie dauern würde, bekam aber keine Antwort.

»Kopf runter«, sagte der Fremde. »Halt den Mund, sonst sind wir alle dran.«

Dann war der Kofferraumdeckel mit einem lauten Krachen über ihm zugeschlagen worden. Mit jeder Minute war es heißer geworden, mit jeder Bodenwelle war seine Position schlechter auszuhalten. Nach unzähligen Bodenwellen und Schlägen auf seine Knie waren seine Beine taub. Im Takt der Bodenwellen schaukelte er im Kofferraum hin und her wie ein Stück Holz in den Stromschnellen eines Flusses.

Er versuchte, sich selbst zu beruhigen. Er hatte schlimmere Dinge überlebt, hatte schlimmere Gefängnisse und Verstecke gesehen. Er musste nur stillhalten, dann würde alles vorbeigehen. Mit jeder Stunde kam er London näher. Solange der Wagen schaukelte und solange er hier lag, kam er seinem Ziel näher. Es konnte nicht mehr weit sein.

Er erschrak. Vergeblich versuchte er, an seinen Rucksack mit dem Feuerzeug heranzukommen, aber er lag unerreichbar hinter seinem Rücken. »Ich habe die Karte vergessen!«, schoss es ihm durch den Kopf.

Er musste sie in seiner Angst in dem dunklen Zimmer liegen gelassen haben. Er versuchte, sich die Stationen auf Musas Karte in Erinnerung zu rufen. Immer wieder zählte er die Namen der Städte auf, durch die er kommen würde. Immer wieder fehlte eine Stadt. Immer wieder begann er von Neuem, aber eine Stadt blieb verschwunden. Er musste auf die Toilette, seine Blase schmerzte. Er schrie und klopfte mit dem Ellbogen gegen das Metall. Der Schweiß trat ihm auf die Stirn und mit jeder Minute wurden die Schmerzen in seinem Unterleib unerträglicher. Sein Klopfen und Schreien nützten nichts, sie erhitzten den engen Kofferraum nur zusätzlich, und die Luft, die er einatmete, wurde dünn. Irgendwann entleerte sich seine Blase. Mit dem warmen Urin kamen auch die Tränen. Er war zu einem Tier geworden, und er schämte sich, als ihm der Urin über seine Beine rann und die neue Hose sich damit vollsaugte.

Nach Stunden blieb der Wagen endlich stehen.

»Du Sau!«, schrie der Fremde, als er den Kofferraumdeckel öffnete, und schlug Hesmat ins Gesicht. »Du verdammtes Schwein! Er hat mir den Kofferraum vollgepisst! Schaut euch das an! Na warte, du Schwein!«

Die Sonne blendete ihn. Er musste mehr als acht oder neun Stunden im Kofferraum gelegen haben.

Gefährliche Natur

»Da oben«, sagte der Fahrer. »Sie warten auf dich.«

Er war froh, von den Männern wegzukommen, und lief in die Richtung, die sie ihm angegeben hatten, obwohl er erst niemanden sah. Dann erkannte er zwei Gestalten mit einem Pferd vor sich auf dem Hügel.

Der Wagen der Männer verschwand mit durchdrehenden Reifen, und als der aufgewirbelte Staub sich gemeinsam mit dem Gestank des verbrannten Treibstoffs verflüchtigte, waren auch die beiden Gestalten verschwunden, die auf ihn warten sollten. Er begann zu laufen und war vollkommen außer Atem, als er sie im Dickicht endlich fand.

Die Alte hatte sich auf das Moos eines alten Baumes gesetzt und nahm dem Gaul gerade den Futtersack ab, als Hesmat auf allen vieren den Hügel erklomm. Sie reichte ihm Wasser. Er bedankte sich, bekam aber keine Antwort. Als er sich gerade setzen wollte, brach das ungewöhnliche Gespann auf. Sie sprachen wenig, doch wenn, dann gaben die zwei Alten Befehle, sprachen Warnungen aus, während sie wie Wiederkäuer auf den Resten von Grashalmen herumnagten. Befehle an den Gaul, der ihren alten Karren zog, Warnungen an Hesmat.

»Halt! Pass auf. Lass das, das kannst du nicht essen! Finger weg, ist giftig«, war alles, was sie sagten.

Ihr Schweigen passte zu der Einsamkeit des Landes. Irgendwann gab er es auf, Fragen zu stellen, auf Antworten zu hoffen. Das Alter und die gemeinsamen Jahre hatten sie stumm gemacht, das alte Paar verstand sich wortlos. Wozu noch reden? Es war alles zwischen den beiden gesagt worden. Er wusste nicht, woher sie kamen, was sie in den Kisten auf dem Karren transportierten und ob er überhaupt richtig bei ihnen war.

Die Frau führte den Gaul, der Mann trottete wortlos hinter dem Wagen her. Hesmat wunderte sich, warum keiner der beiden auf die Idee kam aufzusteigen, um sich ziehen zu lassen. Er schluckte seine Frage hinunter und folgte ihnen wortlos durch den Wald, über Hügel, vorbei an Seen. Ein wunderschönes Gebiet, von dem er nur wusste, dass es im Süden eines Landes mit dem Namen Weißrussland lag.

Die Alten folgten einem inneren Weg. Sie zweifelten an keiner Gabelung, und sogar das Pferd schien zu wissen, wohin sie gingen. Stundenlang schritten sie wortlos neben dem Tier her, blieben gelegentlich kurz stehen, um durchzuatmen und Wasser aus einem kleinen Tank in ihre Flasche zu füllen, anstatt aus den kristallklaren und beißend kalten Bächen.

»Lass das!«, sagte der Alte, als Hesmat seine Arme in den Bach tauchte und die Hände zu einer Trinkschale formte. Es waren die ersten Worte seit Stunden. Er reichte ihm seine Flasche.

»Ich habe selbst«, sagte Hesmat.

Der Alte schüttelte den Kopf und hielt ihm seine Flasche weiter vors Gesicht.

Am späten Nachmittag setzte Regen ein, der tagelang nicht mehr aufhörte. Binnen Minuten verwandelte sich der weiche

Waldboden in einen Sumpf, und immer wieder rutschte Hesmat auf den Hängen aus, fiel hin und musste sich mit den Händen abstützen, um nicht ganz in den Schlamm einzutauchen. Die Alten kannten jeden Tritt, und ihre dünnen alten Füße setzten sicher und ohne zu zögern Schritt vor Schritt in den Morast, während ihre ausgemergelten Hände dem Gaul halfen, der angestrengt am Wagen zerrte.

Als sie das Nachtlager aufschlugen, war Hesmat bis zu den Haaren voller Dreck und vollkommen durchnässt. Die Nacht war kalt und das Feuer trocknete seine Kleidung bis zum Morgen nur notdürftig.

Immer wenn die Wärme gerade in seinen Körper zurückkehrte, setzte der Regen erneut ein. Mal in Form eines kurzen Platzregens, dann wieder als stundenlanger Nieselregen. Sie umgingen Sümpfe, sahen Spuren von Bären und Wölfen im weichen Boden. Die Alte sang, wenn sie einen Bär in ihrer Nähe glaubte, schwieg, wenn Hesmat sprechen wollte. In den ersten drei Tagen verloren sie kaum ein Wort, außer wenn sie ihm sagten, er solle die Finger von den Früchten, den Beeren und dem Wasser lassen. Dann begann der Mann zu reden.

Sie kamen aus Lelčycy. »Einem Ort irgendwo da drüben«, sagte er.

Er verschwendete keine Worte für unnötige Dinge. Sein Russisch war so einfach und klar wie die Bäche, die sie kreuzten. Er wollte wissen, woher Hesmat kam und warum er allein unterwegs war. Hesmat erzählte seine Geschichte in den Worten, die ihm auf Russisch zur Verfügung standen. Es war eine knappe Erzählung, die dem Alten gefiel. Sie waren Bauern und vor dreißig Jahren ganz in den Südosten gezogen, von wo sie schließlich vertrieben worden waren.

»Nach der Explosion«, sagte der Alte und schaute in den Him-

mel. »Bumm, bumm, und sie haben gesagt, nix ist passiert ...«
Er schüttelte den Kopf. »Dann sind viele gestorben. Es war eine
Explosion, irgendwo da drüben jenseits der Grenze.«

Hesmat wusste, was Explosionen und Bomben anrichten
konnten, auch dass Menschen vertrieben wurden. Aber er verstand nicht, was der Alte genau meinte. Immer kam nur dieses
Wort, das er nicht kannte.

»Tschernobyl«, sagte der Alte immer wieder und schüttelte
schließlich den Kopf. »Bumm, bumm!«

Hesmat zuckte nur mit den Schultern. »Ich kenne ihn nicht«,
sagte er.

Tschernobyl war an allem schuld. Daran, dass sie vertrieben
wurden, dass die Menschen gestorben waren.

»Verreckt, elend verreckt«, nannte es der Alte. »Blind und
ohne Haare und nur noch Schmerzen.«

Hesmat kannte die Alten, die der Krieg verrückt gemacht
hatte. Vielleicht waren auch die beiden verrückt geworden.

»Du bist dumm«, sagte der Alte und griff in den Waldboden,
packte eine Handvoll frische Erde und hielt sie Hesmat unter
die Nase. Er blickte ihn an und schleuderte sie verächtlich zurück in den Wald. »Tot, alles tot«, sagte er. »Nichts essen, nichts
trinken, sonst bist du auch tot, alles Tschernobyl.«

Die Sache wurde immer geheimnisvoller. Er nickte. Der Alte
war zufrieden. Er ist verrückt, dachte Hesmat.

Sie waren nicht allein in dieser Einsamkeit. Wenn es Nacht
wurde, sahen sie die anderen Feuer, die Dörfer, die in den Senken lagen und um die sie vorsichtig herumschlichen. Hesmat
wusste längst, dass sie Schmuggler waren. Es gab keinen Zweifel. Der Karren, den das Pferd zog, war schwer, manchmal zu
schwer für den alten Gaul, der in der Morgenluft dampfte,
wenn sie stehen blieben, um dem Pferd ein wenig Erholung
zu gönnen. Sie hatten kaum genug Essen für sich selbst dabei,

aber das Pferd musste nicht hungern. Es war das Wertvollste, was sie besaßen.

Nur zweimal machten sie kein Feuer.

»Gefährlich«, sagte der Alte, »zu viele Augen.« Er blickte hinaus in die Dunkelheit, wo die Feuer der anderen Schmuggler auf den benachbarten Hügeln flackerten.

Jeder Einheimische, der hier regelmäßig unbemerkt über die Grenze in die Ukraine ging und die Schleichwege kannte, verdiente sich offenbar ein paar Dollar zusätzlich mit den Flüchtlingen. Es gab fixe Punkte, an denen sie auf die Heimatlosen warteten und an denen ihnen die Schlepper die »Ware« in die Hand drückten. Auf der anderen Seite der Grenze verschwanden die Flüchtlinge dann wieder so schnell, wie sie gekommen waren. Die Alten wussten nicht, woher sie kamen, hörten nur von ihren Träumen von einem besseren Leben, sahen das Erlebte in den Gesichtern jener, deren Sprache sie nicht verstanden und deren Namen sie nie erfuhren. Sie sahen sie kommen und gehen und erfuhren nie, ob die Menschen ihr Glück gefunden hatten. Für sie waren es wandelnde Dollarscheine. Ein paar Scheine zusätzlich für ein karges Leben in einer Gegend, in der scheinbar selbst die Erde, auf der sie lebten, zu ihrem Feind geworden war.

Hesmat fragte sich, wie viele dort draußen unterwegs waren, ob es auch hier Räuber gab, die Jagd auf die Flüchtenden machten. Jeder hatte ein paar Dollar einstecken und die Toten würde niemand vermissen, vor allem nicht in dieser Wildnis. Ein paarmal hatten sie Schüsse gehört.

»Wölfe«, hatte der Alte gesagt.

Nach zehn Tagen blieb der Alte so plötzlich stehen, dass Hesmat beinahe in ihn hineingelaufen wäre. »Halt dich an den Weg«, sagte er und wies auf eine Ebene ein paar Kilometer unter ihnen. »Du kannst es nicht verfehlen. Sie warten dort auf dich.« Dann schwenkte er seine Hand Richtung Westen. »Da vorne ist Kiew.« Er ließ die Hand fallen und drehte sich wortlos zu seiner Frau um. Sie verschwanden grußlos im Wald. Er blickte ihnen lange nach. Auch wenn sie schweigsam gewesen waren, hatte er die beiden gemocht.

Dann machte Hesmat sich an den Abstieg, rutschte aus und kugelte die Böschung hinunter auf die Straße. Als er sich auf dem Schotter aufrappelte, bemerkte er, dass seine Hände und sein Gesicht zerkratzt waren. Und er blutete an den Ellbogen.

Er blickte sich um. Es gab keine frischen Spuren im Schotter, morsche Zweige lagen unberührt auf dem Weg. Er überlegte und lauschte. Er könnte parallel zur Straße im Unterholz laufen und so immer in Deckung bleiben. Aber nach nur zwei Schritten war er wieder zurück auf der Schotterpiste. Das Unterholz war dicht, seine aufgeschlagenen Ellbogen bluteten und schmerzten und von den Dornen hatte er auch genug. Seit Ewigkeiten war hier niemand mehr gefahren, auch jetzt würde niemand vorbeikommen.

Nach zwei Stunden brach die Nacht herein, ohne dass er die Ebene, die ihm der Alte in der Ferne gezeigt hatte, erreicht hatte. Immer wieder blieb er stehen, um sich umzusehen. Hatte er sich doch für die falsche Richtung entschieden? Mit jedem Schritt wurde er unsicherer und die hereinbrechende Nacht undurchdringlicher. Je lauter sein Herz schlug, desto unheimlicher wurde der Wald. Die Tiere erwachten und jedes Knacken fuhr ihm in die Knochen. Er hatte die Wolf- und Bärenspuren gesehen, hatte aber in den letzten Tagen mit den zwei Alten keinen Moment an die Gefahr gedacht. Jetzt, wo er allein war, kam die Angst. Er kannte diese Wälder nicht, er wusste nicht, wer in ihnen hauste. Die Möglichkeit, dass ihn jederzeit etwas Gefährliches aus der Dunkelheit anspringen konnte, trieb ihn vor sich her.

Er begann zu laufen. Irgendetwas jagte ihn, ständig spürte er einen fremden Atem in seinem Nacken. Er wollte schreien, doch das würde, was immer es auch war, erst recht auf ihn aufmerksam machen. Jeder Baum schien Augen zu haben, jeder Luftzug schien ihm etwas zuzuflüstern. Er nahm all seinen Mut zusammen und zwang sich, stehen zu bleiben. Er drehte sich um, das Herz klopfte in seinen Schläfen. Nichts. Doch jedes Mal wenn er weiterging, folgten ihm Schritte, hörte er das Knacken, hörte er die Stimmen, das Flüstern, das Klicken einer Waffe. Tausend Geräusche, tausend Stimmen und doppelt so viele Augen. Er versuchte, klar zu denken, doch die Dunkelheit verschlang seinen Mut. Alles, was er sah, war dieser schwache helle Streifen vor ihm: der Rest der Straße, den die Nacht noch nicht verschluckt hatte.

Er schrie auf, als er plötzlich etwas Weiches im Gesicht spürte. Ein dünner Ast hing über die Straße. Der Schrei hallte von irgendwoher wider. Jedes Geräusch kam aus der Dunkelheit zurück.

Als er den Verschlag sah, hatte er bereits eine solche Angst, dass er sich jedem Fremden an den Hals geworfen hätte. Die Angst, der Hunger und die kalte Nacht trieben ihn vor sich her wie ein gehetztes Wild. Die Fenster waren vollkommen verdreckt, der Schein der Lampe im Inneren war zu schwach. Er sah nur ein paar Menschen, die sich schlafend an die Wände drückten. Und hinter der Baracke die Umrisse eines Lastwagens. Vorsichtig klopfte er an die Tür, öffnete sie, ohne auf Antwort zu warten, und trat ein.

»Helft mir!«, sagte er. Der Rest des Satzes erstickte in seinem Mund. Er blickte direkt in die Mündung Dutzender Gewehrläufe.

Die verschlafenen Augen der Soldaten starrten ihn an wie einen Geist. Als würden sie zum ersten Mal einen ausgehungerten Jungen sehen. Hesmat war kein Gegner für den ausgewachsenen Mann, der sich schließlich im Halbdunkel auf ihn geworfen hatte und jetzt all seine Kraft in jeden Schlag, in jeden Handgriff legte. Kurz darauf lag Hesmat wie ein Paket gefesselt und verschnürt zu ihren Füßen und keuchte nach Luft. Blut rann aus seiner Nase und sein ganzer Körper zitterte.

Niemand von den fremden Männern kam auf die Idee, die brutalen Fesseln zu lockern, dem blutenden Jungen aufzuhelfen. Vielmehr interessierte sie der Rucksack, den sie ausleerten und genau untersuchten. Achtlos warfen sie den Inhalt auf den Boden, auf dem schließlich auch der leere Rucksack landete. Einer der Männer drehte ihn mit seinen schweren Stiefeln auf den Rücken. Hesmat schrie auf. Er lag nun auf seinen eigenen gefesselten Händen. Der Schmerz in den Gelenken und den Schultern war unerträglich.

»Du hast ein Kind gefangen«, schrien sie und klopften dem Gefährten, der ihn überwältigt hatte, lachend auf die Schulter.

Hesmat blickte sich um und suchte vergeblich nach dem Kommandanten. Irgendjemand musste die überraschte Truppe doch befehlen, dachte er. Sosehr er sie erschreckt hatte, so schnell verloren sie auch wieder das Interesse an ihm. Niemand stellte eine Frage, niemand wollte wissen, ob er allein war, ob noch andere um das Haus strichen, ob es Waffen gab. Vier Leute hatten kurz vor die Hütte geschaut und kehrten nach ein paar Minuten wieder zurück. Niemand schrie, niemand nannte den Trupp Versager, weil sie von einem Jungen im Schlaf überrascht worden waren, niemand außer ihm wurde geschlagen oder getreten. Niemand musste sich vor einem Vorgesetzten rechtfertigen.

Sie löschten das Licht, legten sich wieder auf ihre Matten, und nach ein paar Minuten erfüllte lautes Schnarchen die Hütte. Mit letzter Kraft drehte Hesmat sich auf den Bauch, um so die Schmerzen in den Händen und den Schultern erträglicher zu machen. Es hatte keinen Sinn, zu schreien. Warum sollten sie ihm helfen? Warum sollte sich einer erbarmen? Er war nur ein schlechter Traum, den man so schnell wie möglich vergessen wollte. Ein Traum, der ihre Ruhe gestört hatte.

Als der Morgen anbrach, war die Hütte vom Gestank der Männer erfüllt, und die Scheiben waren von ihren Ausdünstungen beschlagen. Als einer der Soldaten unter lautem Protest der anderen die Tür aufriss und wie ein Fisch an Land nach Luft schnappte, kehrte das Leben in die Hütte zurück.

Hesmat hatte die ganze Nacht in die Dunkelheit gestarrt und überlegt, was passieren würde. Vielleicht würden sie ihn laufen lassen, schließlich behinderte er sie nur. Jeder Gefangene bedeutete Schreibarbeit, Probleme, Telefonate. Hesmat hatte selbst erlebt, dass die Polizisten und Soldaten nichts so sehr hassten wie die Schreibarbeit, die jeder Gefangene bedeutete. Kein Gefangener, keine Probleme, die Rechnung war einfach. Aber hier war alles anders. Niemand interessierte sich für ihn. Sie waren nicht einmal auf die Idee gekommen, seine Hosentaschen zu durchsuchen. Er war so uninteressant für die Männer wie der graue Morgen, der gerade heraufdämmerte.

Der Kommandant war klein. Als Hesmat sich vor ihm aufrichtete, waren ihre Augen auf gleicher Höhe. Er war um einen Kopf kleiner als die Männer, die er befehligte und die er vor die Tür gescheucht hatte. Er hatte ihm die Schnüre von den Handgelenken geschnitten und einem seiner Soldaten befohlen, Wasser zu holen. Er wollte wissen, woher Hesmat kam und wo der Rest von ihnen war, und er wurde zornig, als er ihm nicht die Antworten gab, die er hören wollte. »Erzähl das jemand anderem!«, schimpfte er. »Wo sind sie?«

Schließlich brachte er ihn in eine kleine Kammer am Ende

der Hütte. Als er die Tür verschlossen hatte, begann der Kommandant draußen zu schreien. Hesmat verstand kaum, worum es ging, aber zweifellos war er der Grund. Sie hatten das Hinterland der Grenze zu überwachen und ließen sich von einem Jungen im Schlaf überraschen, der unbemerkt an den schlafenden Wachen vorbeispaziert war.

Das würden ihm die Soldaten heimzahlen. Sobald der Kommandant verschwunden war, würden sie ihm eine Abreibung verpassen.

Irgendwo im Raum wurde telefoniert. Immer wieder wählte irgendjemand eine Nummer und ließ sich weiterverbinden. Hesmat hatte seit zwei Tagen nichts gegessen und er hatte Hunger. Die Soldaten würden ihn sicher hungern lassen. Er musste seine Chance nützen. Er überlegte lange, bevor er an die Tür klopfte.

Der Kommandant saß an einem Tisch und besprach etwas auf einer großen Karte. Er sah dem Gefangenen, der nach Essen bettelte, kurz in die Augen und nickte dem wartenden Soldaten zu. Wenig später drückte ihm der Soldat zwei Stück Brot, einen Becher Wasser und eine Zigarette in die Hand. Hesmat sah ihn verdutzt an. Der Soldat grinste. Er war noch ein Kind oder hatte ihn die Flucht erwachsen werden lassen?

»Im Krieg werden Jungen zu Männern«, hatte sein Vater gesagt. Warum sollte dasselbe nicht auch für eine Flucht gelten? Warum sonst sollte ihm der Soldat eine Zigarette anbieten? Er legte sie vorsichtig neben sich auf den Stuhl. Vielleicht konnte er sie tauschen. Der Hunger ließ ihn nicht weiter darüber nachdenken, und er biss in das Brot, das überraschend frisch schmeckte, und wartete auf sein Urteil. Als ihn der Kommandant holen ließ, lag die Zigarette noch immer auf dem Stuhl.

»In den Wagen«, befahl der Kommandant, »wir fahren.«

Noch ein Gefängnis

Wenn man in Sicherheit schlafen kann, ist alles zu ertragen. In den ersten Tagen hatten ihm die Männer Angst gemacht. »Komm, du hübscher Arsch«, hatten sie ihm nachgerufen. »Du kannst dich nicht immer verstecken. Du wirst lange hier sein, wir werden dich schon kriegen.«

Der Großteil der Männer kam aus Afghanistan. Sie sahen nicht aus wie Flüchtlinge. Er tippte auf Drogenschmuggler, Schlepper und Kuriere, für die Hesmat eine willkommene Abwechslung im Gefängnisalltag bedeutete und die sich einen Spaß daraus machten, ihm Angst einzujagen. Die Aufseher waren kaltherzig, sie kannten kein Mitleid. Hesmat war ihnen egal. Trotzdem hatten sie ihn nicht zu den Männern gesteckt. Sie schienen einfach keine Lust auf zusätzliche Arbeit oder Schwierigkeiten zu haben. Ein Junge, der im Gefängnis vergewaltigt und misshandelt wurde, bedeutete zusätzliche Scherereien und Streitereien unter den Gefangenen.

Sie hatten ihn in die Einzelzelle geworfen, in der er neun Wochen bleiben sollte. Zuerst hatte er Angst. Allein in der Dunkelheit, allein ohne einen Menschen, mit dem er reden konnte. Niemand, dem er zuhören konnte. Aber er lernte seine eigenen Wände schnell zu schätzen. Sie schützten ihn vor den Übergriffen der Gefangenen, vor den nächtlichen Vergewaltigungen, vor den feuchten Händen und Lippen der Männer, die ihn während des Tages immer wieder berührten und mitreißen wollten. Ihre Hände waren überall, und überall waren Hände, die sich nach ihm ausstreckten. Am schlimmsten war es beim Essen, während jener paar Minuten, in denen die Wachen abgelenkt und gelangweilt in den Ecken standen, sich unterhielten oder rauchten und Hesmat den Männern ausgeliefert war. Er flüchtete sich schließlich in die Nähe der Wachen, die ihn nur kurz anstarrten, aber nichts daran auszusetzen hatten, als er stehend neben ihnen mit den Händen zu essen begann.

Die Augen verfolgten ihn überallhin und er sah die Gier in ihnen.

»Komm zu mir, Kleiner!«, riefen sie. »Ich kümmere mich schon um dich.«

Der ganze Saal lachte.

Die einsame Zelle war wunderbar. Alles ist erträglich, wenn man schlafen kann, ohne Angst vor den Männern und ihrer Lust haben zu müssen. Aber in der Dunkelheit quälten ihn die Stimmen aus der Vergangenheit. Ständig flüsterten sie ihm Fragen ein, die ihn nicht schlafen ließen. Warum bist du nicht in Moskau geblieben?, fragten sie. Warum hast du nicht auf Sayyid gehört oder auf Hanif? Warum bist du nicht geblieben und hast gewartet, bis du älter bist und sicher nach London kommst? Warum hast du nicht auf sie gehört? Sie werden dich zurück nach Afghanistan schicken! Sie werden dich nicht nach einem Monat wieder freilassen. Sie werden dich die ganzen sechs Monate im Gefängnis behalten, wie es der Hauptmann im Lager gesagt hat.

Die Stimmen kamen und gingen. Was sie zurückließen, waren Einsamkeit, Zweifel und Tränen. Dabei hatte er es so weit geschafft!

Er musste telefonieren. Er musste Sayyid erreichen, damit der ihm helfen konnte. Er würde Musa Druck machen. Sayyid würde ihn nicht im Stich lassen. Er musste Geduld haben und sich vor den Männern in Acht nehmen. Er zählte die Tage. 26 Knoten zählte der Faden, den er sich aus dem T-Shirt gezogen hatte. 26 Tage, und noch immer hatte ihn niemand telefonieren lassen, noch immer hatte ihn Musa nicht gefunden. »Vielleicht haben sie dich vergessen«, flüsterten die Stimmen. »Vielleicht wollen sie nichts mehr mit dir zu tun haben. Sie sind doch froh, nichts mehr von dir zu hören.«

»Mord, Diebstahl, Drogen. Russen, Ukrainer, Afghanen. Menschenhändler, Mörder und Flüchtlinge. Wenn jemand ein Bild der Hölle malen will, muss er nur zu uns kommen!« Emal lachte und spuckte auf den Boden. Mit dem Fuß verwischte er das Grünlichgelbe. »Lass uns was gegen das Verhungern tun«, sagte er, und ging Hesmat voraus.

Er hatte den freundlichen Afghanen erst nach fünf Tagen entdeckt. Emal war Paschtune und wegen Menschenschmuggels im Gefängnis gelandet. Er wartete immer noch auf ein offizielles Urteil. Sie hatten ihn in einem Haus in Kiew geschnappt, wo er gerade zusammen mit 22 Männern und Frauen die Flucht über die grüne Grenze in den Westen vorbereitete. Jemand hatte ihn verraten. Sie hatten ihn ins Gefängnis geworfen und waren gegangen. Seitdem hatte er weder einen Richter noch einen Verteidiger gesehen. Niemand interessierte sich für ihn. Als er nach zwei Monaten endlich einem Vorgesetzten vorgeführt wurde, schlugen sie ihm auf den Kopf, wenn er antworten wollte. Er verstand kein Wort, niemand wollte ihn verstehen. Ein Aufseher hatte seine Stirn in Falten gelegt und an die Decke geblickt, als stünde das Urteil dort geschrieben. Mit zusammengekniffenen Augen schien er zu überlegen. »Ich schätze, drei Jahre«, sagte er. »Wenn gut, dann drei Jahre. Wenn nicht gut, fünf.«

»Niemand kann hier fünf Jahre überleben«, sagte Emal zu Hesmat. »In fünf Jahren haben sie dich umgebracht oder du bringst dich selbst um. Du hast keine Chance.«

Trotzdem war er meist gut gelaunt. Hesmat fragte sich, woher er seine Zuversicht nahm.

»Mit Geld ist alles kein Problem«, sagte Emal. »Ich warte nur auf meine Freunde. Sie werden dem Richtigen das Geld in die Tasche schieben und dann bin ich frei.«

»Wie lange wartest du schon?«, fragte Hesmat.

»Ein Jahr«, sagte Emal und zuckte mit den Schultern. »Es dauert eben, und wie du siehst, leb ich immer noch.«

Hesmat erwachte jeden Tag mit dem Gebrüll der Gefangenen. Das Gefängnis hallte wie ein riesiger Zoo voller Tiere, die gefüttert werden wollten. Sie rissen und rüttelten an den Gittern, schlugen gegen die Türen und riefen nach den Wachen. In den ersten Tagen hatte das Geschrei Hesmat so sehr erschreckt, dass er sich kaum aus seiner Einzelzelle heraustraute. Mit den Wochen gewöhnte er sich daran ebenso wie an das sinnlose Aufstehen. Gefängnis ist Sinnlosigkeit. Das Aufstehen war so sinnlos wie der restliche Tag und voll lähmender Eintönigkeit. Aufstehen, Frühstück, Wäscherei.

Einige der Männer verließen das Gefängnis in Ketten, kamen spätabends schwarz von Staub zurück. Das Essen war ein brauner Brei. Wenn Fleisch darin zu finden war, war es Schweinefleisch. Hesmat überlegte nicht, was sein Gott, sein Großvater oder ein anderer Mullah dazu sagen würde. Er aß alles, was sie ihm vorsetzten. Ob Brei oder verbotenes Fleisch, er würde sogar verdorbenes Fleisch essen. – Dann bekam er verdorbenes Fleisch und übergab sich zwei Tage lang.

Der Speisesaal, in dem er nur das Schmatzen der Männer und das Klatschen der vollen Kelle auf den Tellern hörte, starrte vor Schmutz. Wenn sie aßen, waren sie ruhig. Zwei Minuten Ruhe, Schmatzen und Klatschen, bevor die Hölle und der Streit um die Portion des Nachbarn losbrach. Nur wer Hunger leidet, versteht, was man alles essen kann. Niemand mit einem vollen Bauch sollte darüber urteilen, was man essen darf. Allah hat immer einen vollen Bauch, dachte Hesmat und schlang den Brei, das Fleisch, alles Nahrhafte in der schmutzigen Schüssel hinunter.

Das tägliche Schwarzbrot, das er von Emal zusätzlich bekam, der sich in der Küche nützlich machte und immer ein wenig Brot mitgehen ließ, hielt ihn am Leben. Vorsichtig brach er das Brot, teilte sich die Rationen über den Tag ein und kaute die Schwarzbrotportionen, die er sich in die Hose geschoben hatte.

Und es war wie im Himmel, wenn Leonid Dienst hatte. Er war der Riese unter den Aufsehern, und seine bloße Anwesenheit reichte aus, um selbst die schweren Jungs ruhigzustellen. Nur an besonders schlimmen Tagen hatten sie den Mut, sich mit dem Riesen anzulegen. Zweimal hatte Hesmat gesehen, wie ein Gefangener nach dem Essen auf ihn losging. Zweimal hatte er gesehen, wie der Wärter seine mächtige Faust auf den Schädel des Angreifers schlug und Blut aus dem Mund des Unterlegenen spritzte. Hesmat war sich beide Male sicher, dass der Mann tot war. Beide Male hatte er sich getäuscht.

»Der Mensch ist widerstandsfähiger, als man glaubt«, sagte Emal, »der hält sogar die Faust von Leonid aus.« Emal grinste.

Leonid war unumstritten. Sie fürchteten seine Faust, seinen Blick, jedes seiner Worte. Hesmat liebte ihn. Leonid sprach nicht viel, aber was er sagte, war Gesetz. Als er hörte, dass Hesmat etwas Russisch sprach, begann er, ihn auszufragen. Hesmat genoss die Aufmerksamkeit eines so mächtigen Mannes.

»Stell dich gut mit ihm«, sagte Emal. »Er kann wichtig für dich sein. Außerdem schützt er dich vor den Männern.«

Manchmal schenkte Leonid ihm ein Stück Schokolade. Es schmeckte wie die ersehnte Freiheit.

Der Kommandant hatte von sechs Monaten gesprochen. Den ersten hatte Hesmat in der Hölle überlebt, fünf weitere schienen ihm wie ein ganzes Leben voller Schmerzen. Der Gedanke daran tat ihm so weh, dass er schreien wollte. Er glaubte schon jetzt, nach vier Wochen, durchzudrehen. Hoffnungslosigkeit und Angst waren übermächtig.

Hesmat hatte die Wachen wochenlang angefleht. Immer wieder hatte er sie um ein Gespräch nach Moskau gebeten. Wochenlang hatten sie nur den Kopf geschüttelt. »Lass uns in Ruhe, was geht uns Moskau an?«

Jeden Tag dieselbe Frage, jeden Tag dasselbe Nein. Nach ein paar Tagen schüttelten sie nur noch den Kopf. Jeden Tag wurde er mutloser. Das Essen, das ihm nie geschmeckt hatte, verlor den letzten Reiz. Er verlor die Lust, den Fraß, den sie ihnen vorsetzen, in sich hineinzulöffeln.

»Du musst essen«, sagte Emal. »Du darfst nicht aufgeben. Frag weiter. Du bist ein Kind. Wenn wir es tun, wird er uns schlagen. Dir wird er nichts tun, du darfst nicht aufgeben.«

Als Hesmat 48 Knoten in seinem Faden zählte, wich die Wache plötzlich zur Seite. »Ein Gespräch«, sagte der Beamte und hob den Zeigefinger, »aber mach schnell.«

Es wurden zwei. Sayyid war nicht zu Hause, dafür erreichte er Musa.

»Was? Alles kein Problem?«, schrie Hesmat in den Hörer.

»Ich kann dein beschissenes ›Kein Problem‹ nicht mehr hören. Ich sitze hier im Gefängnis, nicht du!« Hesmat spürte, wie Musa irgendwo am Telefon in Moskau mit den Schultern zuckte.

»Ich werde mich darum kümmern«, sagte er, »bleib ruhig. Ich werde dich da rausholen. Ich schicke Nagib.« Dann legte er auf.

Jeden Abend dachte er an seine Eltern, an zu Hause. Er betete für seinen Onkel, der auch auf der Flucht war, und hoffte, ihn in London wiederzusehen.

Nie war er sich sicher, was der nächste Tag bringen würde. Würde er morgen wieder Brot bekommen? Hatte Leonid Dienst? Würde er ihm ein Stück Schokolade schenken? Würden die Männer hungrig sein oder bekämen sie genug zu essen und wäre es damit ruhig? Mit dem Hunger stieg die Aggression der Gefangenen, und jeder, der in eine Schlägerei im Gang oder im Speisesaal geriet, war in Lebensgefahr. Wenn die Männer von den Stöcken, den Gewehren und den Elektroschockern der Aufseher auseinandergetrieben wurden, gab es immer einen, der nicht wieder aufstand. Und jedes Mal war es Hesmat, der das Blut, den Speichel, ausgeschlagene Zähne und ausgebissene Fleischfetzen aufwischen musste.

Hesmat musste weitere 17 Knoten in seinen Faden machen, bevor er von Musas Kontaktmann Nagib hörte. Nagib war selbst praktisch noch ein Junge. Hesmat schätzte ihn auf vierzehn, höchstens fünfzehn Jahre. Nagib hatte einen afghanischen Namen, seine Gesichtszüge waren jedoch eindeutig russisch. Einer der Aufseher hatte Hesmat gerufen und ihn zu dem Jungen gebracht. Zuerst dachte Hesmat, er solle übersetzen. Es war nicht das erste Mal, dass sie ihn holten, um afghanische Flüchtlinge zu befragen. Aber der fremde Junge schickte die Männer in perfektem Russisch aus dem Raum. Er benahm sich wie ein Erwachsener, obwohl er zwei Köpfe kleiner war als die Wachen.

»Geld ist Macht«, sagte er, als die Männer die Tür hinter sich geschlossen hatten.

Hesmat wurde unsicher. Erst als ihm Nagib die Hand reichte und seinen Namen nannte, verflogen die Zweifel.

»Wir haben nicht viel Zeit«, erklärte Nagib. »Es wird noch ein paar Tage dauern. Hab Geduld, ich muss noch einiges abklären, aber ich hol dich hier raus.«

»Was heißt, noch ein paar Tage?«, fragte Hesmat.

Nagib ließ sich von seiner Ungeduld nicht beeindrucken. »Halte durch«, sagte er, »und geh jetzt wieder zurück. Ich kümmere mich um alles.«

Diese Worte aus dem Mund eines Jungen klangen lächerlich. Alles war bei diesen Leuten immer einfach und unkompliziert. Das ganze Leben schien nur ein Spiel zu sein und nichts würde passieren. Hesmat hasste diese Optimisten, die nie Probleme sahen. Wieder wäre »alles easy«, nur waren die Männer, die davon sprachen, stets auf jener Seite der Gitter, auf der sich leicht große Töne spucken ließen. Hier war nichts einfach, und als Nagib ging, hasste ihn Hesmat dafür.

Hesmat hatte die Schuhe ausgezogen und spreizte die schmutzigen Zehen im feuchten Gras. Bei jedem Schritt lief ihm ein neuer Schauer über die Haut. Er hatte das Gefühl, die Welt neu zu entdecken. Wie mussten sich erst die Menschen fühlen, die jahrelang im Gefängnis gesessen hatten? Er war neun Wochen im Gefängnis gewesen und hatte schon fast vergessen, wie sich die Welt anfühlte. Mit jedem Schritt im feuchten Gras spürte er das Leben in sich zurückkehren. Frische Luft bedeutete Freiheit und Leben. Die Sonne goss ihre Wärme großzügig über ihn aus, während Nagib wortlos neben ihm herging. Es war die Idee des Schleppers gewesen, vom Gefängnis direkt hierherzufahren. Kiew war am Autofenster vorbeigeflogen, und bevor er sich bewusst wurde, wo er war, hatten sie die Stadt schon wieder verlassen. Sie fuhren noch eine halbe Stunde weiter und parkten den Wagen neben einer Wiese.

»Wie alt bist du?«, fragte Hesmat ihn.

»Einundzwanzig.« Nagib lachte. Er wusste, dass ihn die Menschen jünger schätzten. Aus dem Augenwinkel sah er Hesmats ungläubigen Blick.

Der Junge aus Afghanistan stank wie alle Menschen, die Nagib in seinem Job traf. Gestank war ein ständiger Begleiter der Flüchtlinge. Spätestens in der Ukraine hatten sie ihre Würde verloren und waren zu stinkenden Tieren geworden, die jedes Gefühl von Anstand, Scham und Sauberkeit verloren hatten. Sie befolgten seine Befehle, ließen sich treiben wie eine Herde Ziegen. Die lange Flucht hatte die Menschen längst mürbe gemacht. Nur selten war einer darunter, der Streit suchte und ihn für Probleme verantwortlich machte. Dann musste er sich Respekt verschaffen. Wenn nichts mehr half, spielte er mit der Pistole, die er am Gürtel unter dem weiten Pullover trug. Meistens reichte es aber, sie anzubrüllen, sie zu hetzen, eine der Frauen an den Haaren zu reißen, um sie gefügig zu machen. Die Männer hatten ihm alle Tricks gezeigt.

Flüchtlinge waren keine Menschen. Man handelte mit ihnen wie mit Schafen auf dem Markt. Sie waren eine Ware, und je länger sie stillstanden, desto kostspieliger wurde die Geschichte. Sie nahmen sie entgegen, sortierten sie und versuchten, sie so schnell wie möglich weiterzubringen in den Westen. Sie wollten Essen, brauchten Wasser, Kleidung, Windeln. Das alles kostete Geld. Je länger sie zwischengelagert wurden, desto weniger blieb am Ende für die Schlepper übrig.

In den letzten Wochen hatte er schon zweimal Ärger gehabt und der Weitertransport hatte nicht so funktioniert wie geplant. Die letzte Gruppe war überhaupt ganze drei Wochen länger im Haus gesessen als ausgemacht. Das verursachte gewaltige Mehrkosten. Jetzt hieß es, den Verlust auszugleichen.

Aber es gab schon wieder neue Probleme. An der Grenze zu Polen hatte es einige Tote gegeben. Und seit Kurzem konzentrierten sich die Beamten vermehrt auf die grüne Grenze zu Ungarn. Auch dieser Afghane würde wieder länger hier sitzen, als es ihnen recht war. Er wollte zu essen, er stellte Fragen, er wollte weiter. Was war so Besonderes an diesem Jungen, dass sich Musa persönlich um ihn gekümmert hatte?

Er hat sich sicher wieder über den Tisch ziehen lassen, dachte Nagib und spie aus. Der Idiot hielt sich nie an die Spielregeln, er legte sich in Moskau immer mit den falschen Leuten an. Immer diese Sonderbehandlungen. Was kümmerte ihn der Junge. Er hatte andere Probleme zu lösen.

Am einfachsten war es mit den Flüchtlingen, die niemanden hatten. Sie zahlten für die Reise, und wenn etwas schiefging, gab es keine Probleme; niemanden, der nachfragte. Wenn sie einen verloren, hatten sie zumindest den Großteil des Geldes schon bekommen. Der Rest, der ihnen entging, war zu verkraften. Probleme machten immer nur Leute wie dieser Junge, die irgendwo Freunde hatten, die Druck ausübten, die einen Teil des Geldes zurückhielten, bis der Schützling in Sicherheit war. Sie erkundigten sich, hörten sich um und wollten ständig wissen, wie die Sache lief. Er konnte auf solche Kunden verzichten.

Musa würde Probleme bekommen, wenn er sie weiter mit diesen Flüchtlingen nervte. Er schuldete einfach zu vielen Menschen in Moskau einen Gefallen. Auch jetzt hatte Nagib wieder 300 Dollar auslegen müssen, um den Jungen aus dem Gefängnis zu holen. Musa würde nur mit den Schultern zucken, wenn er ihn nach den 300 Dollar fragte. »Was soll ich tun?«, würde er sagen. »Wenn du ihn nicht rausholst, sehen wir gar nichts von der Kohle.« Nagib beschloss, mit seinem Boss in Kiew über Musa zu reden. So konnte es nicht weitergehen. Wieder hatte er Geld in den Sand gesetzt und den Betrieb unnötig aufgehalten.

»Immer nur Probleme«, fluchte er.

Der Junge sah aus, als sei er am Verhungern, trotzdem hatte er nichts gesagt.

»Komm jetzt«, sagte Nagib, »wir müssen zurück. Wir müssen dich in das Versteck bringen. Hast du Hunger?«

Hesmat nickte.

Nagib verfluchte sein Mitleid. Er bewunderte die anderen Männer für ihre Härte. »Wir sind wie Cowboys«, hatte Malek gestern gesagt, »wir treiben sie von Ost nach West und holen uns für den Treck die Kohle ab.« »Du schaust zu viel Western«, hatte der Boss geantwortet und laut gelacht.

Er wollte auch ein Cowboy sein, die Arbeit gefiel ihm, trotzdem ertappte er sich immer wieder dabei, dass ihm diese Menschen leidtaten.

Was tat er hier? Warum war er überhaupt hier herausgefahren? Die Natur machte ihn nur sentimental.

Eine grosse Überraschung

Hesmat konnte die Lieder längst auswendig. Immer die gleiche Kassette, immer der gleiche Singsang. Ihm ging die Musik auf die Nerven, aber das eintönige Gedudel beruhigte die Kleinen.

Sie hatte es schwer mit ihren drei Kindern. Das Ehepaar saß schon seit einer Woche in dem Zimmer, als Hesmat zu ihnen stieß, und zusammen warteten sie zwei weitere. Es war besser als das Gefängnis. Es war sicher, es war sauber, aber es war eng und sie durften nicht nach draußen. Es war wie Hausarrest, den es von seiner Mutter gesetzt hatte, wenn er etwas wirklich Schlimmes ausgefressen hatte. Es schien ihm wie Hausarrest auf ewig, dabei hatte er nichts angestellt. Die Männer hatten ihnen verboten, die kleine Wohnung zu verlassen. »Draußen ist es viel zu gefährlich«, sagten sie. Nachdem sie lange gebettelt hatten, brachte sie Nagib zweimal kurz vors Haus. Für eine halbe Stunde durften sie dann einzeln mit ihm spazieren gehen. Danach ging es zurück in die Wohnung.

»Ihr müsst Geduld haben«, sagte der junge Schlepper, »es gibt Probleme, es wird noch dauern. Vielleicht ein paar Tage, vielleicht auch ein paar Wochen.«

Immer wenn er kam, brachte er ihnen Kartoffeln, aus denen die Frau täglich eine neue köstliche Mahlzeit zauberte. Nach zwei Wochen konnte er trotzdem keine Kartoffeln mehr sehen, egal in welcher Variante. Nie gab es Brot, Fleisch oder Fisch, nie Joghurt, womit sie sich köstliche Saucen hätten zaubern können. Ständig nur Kartoffeln. Zum Frühstück, zum Abendessen.

Das Essen war so eintönig geworden wie die nutzlosen Tage, die sich endlos in die Länge zogen. Hesmat stritt sich nach der ersten Woche regelmäßig mit den zwei Erwachsenen, deren Kinder ihn nicht in Ruhe ließen. Sie plapperten von der ersten Minute an. Sie wollten wissen, woher er kam, ob er die Wölfe im Wald gesehen habe, ob das Gefängnis wirklich so schlimm war, wie die Erwachsenen erzählten. Die Eltern erkundigten sich nach Neuigkeiten aus Afghanistan.

Hesmat wusste keine. »Alles beim Alten«, sagte er.

Seit Monaten hatte er nichts von Afghanistan gehört. In Moskau hatten die Männer am Markt Gerüchte über einen möglichen Gegenangriff der Nordallianz gehört. Was sich wirklich in seiner Heimat abspielte, wusste niemand so genau.

»Alles beim Alten«, wiederholte er.

Hunderte Male war er den Raum abgeschritten. Der Raum maß vielleicht fünf mal vier Meter. Ein Fenster zeigte Richtung Süden, direkt auf eine Steinmauer. Den Lauf der Sonne konnten sie nur erahnen, ihre Strahlen reichten nicht über die kalte Mauer hinweg ins Zimmer.

Die Frau kochte die Kartoffeln auf einer elektrischen Herdplatte und regelmäßig fiel der Strom aus und sie saßen im Dunkeln. Sie spielte mit den Kindern, erzählte ihnen Geschichten und versprach ihnen die schönsten Geschenke, wenn sie endlich in Wien wären.

»Wien?«

»Du kennst die Stadt nicht?«, fragten sie verwundert.

»Autriche«, sagten die Kinder und hoben ihre kleinen Hände in Richtung Fenster. »Ist gar nicht weit von hier. Unser Onkel lebt dort. Er wartet auf uns.«

Er hörte der Frau zu, wie sie ihre Geschichten erzählte. Sie hatte eine angenehme Stimme und Übung im Erzählen. Es waren gute Geschichten. Geschichten von Träumen, vom Leben in Afghanistan, von den großen Kämpfen tapferer Männer. Geschichten aus der weiten Welt, von Ländern, deren Namen er noch nie gehört hatte.

Die Kinder strahlten. Sie spielten Murmelspiele und lachten, wenn ihr Vater schnarchte. Sie langweilten sich, wenn es keine Geschichten gab; sie weinten, wenn ihnen ihr Vater sagen musste, dass sie nicht aus dem Zimmer gehen durften. Sie stanken, wenn sie auf die Toilette mussten, und sie waren am lautesten, wenn die Erwachsenen schlafen wollten.

Immer wieder kam Nagib oder einer der anderen Schlepper, zerrte einen Sack Kartoffeln in die Wohnung, gab ihnen zu verstehen, dass es noch mindestens einen weiteren Sack dauern würde, blickte sich kurz um und warnte sie davor, die Wohnung zu verlassen. Sie mussten leise sein. Die Nachbarn dürften keinen Verdacht schöpfen, hieß es immer wieder. »Es ist alles aus, wenn sie euch verraten. Ihr müsst zurück oder kommt ins Gefängnis. Ihr werdet eure Kinder nie wiedersehen. Sie nehmen sie euch weg und stecken sie in Waisenhäuser. Also seid ruhig.«

Nach drei Wochen hasste Hesmat jeden Zentimeter des Raums, jede Ritze an der Wand, die schmutzige rote Tapete. Er hasste den abgeschlagenen Lampenschirm, die angeschlagenen Teller, jedes Geräusch, das die Kinder machten. Er hasste sogar ihre Geschichten. Er hasste die Ruhe in der Nacht und das Atmen der anderen, wenn sie schliefen. Tagelang saß er regungslos auf einem Stuhl, den er gegen das einzig freie Eck im Raum gerichtet hatte, und starrte auf die Tapete. Das Muster verschwamm vor seinen Augen und setzte sich ständig zu neuen Formen zusammen. Er hielt sich die Ohren zu, um die Stimmen der Kinder nicht mehr zu hören, und konnte den Hass in seinem Kopf trotzdem nicht abstellen.

Wie immer hatte Nagib die Tür von außen verschlossen und war gegangen. Hesmat fühlte sich wie ein Gefangener. Er hasste den Kassettenrekorder, die Lieder, die sich ständig wiederholten, den Gestank der Füße der anderen, den er nicht aus der Nase bekam. Unzählige Male stand er auf und ging an die Tür, riss an der Klinke und schlug mit der Hand gegen das Holz. Jedes Mal fiel ihm der Mann in den Arm und riss ihn zurück. »Willst du uns alle verraten?«, fuhr er ihn an.

Wie hielten die Kinder das nur aus?, fragte sich Hesmat immer wieder. Wie konnten sie das nur aushalten?

Am nächsten Tag kam Nagib. Es war das zweite Mal, dass Hesmat zusammen mit ihm für eine halbe Stunde aus der Wohnung durfte. Als sie wieder die Treppe hoch in die Wohnung nahmen, fühlte er sich, als ob er in das tiefste Verlies steigen müsste.

»Wann geht es endlich weiter?«, schrie er.

Der Schlepper war überrascht. »Sag mir nicht, wie ich meinen Job zu erledigen habe!«, schrie er zurück. »Und wenn du noch lange herumschreist, werf ich dich auf die Straße.« Seine Augen funkelten. Er holte aus und schlug Hesmat ins Gesicht. »Mir ist es egal, wer du bist. Reiß dich zusammen oder ich lass dich vor die Hunde gehen.« Dann fügte er etwas ruhiger hinzu: »Vielleicht in einer Woche, es dauert noch.« Er schob Hesmat zurück in das Zimmer.

Als er hörte, wie sich der Schlüssel im Schloss drehte, wusste er, dass jemand in diesem Raum sterben würde, wenn sie nicht bald von hier wegkamen.

Am nächsten Tag hatte Nagib ein kleines Radio gebracht.

Er spinnt, dachte Hesmat. Was sollen wir mit noch mehr Musik?

Es waren die ersten Nachrichten, die sie seit Monaten hörten. Es war, als säßen sie irgendwo in Afghanistan. Im Radio sprach eine Stimme ihre Sprache. Es waren Nachrichten aus Afghanistan, Berichte von der Front. Es war, als spräche jemand ihnen aus dem Herzen.

»Ein Weltempfänger«, stellte der Mann fest.

Hesmat verstand nicht, was er meinte.

»Das ist BBC Paschtun. Die sitzen in London«, sagte er. »Sie senden für alle Afghanen, die nicht mehr zu Hause leben.«

London! Hesmat liebte den Klang dieses Wortes. Und sie machten sogar Nachrichten für Paschtunen! London musste eine gute Stadt sein. Wenn sie sogar ein eigenes Nachrichtenprogramm für sein Volk machten, dann war er dort sicher willkommen.

Hesmat hatte keine Ahnung, dass die Radionachrichten weltweit ausgestrahlt wurden und weniger mit der Gastfreundlichkeit einer Stadt oder gar eines ganzen Staates zu tun hatten als vielmehr mit dem Service der BBC. Deshalb machten ihm diese Nachrichten Mut. Sie waren das erste Zeichen aus einem Land, das er sich als neue Heimat auserkoren hatte.

Immer wieder hörten sie die Nachrichten in ihrer Sprache. Dann spielte wieder Musik. Es war wie im Traum.

Doch als sie zwei Tage später wieder Nachrichten hörten, traf sie eine Meldung aus heiterem Himmel. Wortlos und geschockt saßen sie vor dem kleinen Radio, starrten sich erschrocken an.

Der Mann schüttelte den Kopf. »Das kann nicht sein«, sagte er endlich, »sie lügen.«

»Sie sind wie die Taliban«, sagte die Frau. »Sie lügen doch alle. Warum tun sie das?«

»Sie wollen uns nur Angst machen«, sagte der Mann wieder. »Das Radio ist wie eine Waffe. Sie wollen unseren Willen brechen.«

»Ich hasse sie«, sagte die Frau. »Warum hören sie nicht damit auf?«

Aber die Stimme im Radio wollte nicht schweigen und erzählte immer wieder neue Details.

»Er ist nicht tot«, sagte Hesmat. »Sie lügen. Sie würden ihn nie kriegen, sie lügen!«

Die Kinder waren still, sie sahen das Entsetzen in den Augen der Erwachsenen. Etwas Furchtbares musste passiert sein.

Dann drehte der Mann das Radio ab.

Die Stille war schlimmer als die Nachrichten. Erst jetzt setzten die Worte sich in ihren Köpfen zu einem Bild zusammen. Sie hatten ihn getötet! Sie hatten den Löwen von Pandschir umgebracht. Massoud, der Anführer der Nordallianz, war tot. Der Held seiner Eltern, der Held aller Afghanen, sollte tot sein. In einem Hinterhalt erschossen. Von feigen Terroristen, die sich als Reporter verkleidet hatten. Er war der, der Afghanistan befreien sollte. Er war der Held aller Afghanen, unbesiegbar. Der, auf den sie alle ihre Hoffnungen gesetzt hatten. Er konnte nicht tot sein. Allah würde es nicht zulassen. Mit ihm würde Afghanistan sterben. Wenn es stimmte, was die Stimme im Radio erzählt hatte, war seine Heimat endgültig verloren. Mit Massoud wäre auch Afghanistan ermordet worden. Sie glaubten der Stimme im Radio kein Wort, trotzdem weinten sie. Sie fühlten, dass es doch die Wahrheit war. Nach ein paar Stunden schalteten sie das Radio wieder ein. Die Nachricht war immer noch dieselbe. Das Radio lief die ganze Nacht. Immer wieder hörten sie dieselben Worte: Massoud war tot.

Zwei Tage später stand Nagib plötzlich um vier Uhr früh vor ihnen. »Packt alles zusammen«, befahl er, »es geht weiter.«

Hesmat griff mit einer Hand nach allem, was er noch besaß. Er brauchte nicht zu packen. Sein Rucksack war sein Kopfkissen gewesen, jetzt stopfte er sein zweites T-Shirt, das die Frau gewaschen hatte, und die zweite Unterhose hinein. Er hob den Weltempfänger in die Höhe und sah Nagib fragend an.

»Nimm ihn mit«, sagte er, »ihr werdet ihn brauchen.«

Hesmat war für einen Moment überrascht und schob das Radio in den Rucksack.

»Verdammt, macht schnell«, schimpften Nagib und Hesmat die Familie, »wir haben nicht den ganzen Tag Zeit.«

Schließlich halfen sie dem Vater, drei große Plastiktaschen hinunter zum Wagen zu schleppen, der auf sie wartete.

Als Nagib die Tür hinter ihnen zudrosch, glaubte Hesmat, die Freiheit zu riechen. Er lachte. Es ging los. Endlich. London! Er würde BBC Paschtun besuchen und ihnen von seiner Reise erzählen. Sie würden sich freuen, wenn sie hörten, dass sie für ihn in diesem Versteck das einzige Zeichen der Welt draußen gewesen waren. Sie würden lange Gesichter machen. Er lachte in sich hinein.

Die Reifen gruben sich in den Kies und der Wagen beschleunigte auf der Hauptstraße.

»Wohin bringt ihr uns?«, fragte der Mann, der kaum Luft bekam. Die Kinder saßen auf ihm, die Frau hatte sich noch neben ihn zwängen müssen. Zu sechst saßen und lagen sie übereinander auf der Rückbank.

»Seid still«, schimpfte der Fahrer, »ihr werdet schon sehen.«

Hesmats Freude über die Abreise hielt nicht lange an. Die

erhoffte Freiheit endete schon eine halbe Stunde später vor einem einzelnen Haus am Stadtrand.

»Aussteigen!«, befahl Nagib. »Wir sind da.«

Niemand stellte eine Frage, sie folgten wortlos. Sie waren derart überrumpelt, dass sie sich ohne Protest aus dem Auto schälten und ihre Sachen aus dem Kofferraum hoben.

»Hinein mit euch«, sagte der Fahrer, »oder muss ich euch Beine machen? Jetzt geht schon!«

Erst als sie sich durch den dunklen Gang tasteten, fanden sie ihre Stimmen wieder.

»Wo sind wir?«, fragte Hesmat.

»Ein Stück weiter«, sagte der Fahrer. »Rein mit euch!« Er öffnete eine Tür und zwanzig dicht aneinandergedrängte Gesichter blickten sie überrascht an.

»Hier ist kein Platz mehr«, schimpfte einer von ihnen.

»Halt's Maul!«, schrie Nagib. »Rein mit euch!« Er stieß der Frau seinen Schuh in den Hintern.

Wieder fiel die Tür hinter Hesmats Rücken ins Schloss. Wieder hörte er, wie sie den Schlüssel umdrehten und weggingen.

Die erschrockenen Gesichter im Raum erwachten zum Leben. Sie schimpften und fluchten. »Verschwindet«, sagten sie, »wir haben keinen Platz!« Sie redeten durcheinander.

Hesmat und der Familie schlugen Ablehnung und Mutlosigkeit entgegen. Er sah Afghanen, Menschen, die wie Russen aussahen, sogar ein paar Schwarze.

»Jetzt seid doch ruhig«, hörte er eine Stimme. »Wir werden schon noch einen Platz finden. Setzt euch!«

Das große Rücken begann, langsam wurden ein paar Fußbreit am Zimmerboden für sie frei. Die Frau hörte nicht auf, sich zu bedanken, der Mann stolperte unsicher mit den Kindern hinterher.

»Warum bist du nicht verhüllt?«, schimpfte eine Männerstimme. »Sofort weg mit dir, du Schlampe.«

Es war, als hätten sie Afghanistan nie verlassen.

Dann spürte Hesmat einen Blick auf sich ruhen. Jemand starrte ihn ungläubig an. Der Blick durchbohrte in förmlich. Er drehte den Kopf leicht zur Seite. Da trafen sich ihre Blicke. Es dauerte einen Moment, bis sein Geist ihn wahrnahm. Seine Augen waren schneller als sein Verstand. Im hintersten Eck des Raumes saß sein Onkel Karim.

Teil III

Ein unerwartetes Wiedersehen

»Arassait – Onkelchen!« Hesmat stolperte und stürzte über die anderen hinweg seinem Onkel in die Arme.

»Seid doch ruhig«, zischten die Wartenden, während sich Hesmat und sein Onkel vor Freude weinend in den Armen lagen.

»Seid ruhig, ihr verratet uns noch alle!«, zischten sie.

Es dauerte lange, bis die Umarmungen und die Tränen mehr als wortlose Freude zuließen.

»Wir glaubten alle, du wärst schon längst tot«, brachte sein Onkel schließlich heraus. »Lass dich anschauen!« Für einen kurzen Augenblick ließ er Hesmat gerade so lange los, bis sich seine Augen erneut mit Tränen füllten.

Tränenerstickt erzählte Hesmat von Hanif, von Sayyid, der Angst vor den fremden Männern und dem Tod seines Freundes. Vom unglaublichen Glück, das ihn die ganze Reise über begleitet hatte, und von den Schlägen der Männer, den Gefängnissen und der Angst, nie anzukommen.

Karim schüttelte auch nach Stunden noch den Kopf. »Schau dich an«, sagte er immer wieder. »Wie konntest du das nur schaffen? Allah ist groß! Ich habe nicht mehr daran geglaubt, dich je wiederzusehen.«

Als die anderen schon lange schliefen, erzählte Karim schließlich, was zu seiner Flucht aus Mazar geführt hatte: »Es hat keinen Sinn mehr gehabt. Nachdem du weg warst, ist alles noch schlimmer geworden. Es gibt nichts mehr, was man in Mazar tun kann. Die Taliban bestimmen alles. Jeden Schritt, den du machst, musst du dir genehmigen lassen. Es ist die Hölle.«

»Was ist mit dem angeblichen Schatz?«, fragte Hesmat. »Haben sie dich in Ruhe gelassen?«

»Sie sind einmal gekommen, aber dann habe ich nichts mehr gehört.« Er sah den skeptischen Blick seines Neffen. »Ja, glaub mir! Irgendwie haben sie einfach aufgegeben. Vielleicht haben sie vom Geld anderer Leute gehört, an das sie leichter herankommen könnten. Ich weiß es nicht, auf jeden Fall hat es aufgehört.«

Hesmat konnte nicht antworten. Zorn, Wut, Tränen kämpften in seinem Inneren gegeneinander an. Was für einen Sinn hatte alles gehabt? Sie hatten seinen Vater wegen nichts getötet. Sie hatten ihm nicht geglaubt, sie hatten ihn umgebracht, um dann plötzlich den angeblichen Schatz zu vergessen. Er konnte nicht glauben, was er hörte.

»Aber warum?«, brachte er über die Lippen.

Karim schüttelte nur den Kopf. »Ich weiß es nicht. Ich habe keine Antwort darauf. Nur Wut. Ach Hesmat, und dabei habe ich keine Kraft mehr für meine Wut. Mazar hat mich ausgelaugt, ich war wie eine leere Hülle. Irgendwann war nur die Sinnlosigkeit übrig. Es war kein Leben mehr.«

»Aber wie ... warum ... wie hast du es geschafft?«, fragte Hesmat. »Wann bist du weg?«

Hesmat staunte mit offenem Mund, als er hörte, wie leicht es sein Onkel bis hierher gehabt hatte. Karim hatte sich erst vor drei Wochen auf dem Schwarzmarkt in Mazar gültige Papiere besorgt, war über den Iran ausgereist und schließlich nach Russland gekommen. Nach nur drei Wochen hatte er es so weit geschafft wie Hesmat in sechs Monaten. Er hatte bisher keine Probleme gehabt. Bei den Kontrollen hatte er seinen Pass und die gefälschten Papiere vorgezeigt oder musste schlimmstenfalls ein paar Polizisten schmieren.

Hesmat fühlte sich verraten und dieser Verrat überstrahlte die Freude über das Wiedersehen. Warum war sein Onkel nicht zusammen mit ihm geflüchtet? Warum hatte er ihn nicht so lange bei sich versteckt, bis er seine Vorbereitungen getroffen hatte und seinen Neffen mitnehmen konnte? Warum hatte er ihn alleine auf die Reise geschickt und nie ein Wort über seine geplante Flucht verloren? Instinktiv rückte er von seinem Onkel ab. *Vertraue niemandem!* Die Tränen kehrten zurück. Die Frage kreiste in seinem Kopf, sein ganzer Körper zitterte. Warum hatte er nichts gesagt?

»Ach mein Kleiner«, sagte sein Onkel schließlich, um die entstandene Stille zu durchbrechen. »Schau dich an, du bist noch dünner geworden. Was musstest du nur ertragen?«

»Warum …?«, brachte Hesmat schließlich heraus, verschluckte aber den Rest der Frage. »Wenn du etwas nicht ändern kannst, hältst du besser den Mund«, hatte sein Vater gesagt. Er hatte recht. Es hatte keinen Sinn, seinen Onkel nach dem Warum zu fragen. Er hatte seine Gründe gehabt und vielleicht sagte er ja die Wahrheit. Vielleicht war das Leben für ihn tatsächlich erst später, von einem Tag auf den anderen, plötzlich so unmöglich geworden, wie er erzählt hatte. Vielleicht log er ihn auch einfach nur an, um ihm die Wiedersehensfreude nicht zu verderben. Vielleicht musste er fliehen, so wie auch ihm selbst keine andere Wahl geblieben war.

»Wie geht es meinem Bruder?«, fragte er schließlich.

»Gut«, sagte sein Onkel. »Dein Großvater kümmert sich gut

um ihn. Er geht jetzt in die Koranschule. Dein Großvater ist sehr zufrieden mit ihm.«

Eine Tante war vor Kurzem gestorben, weil ihr niemand das Geschwür im Bauch operieren wollte. »Das Krankenhaus ist für Frauen geschlossen worden«, sagte sein Onkel. Sie hatten zwei Tage lang gesucht, bis sie eine ehemalige Ärztin gefunden hatten, die sich verbotenerweise bei ihr zu Hause um weibliche Patienten kümmerte. Als sie seine kranke Schwester endlich in ihrem Haus hatten, war es zu spät. Sie war auf der Fahrt verstorben. »Es hat sich nichts geändert.«

Obwohl er müde war, dauerte es lange, bis Hesmat in dieser Nacht endlich einschlief. Immer wieder hatte er die Augen aufgemacht und zu seinem Onkel geschaut, der neben ihm lag. Es war, als wolle er sich davon überzeugen, nicht zu träumen. Aber er lag tatsächlich nur eine Handbreit neben seinem Kopf und hatte die Augen geschlossen. Er sah Fahid vor sich. Du bist ein verdammtes Glücksschwein, würde er sagen und lachen. Wie schön wäre es, wenn er jetzt hier bei ihnen wäre. Sie wären zu dritt und alles wäre perfekt.

In dieser Nacht lag irgendwo in einem alten Haus am Stadtrand von Kiew ein afghanischer Junge und fühlte sich zum ersten Mal seit Monaten zu Hause. Zu Hause in einem fremden Land, inmitten von Flüchtlingen, die er nicht kannte, inmitten von Männern, die von einem besseren Leben träumten. Seine Träume waren hier und jetzt in Erfüllung gegangen. Er war nicht mehr allein, und egal was kommen würde, zusammen mit seinem Onkel würde alles gut werden. Noch einmal öffnete er die Augen, um seinen schlafenden Onkel anzusehen. »Lass es keinen Traum sein«, sagte er leise und schlief endlich auch ein.

Karim hatte nur wenig Zeit für seine Planungen gehabt. Er hatte seine Freunde in London angerufen, hatte verkauft, wofür es noch Geld gab, und verschwand so schnell wie sein Neffe, der vor über einem halben Jahr geflohen war. Er hatte um seinen Neffen geweint, der irgendwo allein versuchte zu überleben. Er hatte sich selbst verflucht, so wie er seine Heimat verflucht hatte. Ein paar Wochen nachdem sein Neffe geflüchtet war, hielt er es nicht mehr aus. Er sprach Englisch, Russisch und war ein fleißiger Arbeiter. Egal wozu man ihn anstellte, er konnte jede Arbeit erledigen. Immer wieder hatten ihn die Menschen dafür bewundert. »Egal, was man braucht«, sagten sie, »du kannst einfach alles.«

Aber nichts war gut genug, nichts würde ihn in Afghanistan am Leben halten. In Mazar gab es keine Zukunft mehr für ihn. Vor den Taliban war es schon schlimm gewesen, jetzt aber war alles noch schlimmer geworden, und die ganze Welt sah zu, wie die Taliban ihr Land in den Würgegriff nahmen und alles erstickten.

Der restlichen Welt war Afghanistan egal. Keiner rührte einen Finger für sie. Sie konnten sterben wie die Fliegen, sich gegenseitig die Köpfe einschlagen, es machte keinen Unterschied. Zwanzig Jahre und mehr dauerte das Kämpfen, das Morden und Töten jetzt an und niemand hatte sich dafür interessiert. Vielleicht würde irgendwann jemand den Taliban die Köpfe abschlagen und selbst die Macht ergreifen. Doch es würde nichts ändern. Karim hatte in seinem Leben genug Anführer gesehen, um zu wissen, dass sie nichts wert waren. »Nicht einmal den Dreck unter den Fingernägeln«, sagte er zu seinen Freunden.

Freunde, die gefährlich geworden waren. Freunde, die sich für Informationen gutes Geld verdienten. Freunde, die, vom Hunger, von der Verzweiflung, von den Folterungen und den Schlägen angetrieben, jeden verraten würden. Er konnte niemandem mehr trauen. »Du nimmst den Mund zu voll«, warnte sein Nachbar ihn. »Sie werden dich holen.«

Als Hesmat geflüchtet war, fühlte er sich schäbig. Ein elfjähriger Junge hatte gewagt, das zu tun, wovon er immer nur gesprochen hatte. Hesmat hatte seine Sachen gepackt und war gegangen. Den sicheren Tod vor Augen, war er eines Morgens aus dem Haus gegangen und nicht wieder zurückgekehrt.

Er hingegen saß immer noch in Mazar und hielt große Reden. Er sprach davon, was sich alles ändern müsste, was er alles tun würde, was das Richtige für Afghanistan wäre. Sobald die Blicke jedoch kritischer wurden, die Ohren spitzer und die Zuhörer gefährlicher, wurde er stumm. Er war nicht zum teilnahmslosen Zuhörer und Mitwisser erzogen worden. Er hatte gelernt, für seine Meinung einzutreten, sich von niemandem den Mund verbieten zu lassen, sich zu opfern, wenn der Preis seine Freiheit wäre.

Das alles hatte er verleugnet. Er hatte sich selbst verraten. Er hatte den Mund gehalten, als sie seinen Bruder, Hesmats Vater, umgebracht hatten. Er hatte den Mund gehalten, als Hesmat von Flucht sprach. Er hatte den Mund gehalten, wann immer er ihn hätte öffnen sollen.

Ein elfjähriger Junge war für sein Recht auf ein besseres Leben aufgestanden und gegangen, er aber jammerte nur über die Ungerechtigkeiten. Natürlich hatten die Taliban von dem Schatz gehört, von dem vielen Gold, das Hesmats Vater in den Jahren als Kommandant bei den Russen angeblich angehäuft hatte und irgendwo versteckte. Natürlich hatten sie ihn deshalb befragt. Wie leicht war es ihm gefallen, seine Hände in Unschuld zu waschen. Wie leicht war es ihm gefallen, seinen eigenen Bruder zu verleugnen. Nichts von ihm zu wissen. »Ich habe ihn nur einmal in den letzten Jahren gesehen«, log er. »Wir haben keinen Kontakt mehr gehabt.«

Die Angst und das schlimme Leben in seiner Heimat hatten ihn so weit gebracht, sich von seinem Bruder loszusagen, seinen toten Bruder zu verleugnen. Würde er leben, würde er ihm den Kopf abschlagen, dachte Karim. Er war zu einem elenden Feigling geworden. Ein Feigling, der zusah, wie sein Neffe in den Tod ging, der zusah, wie sich alles um ihn herum veränderte, der zusah, wie sie sein Leben einschränkten, ihm die Luft zum Atmen nahmen.

Hesmat, der einzige Daseinsbeweis seines toten Bruders, ging weg aus der Stadt, und er hatte nichts Besseres gewusst, als ihm »viel Glück« zu wünschen. Er schämte sich und weinte. Er weinte, bis er keine Tränen mehr hatte. Er weinte, bis er einsah, dass er hier nur sterben konnte. Dann erst hatte er die Kraft gehabt, sich selbst zu helfen. Er hatte das Geld genommen und hatte sich die Papiere besorgt. Papiere, die er jetzt in seinen Händen hielt und die der Beweis dafür waren, wie sehr er versagt hatte. Papiere, die er auch Hesmat hätte besorgen können, Papiere, von denen er nichts erzählt hatte.

Sein toter Bruder hatte ihn an dem Tag verflucht, an dem sein Sohn an ihm vorbei aus der Stadt gegangen war. An ihm vorbei, ohne dass er die Hand ausgestreckt und ihn zurückgehalten hätte. An ihm vorbei in den sicheren Tod. Mit der Zeit war der Vorwurf aus dem Grab seines Bruders immer lauter geworden.

Er betete für Hesmat und weinte. Er verfluchte Hesmat, weil er der Grund für seine schlaflosen Nächte war. Er trauerte um Hesmat, als er nichts mehr von ihm hörte, und er schöpfte neue Hoffnung, als jemand Hesmat lebend in Duschanbe gesehen haben wollte. Dann verlor er jede Hoffnung, nachdem er wochenlang nichts mehr von ihm gehört hatte. Er überquerte die Grenze zum Iran und war nach wenigen Stunden London näher als Hesmat nach Monaten. Als er den Jungen plötzlich im Raum hatte stehen sehen, wusste er, dass ihm sein toter Bruder verziehen hatte.

Hier waren sie weit weg von Mazar. Weit weg von all dem Clandenken, das Hesmats Mutter so viel Leid eingebracht hatte. Weit weg vom Großvater, der über alle herrschte. Er wusste, wie schlecht die Familie und auch er selbst Hesmats Mutter behandelt hatten, wie sie Hesmat nach dem Tod seiner Eltern im Stich gelassen hatten, weil sie Angst hatten, selbst zur Zielscheibe dieser Gerüchte zu werden. Es war einfacher, einen ungeliebten Enkelsohn zu vertreiben, als sich der brutalen Wahrheit zu stellen. Sich vor den Jungen zu stellen und ihn zu schützen. Alle hatten sie versagt, auch er selbst. Doch jetzt hatte er eine neue Chance bekommen, und er nahm sich vor, alles besser zu machen. Er wusste, er konnte die Vergangenheit nicht mehr ändern, aber die Zukunft lag vor ihnen.

Endloses Warten

Hesmat konnte seine Füße nicht mehr stillhalten. Seit über drei Wochen saß er jetzt in diesen Räumen herum. Zuerst in einem Zimmer gemeinsam mit der Familie mit den drei Kindern, jetzt wieder in einem Raum mit vierzehn anderen Männern. Sie kamen aus Afghanistan, Usbekistan, dem Iran. Sogar zwei Schwarzafrikaner hatten sich nach Kiew verirrt und warteten auf die Weiterreise in den Westen. Im Zimmer nebenan warteten noch einmal etwa genauso viele Frauen und Kinder. Sie saßen im dritten Stock dieses Hauses wie in einem Bootsrumpf fest und warteten darauf, dass ihr Schiff auslief.

Das Schlimmste war das ständige Schweigen. Sie durften sich nur leise unterhalten und trotzdem hatten die Nachbarn Verdacht geschöpft. Sie hatten die Polizei gerufen, und die Schlepper mussten all ihre Überredungskünste und ein dickes Bündel Bargeld einsetzen, um sie zum Schweigen zu bringen. Als die Polizisten gegangen waren, bekamen die Flüchtlinge den Zorn der Menschenschmuggler zu spüren. Sie schlugen den ersten, der ihnen zwischen die Finger kam, und drohten den anderen mit den Waffen, die sie in ihren Gürteln stecken hatten. Zweimal waren sie mitten in der Nacht gekommen und hatten fünf Männer mitgenommen. Sie hatten sie wahllos aus der Gruppe geholt und waren mit ihnen verschwunden. Niemand wusste, was passiert war, niemand wagte es, die Schlepper nach ihnen zu fragen.

Tagsüber lagen sie auf ihren Matten und dösten. In der Nacht lagen sie noch immer auf ihren Matten und konnten nicht mehr schlafen. Der Gestank im Raum war nicht auszuhalten, doch nur selten durften sie die Fenster für ein paar Minuten öffnen.

Dann beschlossen zwei Männer, in die Stadt zu gehen. »Wir können Russisch, wir werden uns umhören.«

Die anderen hatten Angst. »Was ist, wenn sie euch schnappen? Ihr werdet uns alle verraten.«

Es kam zu einer kurzen Rauferei. Dennoch waren sie gegangen und nach einem halben Tag ohne Neuigkeiten zurück.

Bei jedem Geräusch auf der Treppe fuhren die Männer im Raum zusammen. Niemals wussten sie, wer an ihre Tür klopfen würde. Wenn die Nachbarn die Wohnungen verließen, hörten sie gespannt auf ihre Schritte. Und die Nachbarn standen draußen vor der Tür, horchten und fluchten laut auf dem Gang.

»Wir wissen, dass ihr da drinnen seid«, flüsterten die Kinder der Nachbarn. »Wir holen jetzt die Polizei!« Lachend liefen sie davon.

Die Männer blieben verschreckt zurück. Sie hatten Angst vor Kindern, die sich einen Spaß daraus machten, den Unbekannten hinter der Tür einen Schrecken einzujagen. Schwitzend saßen die Männer dort und lauschten auf jedes Geräusch aus dem Haus. »Was ist nur aus uns geworden?«

Sie beruhigten sich mit geflüsterten Gebeten.

Zweimal am Tag, wenn das Leben im Haus die Geräusche der Männer verschluckte, schalteten sie das Radio ein, das Hesmat mitgebracht hatte.

Sie verstanden den Schrecken nicht, den der Radiosprecher vermitteln wollte. Sie kannten den Krieg, sie kannten abgestürzte Flugzeuge, sie kannten den Tod von Freunden und Familie. Amerika war ihnen ein Begriff aus Erzählungen, aber es war, als sprächen sie vom Mond. Ein Land, das so weit weg von ihrem Leben war, dass sie nicht einmal Witze darüber machen konnten. Einige hatten Amerikaner an der Front getroffen, damals, als sie gegen die Russen kämpften. Sie waren mit Geld und Waffen nach Afghanistan gekommen und hatten ihnen beigebracht, die Russen zu töten. Die Männer hatten die Amerikaner ausgelacht. »Wir wissen, wie man lautlos tötet«, sagten sie, »was uns fehlt, sind Waffen.« Die Amerikaner hatten sich darum gekümmert und alles im Land zurückgelassen, als sie verschwanden.

»Die Amerikaner werden sich das nicht gefallen lassen«, sagte einer.

»Ach, was weißt du schon?«, sagten andere.

»Was haben wir uns nicht alles gefallen lassen?«, sagten Dritte.

Der Nachrichtensprecher war entsetzt. Immer wieder schilderte er neue Details über den Krieg, der nach Amerika gekommen war. Die Männer stritten sich nicht über den Krieg, sie stritten über die Propaganda aus dem Radio.

»Was hören wir uns das überhaupt an?«, meinte ein Mann neben Hesmat.

Andere protestierten.

»Aber hört ihr nicht, wie dumm sie sind?«, sagte er. »Sie lügen so offensichtlich, dass selbst wir es merken. Wer kann mir sagen, wie man ein Haus vierhundert Meter hoch bauen kann?«

Sie stritten sich über die Gebäude, die eingestürzt waren.

»Kann es wirklich so hohe Türme geben, wo so viele Menschen leben?«, fragte Hesmat.

Sein Onkel zuckte nur mit den Schultern.

»Und wieso sollte jemand mit einem Flugzeug in ein Hochhaus fliegen?«, fragte ein Älterer und schüttelte den Kopf.

»Schaltet das Radio aus«, sagte Karim, »wir sollen nicht so laut sein und nicht über Afghanistan sprechen.«

Ein paar Männer diskutierten noch stundenlang, während sie auf ein Schachbrett starrten, das einer von ihnen ausgepackt hatte.

»Sie werden sich das nicht gefallen lassen«, sagte der eine wieder, »sie werden zurückschlagen.«

»Und wen sollen sie schlagen?«, fragte sein Gegenüber.

»Sie werden einen Schuldigen finden.«

»Hauptsache, sie schlagen nicht uns«, sagte Hesmats Onkel.

Nach einer weiteren Woche war die Stimmung so aufgeheizt, dass sich die Männer regelmäßig an die Gurgel gingen.

»Sie wollen uns mürbe machen«, sagte Karim, »sie wollen unseren Willen brechen, damit sie ein leichtes Spiel mit uns haben.«

Jedes Mal wenn einer der Schlepper kam und ihnen Essen oder Nachricht brachte, hatte er nur eine Auskunft für die Männer: »Es dauert noch! Es ist nicht so einfach, einen Transport für dreißig Leute zu organisieren.«

Als sie die Schlepper nach den Plänen fragten, lachten sie nur. »Ihr könnt es wohl nicht mehr erwarten«, sagten sie und schlossen wieder die Tür hinter sich.

Zwei Nächte später ging es los. Kurz vor Mitternacht hallten Schritte durch das Haus, und bevor die Tür geöffnet wurde, waren längst alle Männer im Raum wach. Der Schrecken stand ihnen in die Gesichter geschrieben. Sie hatten mit dem Schlimmsten gerechnet. Mit fremden Männern, Polizisten, fremden Schlägern in Uniformen, die kamen, um sie zu holen. Als die Tür aufging und sich darin die Gesichter der Schlepper zeigten, begrüßten die Flüchtlinge sie wie lang vermisste Familienangehörige.

Die hatten es jedoch eilig. »Trinkt, so viel ihr könnt, nehmt, was ihr habt, und dann raus!« Sie stießen ein paar Männer zurück, die bereits aufgestanden waren, und befahlen ihnen, sich wieder zu setzen. Dann begann die Auslese: »Du, du und du.« Der Finger kreiste über der Gruppe wie ein Schwert, das gleich auf die Köpfe der Männer niederfahren würde. »Du und du.« Elfmal bewegte sich der Finger über die erstarrten Gesichter, elfmal bellte der Schlepper sein »du«. Jedes Mal wenn der Finger über einen der Köpfe hinwegglitt, begann einer der Vergessenen zu schimpfen.

»Haltet 's Maul«, stießen die Männer mit den Waffen hervor, und der Finger bohrte sich weiter durch die Luft.

»Ich gehe nicht ohne meinen Bruder!«, schrie einer der Männer.

»Wenn ihr wollt, verschwindet beide zurück nach Afghanistan«, entgegnete ihm der Schlepper. »Entweder du kommst mit oder ihr beide haut ab.«

»Wo ist meine Frau, ich gehe nicht ohne meine Frau«, sagte ein anderer.

Alles ging so schnell, der Finger glitt weiter von Gesicht zu Gesicht, während die Auserwählten schleunigst zusammenpackten und aus dem Zimmer liefen. Aus dem Nebenraum war Weinen und Geschrei zu hören. Auch hier wanderte ein Finger von Frauengesicht zu Frauengesicht. Kinder wurden von ihren Müttern getrennt, Frauen von ihren Männern. Erst als sie den Lastwagen im Hof sahen, beruhigte sich die Lage wieder etwas. Langsam fanden im Halbdunkel Männer ihre Frauen, Kinder ihre Mütter. Das Wimmern hörte auf.

»Nein, die Sachen kommen auf einen anderen Lastwagen!«, sagte der Schlepper. »Lasst alles liegen, was ihr nicht unbedingt braucht.«

Sie stellten gehorsam die großen Plastiktaschen ab und bestiegen wie Schafe langsam und ohne zu meckern den Lkw, in dem sie sich flach nebeneinander auf den Boden legen mussten. Dann wurde jeder Zentimeter Freiraum mit einer kleinen Tasche, einem Kind oder einem Alten ausgefüllt. Auf die Flüchtlinge wurden dünne Matten gelegt und darüber leere Kartons geschlichtet. Die Kinder schrien, die Mütter versuchten, sie zu beruhigen.

»Seid still!«, kam es dumpf von den Schleppern. Durch die Matten waren ihre Befehle kaum zu hören. »Wenn die Kleinen schreien, werdet ihr alle entdeckt werden und sterben.«

Dann setzte sich der Lkw in Bewegung.

»Wir ersticken alle!«, schrie eine Frau.

»Sie haben Luftschlitze gemacht«, versuchte eine Männerstimme, sie zu beruhigen.

Die Kinder wimmerten, viele weinten, aber der laute Motor, das Holpern und Rumpeln über die Bodenwellen erstickten die Geräusche.

»Wie lange wird das dauern?«, fragte Hesmat.

Aus der Dunkelheit kam die Stimme seines Onkels, der neben ihm lag: »Es ist weit, ich weiß es auch nicht, aber es wird auf jeden Fall eine anstrengende Fahrt.«

Ein Mann betete laut, als ihn der Schlag einer Bodenwelle für einen Augenblick schmerzhaft aufstöhnen ließ. Die Holzbretter unter ihnen schlugen ihnen wie Fausthiebe in die ungeschützten Gesichter. Wenigstens kam mit zunehmender Geschwindigkeit genügend Luft in das Versteck. Sie atmeten alle auf und beruhigten sich etwas. Als sich die Augen an die Dunkelheit gewöhnt hatten und der Tag langsam anbrach, konnte

Hesmat durch die Bretterschlitze hinunter auf die Antriebswelle und die Straße sehen, die unter ihnen wegrollte.

Im Lauf des Tages wurde der Durst unerträglich. Der Lkw rollte noch immer, Stunde um Stunde, ohne Erbarmen, ohne Pause der Grenze entgegen. Hesmat war kurz eingenickt. Für einen Sekundenbruchteil hatte er vergessen, wo er war, hatte den Durst, die Schmerzen und die Angst vergessen. Der Schlag einer Bodenwelle riss ihn aus seinen Träumen.

Das Gewicht der Matten und leeren Kartons lastete mit jeder Stunde schwerer auf seinem dünnen Körper. Die Kinder waren still geworden. Würden sie das überstehen? Er hatte selbst erlebt, wie sein Freund in der Enge immer stiller geworden war. Irgendwann war die Stille vollkommen gewesen und sein Freund war tot. Er bekam Angst. Die Kinder konnten diese Fahrt nicht überleben. Jede Sekunde würde eine Frau zu schreien beginnen. Sie würde merken, dass ihr Kind gestorben war, sie würde alle verrückt machen. Er konnte ihre Schreie schon fast hören.

Es stank nach Urin. Irgendwann hatte er die Feuchtigkeit gespürt, die von seinem Vordermann zu ihm rann. Dann war der Lkw auf eine Schotterpiste eingebogen. Staub erfüllte ihr Versteck, Hesmat musste die Augen schließen und das Atmen fiel ihm schwer. So ging es noch bis in die Nacht ohne Pause Richtung Westen.

Als der Lkw endlich stehen blieb, hatten viele nicht mehr die Kraft, allein aufzustehen. Sie waren abgekämpft, müde und jeder einzelne Knochen in ihrem Körper schmerzte, aber die Schlepper hatten wenig Geduld und rissen sie erbarmungslos unter den Matten hervor. Sie zogen die Kinder an den Füßen von der Ladefläche und stellten sie auf den aufgeweichten Boden. Viele sanken zusammen wie leere Säcke oder schleppten sich mit letzter Kraft zu einer Baumgruppe, wo sie sich ins feuchte Gras fallen ließen. Endlich keine Schläge mehr, keine Schmerzen, nur das weiche Gras.

Hesmats Hüfte fühlte sich an, als würde sich das Fleisch von seinen Knochen lösen. Er hatte Blutergüsse am ganzen Körper und jede Bewegung tat weh. Er wartete auf das Schreien. Noch immer wartete er darauf, dass sie entdecken würden, dass eines der Kinder nicht mehr am Leben war. Aber sie holten immer noch einen und noch einen Lebenden aus dem Lkw und stellten, legten oder setzten ihn auf den Boden. Als der Lkw wegfuhr, schaute sich Hesmat ungläubig um. Niemand hatte geschrien, niemand weinte. Sie hatten alle überlebt. Es war ein kleines Wunder.

Die Schlepper verteilten ein paar Brote und gaben ihnen endlich zu trinken.

Ihre Lippen waren aufgerissen und ihre Körper ausgemergelt, der Durst war unbeschreiblich gewesen. Während der Fahrt hatten sie auf Regen gehofft. Die Reifen unter ihnen hätten vielleicht etwas Wasser in ihre offenen Münder gespritzt, aber der Himmel war erbarmungslos geblieben. Ein Kind, das auf die Wasserflasche warten musste, lutschte am feuchten Gras, ein Mann, der sich satt trank, begann mit einer Frau zu streiten, die Wasser für ihre Tochter verlangte. Er stieß sie wortlos zur Seite und trank, bis ihm das Wasser über die Wangen und die verdreckten Haare lief.

»Kaut langsam«, sagten die Männer, »es wird das letzte Essen für eine lange Zeit sein; es dauert noch, bis wir das nächste Versteck erreichen.«

Karim lag neben Hesmat am Straßenrand und dehnte seine Rückenmuskeln. Das weiche Gras, das Wasser, die Ruhe in ihren dröhnenden Ohren machten sie müde. Hesmat überlegte gerade, wie er es sich am bequemsten machen konnte, als die Schlepper zu schreien begannen: »Los, weiter!«

Die Männer trieben die Gruppe erbarmungslos durch die letzten Bäume hinaus auf die Ebene. Irgendwo in dieser Richtung lag die Grenze zu Ungarn, aber bis dorthin waren es noch mehr als 200 Kilometer. 200 lange Kilometer, bis die Männer die Flüchtlinge endlich weiterreichen konnten. Die Gruppe war zäh. Zäher, als sie geglaubt hatten. Die Schlepper hatten sie lange warten lassen und trotzdem hatte die Gruppe zusammengehalten. Sie hatten sich in den Lkw gelegt, ohne groß zu protestieren, und auch jetzt folgten die Flüchtlinge wortlos ihren Befehlen. Es waren ein paar Kinder darunter. Sie weinten und jammerten, aber je mehr sie sie antrieben, desto stärker schien ihr Wille. Die Männer nahmen die Kleinsten und trugen sie auf den Schultern.

Immer wieder mussten sie jedoch ein Stück ihres Gepäcks zurücklassen.

Einer der Schlepper fluchte. Er hatte schon öfter das Gepäck verkauft und sich so ein paar Dollar dazuverdient. Hier würden sie die Sachen bei ihrer Rückkehr jedoch nicht wiederfinden. Die Sachen, die die Leute für den zweiten Lastwagen zurückgelassen hatten, waren sicher schon verkauft. Er musste sich hier abstrampeln, während die anderen die Taschen und Koffer plünderten und sich die besten Sachen unter den Nagel rissen. So etwas wie Ehre gab es nicht unter Schleppern, jeder stahl und wurde bestohlen, und wer nicht höllisch aufpasste, wurde über den Tisch gezogen.

Eine Trumpfkarte hatten sie allerdings noch. Die Flüchtlinge mussten noch über die Grenze und spätestens dort würden sie die letzten großen Taschen zurücklassen. Erfahrungsgemäß nahmen sie das Geld und die Sachen mit, die sie am dringendsten benötigten. Nicht selten blieben Schuhe und Kleidung zurück. Dinge, die sich gut verkaufen ließen. Einmal hatte er eine alte Wanduhr in einer Tasche gefunden. Gute russische

Handarbeit. Sie war zu schwer, um damit über die Grenzzäune zu steigen.

Was wollten die mit der Wanduhr?, hatte er sich gefragt. Wer schleppte eine Wanduhr um die halbe Welt mit in den Westen? Er hatte 15 Dollar dafür bekommen.

Einige der Taschen, die sie noch immer mitschleppten, sahen vielversprechend aus. Er würde zu seinem Geld kommen.

Seit fast zwei Tagen hatten sie bis auf ein kleines Stück Brot nichts mehr zu essen bekommen, und das wenige Obst, das sie unterwegs gefunden hatten, hielt nicht lange vor. Jedes Mal wenn es eine kurze Pause gab, war Hesmat auf die Erde gesunken und hatte geglaubt, nie mehr aufstehen zu können.

Die Kinder schrien, doch die Mütter waren zu verzweifelt, um ihren Kindern noch Trost spenden zu können. Sie zogen und schleiften die Kleinsten stundenlang hinter sich her. Aber nach ein paar Stunden half selbst das Ziehen und Schleifen nichts mehr. Den Kindern versagten die Beine und sie knickten bei jedem zweiten Schritt ein. Das Weinen wurde lauter, anklagender und ging in ein bitteres Wimmern über. Die Mütter hatten keine Tricks mehr auf Lager, mit denen sie die Kleinen überreden konnten weiterzugehen. Es war den Kindern mittlerweile egal, was sie hinter dem nächsten Hügel, dem nächsten Baum, nach der nächsten Stunde sehen würden. Jedes Mal waren sie enttäuscht worden, hatten sich ihre Mütter als Lügnerinnen entlarvt. Ihre Versprechungen waren so trostlos wie die Ebene, die sie seit Stunden durchschritten.

Am Horizont entdeckte Hesmat die Staubwolken von Autos. Auch die Kinder sahen sie.

»Warum müssen wir laufen?«, fragten die Kinder. »Mami, es stimmt ja gar nicht, dass es hier keine Straßen gibt! Warum hast du das gesagt? Mami, schau doch, da fahren sie! Warum müssen wir laufen? Ich will nicht mehr laufen, ich will auch in einem Auto sitzen.«

Bald fehlte den Kindern jedoch die Kraft für solche Fragen. Die Gruppe wurde immer stiller. Nur ab und zu war ein leises Stöhnen oder Wimmern zu hören.

Die Gruppe hatte sich mit den Stunden immer weiter auseinandergezogen. Die Männer schritten voran, vor allem die starken Männer, Männer wie Hesmat und sein Onkel und die Schlepper. Gefolgt von Männern, die ihre Kinder tragen mussten, und Frauen, die noch halbwegs bei Kräften waren. Die Schlusslichter bildeten die Alten und die Kinder, die niemand mehr tragen konnte. Zwei Schlepper bildeten die Nachhut und trieben sie an, fluchten, stießen sie vorwärts, traten ihnen in die Hinterteile.

Dann blieb der Tross plötzlich stehen.

»Was ist?«, fragte Hesmat und blickte sich um.

»Sie können nicht mehr«, erklärte sein Onkel. »Da schau, ganz hinten. Da sitzen zwei.«

Der Wind trug das Fluchen der Schlepper vom Ende der Gruppe bis zum Anführer, der ein Echo des Fluches ausstieß. Sie schubsten die zwei sitzenden Alten, schrien sie an, ließen sie schließlich allein im Staub zurück.

Zwei andere Flüchtlinge liefen zu ihnen, redeten auf die Fremden ein, zerrten sie an den Oberarmen hoch und stützten sie. Es ging weiter.

Beim zweiten Mal, eine knappe Stunde später, hatten die Schlepper mehr Nachsicht. »Pause«, schrien sie, »wir bleiben hier für die Nacht.«

Hesmats tauber Körper sank auf Gras, das spärlich unter den Bäumen wuchs, und er blieb liegen, wie er hingefallen war. Er roch die Erde, den trockenen Geschmack des Staubes. Er roch das fremde Land, einen süßlichen Duft, der ihn verwirrte. Langsam sah er sich um und streckte die Hand aus. Ein Apfel! Mitten im Nirgendwo, hier unter diesem Baum, lag ein riesiger, saftiger Apfel. Er schlug die Zähne in das süße Fleisch und schluckte die Bissen kaum gekaut hinunter. Der Saft, der ihm links und rechts über die Backen floss, schmeckte nach Leben.

Er musste nicht rufen, die anderen hatten sein Schmatzen gehört, den Apfel gesehen, liefen, stolperten, schlugen sich um die Äpfel, die sie beinahe übersehen hätten. Sie waren hungrig wie die Wölfe, die hier in den Wäldern lebten. Sie sahen die Äpfel, die noch auf dem Baum hingen, und mobilisierten ihre letzten Kräfte, um auf den Baum zu klettern. Die Kinder stürzten sich auf die Äpfel, die zu Boden fielen, die Frauen sammelten sie in ihren Schürzen. Die Schlepper griffen in ihre Rucksäcke und tranken Wodka, während sie den Wilden beim Apfelmahl zusahen.

Sie aßen, bis kein Apfel mehr am Baum hing. Die, die sie nicht mehr essen konnten, steckten sie in ihre Taschen. Niemand wusste, wann sie endlich das versprochene Versteck mit dem versprochenen Proviant erreichen würden. Es konnte noch Stunden, einige sagten sogar Tage, dauern. Niemand fragte die Schlepper, sie logen seit Stunden, sie hatten gelogen, seit sie das Zimmer verlassen hatten und in den Lkw gestiegen waren. Sie waren ihnen ausgeliefert, und wer Angst hatte, stellte keine Fragen.

»Wir sind dümmer als die Tiere«, sagte eine Frau leise. »Wir bezahlen für unsere Schlächter.«

»Sie tun das, wofür sie von uns bezahlt werden«, entgegnete eine Männerstimme. »Du bist anscheinend zu lange von zu Hause weg, um dich zu erinnern, was Schlächter wirklich tun. Die Männer bringen uns in den Westen! Sei zufrieden, Weib.«

»Wir bleiben hier und warten«, sagte einer der Schlepper,

der sich zu ihnen gesetzt hatte, »in ein paar Stunden kommen die Wagen, um uns zu holen. Legt euch hin und schlaft.«

»Uns ist kalt«, sagte eine Frau.

»Dann macht euch Feuer«, schimpfte der Mann, »oder soll ich euch auch noch Holz dafür bringen?« Er stand auf und ging zurück zu den anderen Schleppern.

Die Nacht, die über der Talsenke hereinbrach, gab einen Ausblick auf den Herbst. Hesmat überlegte, er zählte die Wochen zu Monaten zusammen, die er unterwegs war. Acht Monate waren vergangen, seit er diesen kalten Wind das letzte Mal gespürt hatte. Damals war es der Wind der letzten Wintertage, der ihn am Hindukusch frieren ließ, jetzt kündigte der Wind den nächsten Herbst und Winter an.

Sein Onkel raffte sich auf, um Holz für ein Feuer zu sammeln, die anderen Männer folgten ihm wortlos in die Dunkelheit.

Sein Onkel steckte sich eine Handvoll Grasbüschel in den Mund und kaute unwillig darauf herum. »Wenn ich nicht bald was zu essen bekomme, werde ich mir den Typen vorknöpfen«, sagte er und zeigte auf einen der Männer, der das Entladen des Autos bewachte. »Sie schlagen sich auf unsere Kosten die Mägen voll und wir haben nichts zu fressen. Es ist eine Schande.«

Wieder ging es zu Fuß weiter. Hesmat war vollkommen ausgepumpt und musste sich übergeben. Ich kann nicht mehr, ich kann nicht mehr, ich kann nicht mehr. Es war wie ein böser Geist, der sich in seinen Kopf eingeschlichen hatte und ihn malträtierte. So lange, bis sein Körper streikte. »Ich kann nicht mehr«, sagte er endlich laut.

»Reiß dich zusammen! Geh weiter«, schimpfte sein Onkel.

»Du hast leicht reden!«, schrie Hesmat zurück. »Du hast keine Ahnung, wovon du sprichst! Du bist erst seit einem Monat unterwegs und hast bis vorgestern keinen Meter zu Fuß zurückgelegt! Sag nicht zu mir: ›Reiß dich zusammen.‹ Wenn ich sage, ich kann nicht mehr, dann kann ich nicht mehr!«

Zwei Frauen hörten sein Schreien. »Wir können auch nicht weiter. Kommt, Kinder, setzt euch zu uns. Wir bleiben hier.«

Die Schlepper umkreisten die Gruppe. Es entstand ein Augenblick angespannter Stille, in dem alle Seiten überlegten.

Ein Mann vermittelte schließlich. »Lasst sie doch! Gebt ihnen eine Pause. Sie können nicht mehr. Wir alle können nicht mehr! Wir brauchen etwas zu essen. Wir müssen schlafen. In Allahs Namen, habt Erbarmen mit uns!«

Die Schlepper berieten und beschlossen, drei Stunden gemeinsam auszuruhen.

»Was ist mit Essen?«, trauten die Flüchtlinge sich zu fragen.

»Soll ich zaubern?«, meinte einer der Schlepper. »Ihr seht doch, dass wir selbst nichts haben.«

»Ja, weil ihr alles gestern Abend gefressen habt«, schimpfte eine Frau. »Warum quält ihr uns so?«

Ein Schlepper wurde wütend. Er stützte sich auf sein Gewehr und stand drohend auf. »Was glaubst du eigentlich, Frau?«, schrie er. »Ihr seid es doch, die es nicht mehr zu Hause aushaltet. Glaubt ihr vielleicht, dass euch irgendjemand da drüben haben will?«

Zwei andere Schlepper versuchten, ihn zu beruhigen. Er stieß sie zurück.

»Niemand will euch, ihr habt nichts, ihr seid nichts wert. Ihr haltet es zu Hause nicht mehr aus und hofft, dass wir euch durchfüttern. Vergesst es!« Sein Kopf war rot angelaufen, und er schnappte nach Luft, während er weitere Worte ausspuckte. »Ihr sagt zu uns, wir sollen euch nicht so quälen? Gut! Gut, dann kehren wir um. Los, auf mit euch, wir bringen euch gerne zurück. Verschwindet dorthin, woher ihr gekommen seid. Ich brauche euch nicht. Im Westen brauchen sie euch auch nicht. Wir können gehen. Los, los, auf mit euch, ihr Scheißpack!«

»Aber wir haben dafür bezahlt«, sagte einer der Männer matt, der sich neben Hesmat gesetzt hatte.

»Bezahlt?«, rief ein anderer Schlepper, der jetzt ebenfalls genug zu haben schien. »Ihr habt bezahlt? Was glaubt ihr, was ihr bezahlt habt? Wisst ihr, wie viel ihr uns schon gekostet habt? Die Unterbringung, die Lastwagen, das Essen im Versteck? Kommt uns nicht mit: ›Wir haben doch bezahlt‹! Ihr habt keine Reise gebucht, ihr seid auf der Flucht, und wenn ihr jetzt Essen wollt, dann bitte. Gebt mir Geld, und ich werde euch das Beste besorgen, was es gibt. Alles kein Problem. Aber solange ihr hier herumsitzt, kommen wir keinen Meter weiter. Es wird genug Essen für euch alle geben, aber nicht hier. Ihr habt zwei Tage nichts gegessen, und ihr glaubt, ihr verhungert? Euch muss es ja zu Hause verdammt gut gegangen sein. Ich wundere mich nur, warum ihr dann weglauft. Essen?«, schimpfte er. »Glaubt ihr, ihr habt keine anderen Probleme?«

Die Schlepper schüttelten die Köpfe und drehten sich von der sitzenden Gruppe weg.

»Los!«, sagten sie. »Wenn ihr Hunger habt, dann geht weiter. Morgen gibt es zu essen.«

Der Widerstand war gebrochen und einige der Flüchtlinge nickten sogar zustimmend. »Sie haben recht, wir müssen weiter. Kommt, lasst uns gehen, hier wird es nicht besser.«

Wortlos und unter Stöhnen erhob sich die Gruppe. Sie stellten sich wieder auf die wunden Füße. Die Aussicht auf Essen am nächsten Tag ließ sie die Schmerzen kurzzeitig vergessen.

Die Mütter hatten jetzt wieder etwas, womit sie ihre Kinder weiterlocken konnten. »Ja, mein Kleiner, morgen. Morgen gibt's was zu essen. Jetzt sei ruhig und geh, denk nicht an deinen Hunger, morgen ist alles vorbei«, logen sie.

Aber die Kräfte ließen schnell wieder nach. Die Männer hoben die schwächsten Kinder auf die Schultern und stolperten hinter den Schleppern her. Hesmat und sein Onkel nahmen eines der Kinder zwischen sich, zogen und schoben es Schritt für Schritt weiter, während die weinende Mutter hinter ihnen hertaumelte. Über den Hügeln ging die Sonne unter und es wurde kalt.

Die Scheinwerfer schlichen sich über die Geländekuppe in das Hochtal. Lange bevor sie die leuchtenden Augen der Wagen entdeckten, hatte sie das Geräusch der fernen Motoren geweckt.

Hesmat war erst aufgeschreckt, als ihn sein Onkel an der Schulter berührte. »Wach auf, irgendetwas passiert.«

Das Feuer war ausgegangen und die Feuchtigkeit der Nacht hatte sich in seine Kleider geschlichen. Das Gras war nass, und er zitterte vor Kälte, als die beiden Kastenwagen zwischen den Flüchtlingen stoppten. Neue Gesichter, die im Halbdunkel und im zitternden Kegel einer Taschenlampe noch grimmiger aussahen als jene, die Hesmat bereits kannte, stiegen aus und unterhielten sich mit den Schleppern in einer Sprache, die er nicht verstand.

»Ich gehe nicht ohne meine Kinder weiter«, sagte eine Frau und drückte als Beweis die Hände ihrer Kleinen derart fest, dass das Blut aus deren Fingerkuppen wich.

»Dann nimm sie und steig mal auf«, sagten die Schlepper.

Die übrigen entkräfteten Flüchtlinge folgten wortlos. Als die Tür des Kastenwagens zugeworfen wurde, saßen sie wieder einmal im Dunkeln. Ihre Fahrt ins Ungewisse ging weiter.

Einen halben Tag später öffneten die Schlepper die Heckklappen, und die Flüchtlinge blickten verloren in den Regen, der die karge Landschaft mit seinem Schleier überzog.

Die Geröll- und Schotterpisten waren in der Dunkelheit des Lasters wie eine Achterbahnfahrt gewesen. Die Schläge gegen die Räder und die Rücken der Menschen im Lieferwagen kamen ohne Vorwarnung. Manchmal riss ein Schlag die am Boden zusammengekauerten Menschen um und warf sie in der Dunkelheit durcheinander. Schreiende Kinder, weinende Frauen und schimpfende Männer tasteten sich dann zurück auf einen freien Platz, auf dem sie sich aneinanderlehnten, um auf die nächste Bodenwelle, den nächsten stechenden Schmerz in ihrem Rücken und ihren tauben Pobacken zu warten. Niemand konnte schlafen, und niemand konnte sagen, wo sie waren. Sie trösteten die Kinder und damit auch sich selbst.

»Jetzt gehen bald die Türen auf«, sagten sie, »und dann sind wir in Ungarn. Bald ist alles vorbei, dann können wir darüber lachen.«

Wieder ein Schlag, wieder Schmerzen und Tränen statt Lachen.

Lügen, immer nur Lügen

»Ungarn, Ungarn!«, riefen die Kinder und tanzten um ihre Eltern herum. Sie freuten sich über dieses Land, das sie nicht kannten.

Ungarn bedeutete für alle schon fast das Ende der Flucht, die Freiheit, die Erfüllung all ihrer Träume. Ungarn war für viele die vorletzte Station. Nur die Grenze zu Österreich trennte sie noch vom Westen, von der Europäischen Union.

Die Erwachsenen hatten sich wochenlang beraten, viele, die meinten, der Weg über Polen wäre der einfachste, waren zurückgeblieben und hatten sich von ihnen getrennt, und jetzt hatten sie es tatsächlich geschafft! Die Grenze zu Österreich lag einige Kilometer weiter, die Grenze, die angeblich nur aus einem unbewachten Zaun bestand, den sie übersteigen mussten, um am Ziel ihrer Träume zu sein.

Seit Monaten waren sie unterwegs, seit Monaten hatte der Traum sie am Leben gehalten, hatten die Erwartungen sie ausgefüllt und sie alles überstehen lassen. Jetzt waren sie fast am Ziel. Endlich war ein Ende der Qualen und Strapazen abzusehen. Bald würde alles vorbei sein.

Die Schlepper waren verschwunden, nachdem sie ihnen

gratuliert hatten. »Ungarn«, hatten sie gesagt und auf das weite Land hinausgeblickt. »Gratulation, ihr habt es geschafft!«

Die Eltern hatten ihre Kinder in den Arm genommen, gedrückt und geküsst.

Wieder waren sie auf zwei Räume aufgeteilt worden. Hesmat und sein Onkel kamen zusammen mit der afghanischen Familie, die nach Wien wollte, und zwei Kirgisen im kleineren Zimmer unter, das luxuriöser war als alle ihre bisherigen Verstecke. Überhaupt war das ganze Haus, in dem sie jetzt noch einmal warten mussten, schön eingerichtet. Zusammen mit den anderen Flüchtlingen teilten sie sich ein sauberes Bad, eine Küche, in der die Kinder der Familie zum ersten Mal einen Kühlschrank sahen, außerdem einen Fernseher, der nicht funktionierte.

Das Versteck war ein Vorgeschmack darauf, was sie sich vom Westen erhofften: Friede, Sauberkeit und bescheidenen Luxus. Kurz vergaßen die meisten sogar ihren Hunger. Als sie dann endlich etwas zu essen bekamen, erwachten die Augen der Menschen zu neuem Leben. Für einen kurzen Augenblick, für den Moment, in dem der Magen sich füllte, waren sie restlos glücklich.

Während Hesmat am Fenster stand und hinausschaute, schliefen die meisten anderen bereits. Irgendetwas störte ihn, irgendetwas schien nicht zu stimmen. Der ungewohnte Luxus und das fehlende Schimpfen und Schreien der Schlepper machten ihn nervös. Es war, als wäre ein Schmerz von einem Augenblick auf den anderen verschwunden, und niemand wusste, aus welchem Grund.

»Hör auf zu grübeln und ruh dich aus«, riet sein Onkel ihm, »noch sind wir nicht am Ziel.«

Die Schlepper waren nach dem Essen mit einem dunklen

Auto weggefahren und hatten sie allein gelassen. Nur einer war geblieben, um aufzupassen, wie er sagte.

»Wo sind sie hin?«, fragte Hesmat.

Er ging zurück in die Küche, die so sauber geputzt war, dass selbst der Boden glänzte. In den Schubladen fand er Besteck, das sie nicht benutzt hatten, als sie das Essen mit bloßen Händen verschlungen hatten, und im Küchenschrank roch er an Gewürzen, die ihm fremd waren. Auf dem Tisch sah er die Dosen, die ihnen die Schlepper in die Hand gedrückt hatten und die jetzt offen und leer vor ihm standen.

»Was ist das für eine Schrift?«, hatten die Kinder gefragt, als sie die Dosen erwartungsvoll ansahen.

»Das ist Ungarisch, mein Kleiner«, hatte der Vater ihnen erklärt.

»Das sind lateinische Buchstaben«, hatte Hesmats Onkel ergänzt, »nicht mehr kyrillische. Wir sind jetzt in Europa, nicht mehr in Russland.« Er hatte sich das Essen in den Mund gestopft und gelacht wie alle, die am Boden zwischen den Küchenstühlen saßen und sich zum ersten Mal seit Tagen satt aßen.

Am Nachmittag waren die Schlepper mit vier weiteren Flüchtlingen zurückgekehrt und in ihrem Zimmer war es enger geworden. Die neuen Flüchtlinge sprachen eine Sprache, die sie noch nie gehört hatten, und hatten eine tiefschwarze Haut. Sie waren größer und kräftiger als alle Männer, die Hesmat bisher gesehen hatte, und trotzdem hatten sie Angst.

Sein Onkel war der Einzige, der sich mit ihnen unterhalten konnte. Sein Englisch war nicht so gut, wie Hesmat geglaubt hatte, trotzdem sprach er lange mit ihnen. Die Männer erzählten viel mit den Händen. Sie stammten aus dem Kongo und waren seit mehr als einem Jahr auf dem Weg nach Europa. Sie konnten nicht erklären, wie sie nach Ungarn gekommen waren. Sie waren so weit von ihrer geplanten Route abgekommen, dass niemand ihrer Geschichte folgen konnte. Viele waren gestorben, übersetzte sein Onkel und berichtete von den Gräueltaten, von Mord, Tod, Schlägen und Hoffnungslosigkeit, die die Männer erleben mussten.

»Ihr habt es bald überstanden«, sagte einer der Kirgisen, »wir sind bald da.«

»Glaubt ihnen nicht«, übersetzte Hesmats Onkel die Worte des Anführers der Kongolesen, »wir hören seit Monaten, dass wir bald da wären. Jedes Mal wenn sie sagten, wir wären bald da, ist einer gestorben, und die Reise ist immer noch weitergegangen.«

Schweigend und erschrocken starrten sie sich an.

Nach zwei Tagen, an denen nichts passiert war, wurden sie unruhig.

»Es fehlt noch eine Gruppe«, sagten die Schlepper.

Nach vier Tagen voller Dosen mit lateinischer Schrift, voller Blicke hinaus in die Zukunft stand der Anführer der Schlepper plötzlich mit einem Telefon vor ihnen.

»Wer mitkommen will, ruft jetzt an«, sagte er. Er wurde ungeduldig, als sie sich einen Augenblick berieten. »Was wollt ihr?«, schrie er. »Wer nicht anruft, bleibt hier. Die Grenze ist nur ein paar Kilometer von hier. Euch ist doch klar, dass wir euch nicht laufen lassen, ohne dass ihr bezahlt habt?«

Wieder beriet sich die Gruppe, bis schließlich einer das Telefon in die Hand nahm und einen sorgsam gefalteten Zettel aus der Tasche zog. Seine Finger zitterten, als er die Nummer wählte, seine Stimme stockte. Sie reichten das Telefon der Reihe nach weiter und immer mehr Finger zerrten Zettel aus ihren Taschen.

Wer angerufen hatte, machte sich für das letzte Stück des Weges bereit.

Hesmat gehörte zu denen, die niemanden erreichten. Sayyid war nicht zu Hause, und am Mobiltelefon meldete sich eine fremde Frau, die nicht mit Hesmat sprechen wollte. Sie erklärte ihm nur, dass er Sayyid eine Nachricht hinterlassen könnte. Er legte auf.

»Und?«, fragte der Schlepper.

Er zuckte mit den Schultern. »Ich habe ihn nicht erreicht.«

Der Schlepper packte ihn am Arm und ging mit ihm einen Stock höher in einen kleinen Raum, der ganz mit Plastikfolie ausgelegt war. Es stank erbärmlich.

Was wollten sie von ihm, warum wurde er von seinem Onkel getrennt?

»Du wartest hier«, sagte der Mann, »ich komme später wieder. Wenn du ihn erreicht hast, kannst du mit.« Dann versperrte er die Tür und ging wieder hinunter zu den anderen.

Jeder Schritt auf der Folie raschelte. Das Rascheln machte ihn nervös. Dann fand er in einer Ecke den Grund für den Gestank: Neben einem Stuhl stand ein Kübel mit Exkrementen.

Vergeblich versuchte er, das Fenster zu öffnen, das zugenagelt worden war. Der Raum war ein Gefängnis und das Plastik auf dem Boden machte ihm zusätzlich Angst. Er konnte keinen klaren Gedanken fassen.

Plötzlich hörte er Schreie aus dem Erdgeschoss. Im Stimmengewirr glaubte er, einen der Afrikaner wiederzuerkennen. Sie stritten sich mit den Schleppern. Sie fluchten in einer Sprache, die er nicht verstand. Jetzt klangen ihre Schreie nach Bitten, nach Schmerzen, nach Angst. Er hörte, wie die afghanischen Flüchtlinge schrien, und verstand, dass sie die Schlepper beruhigen wollten. Dann fiel ein Schuss. Für einen Augenblick herrschte Stille, Hesmat hörte nur noch sein Herz klopfen.

Dann fiel ein zweiter Schuss, und mit ihm begann das Weinen, das schließlich zu einem Wimmern wurde.

Hesmat zitterte.

Sayyid war skeptisch. »Wo bist du?«, fragte er.

Hesmat verstand nur jedes zweite Wort, die Verbindung war schlecht. »Ich bin in Ungarn«, brüllte er in den Hörer. »Sie wollen, dass du ihnen jetzt das restliche Geld gibst. Hörst du mich?«

Der Schlepper nahm ihm den Hörer aus der Hand und sprach mit Sayyid. Die Wortfetzen flogen so schnell zwischen Ungarn und Moskau hin und her, dass Hesmat nicht genau verstand, worum es ging.

»Da«, sagte der Schlepper schließlich und hielt ihm wieder den Hörer ans Ohr.

»Ich glaube ihnen nicht«, sagte Sayyid. »Irgendetwas stimmt da nicht!«

»Aber was soll ich tun?«, fragte Hesmat. »Sie lassen mich sonst hier! Alle haben angerufen, alle haben das restliche Geld bezahlt. Wir sind doch fast da! Du musst Musa das restliche Geld geben!«

»So nicht, Hesmat«, sagte die Stimme im fernen Moskau. »Gib mir ein wenig Zeit, ruf mich morgen wieder an.«

»Nein, warte!« Aber Sayyid hatte schon aufgelegt.

Der Schlepper griff nach dem Hörer und lauschte, bevor er Hesmat ins Gesicht schlug, den Plastikraum verließ und die Tür versperrte.

Ein paar Stunden später sah er das erste Auto vor dem Haus, aber er konnte nicht erkennen, wer in den Wagen stieg. Es war dunkel und seine Tränen ließen die Szene verschwimmen. Der Wagen setzte sich ohne ihn in Bewegung. Er riss am Fenster, zerrte an der Tür, stampfte mit allem Zorn und aller Angst, die sich in ihm aufgestaut hatten, auf der Plastikfolie herum. Seine Fäuste trommelten gegen das Holz, sein Fuß krachte gegen den Kübel mit seiner Notdurft, die gegen die Wände und auf die Folie klatschte.

Der Wagen war längst abgefahren, als ihn der Schlepper weinend im Eck sitzend fand. Er führte Hesmat wieder ins Erdgeschoss. Als er die Tür mit dem Fuß aufstieß, sah Hesmat, dass die Afrikaner und eine Familie verschwunden waren, während sein Onkel und die anderen nach wie vor warteten.

»Wenn du bis morgen nicht bezahlst, bleibst du hier«, sagte er.

»Dein Freund muss den Rest zahlen!«, sagte die Frau. »Auf was willst du noch warten?«

»Sayyid meint, dass etwas nicht stimmt«, entgegnete Hesmat.

»Was soll nicht stimmen?«, meinte der Mann. »Was weiß der schon.«

»Sie werden dich zurücklassen, und du wirst verrecken, wenn du nicht bezahlst! Wir haben nur Probleme durch dich!«

Hesmats Onkel schwieg.

»Sie sagen, wir wären schon längst weg, wenn du getan hättest, was sie von dir wollen«, schimpfte ein anderer. »Bezahl endlich deine Schulden, du Bastard!«

»Aber was soll ich tun?«, sagte Hesmat. »Sayyid will nicht bezahlen.«

Sein Onkel zuckte mit den Schultern.

»Du musst ihnen vertrauen«, sagte die Frau.

Aber Hesmat vertraute schon lange niemandem mehr. Erst recht nicht, nachdem die anderen zusahen, wie sie ihn schlugen. Sie ließen zu, dass die fremden Männer den Jungen vor ihren Augen schlugen. Niemand sagte etwas, alle schauten sie weg und warteten nur darauf, dass das Betteln und die dumpfen Schläge aufhörten. Sie hörten den Jungen, wie er sie anflehte, ihm zu helfen, aber sie rührten keinen Finger für ihn. Sie wollten auf keinen Fall den Zorn der Männer auch auf sich ziehen und alles für diesen fremden, bockigen Jungen riskieren. Er war doch selbst schuld. Die Schlepper verlangten schließlich nur, was ihnen zustand.

»Die Hälfte des Geldes, wenn es losgeht«, hatten sie gesagt, »den Rest, wenn ihr ankommt. Ihr ruft eure Leute zu Hause an und sie geben unserem Verbindungsmann das restliche Geld. Dann seid ihr frei.«

Der Junge musste nur bezahlen, was vereinbart war. Sie sahen seine blutige Nase und die Augen, die ihnen nie verzeihen würden. Er wehrte ihre Hände ab, die ihn umarmen wollten, und verkroch sich vor ihrem späten Mitleid. Seinen Onkel schaute er anklagend an. Doch schließlich hörten sie, was sie hören wollten. Er versprach, Sayyid anzurufen und zu zahlen.

»Ich lass mich doch nicht erpressen!«, schimpfte Sayyid. »Nicht von diesen Gaunern!«

»Aber sie bringen mich um!«, weinte Hesmat. »Gib ihnen das Geld doch endlich! Das Geld gehört mir und ich habe dir vertraut! Sie wollen nur ihr Geld, dann wird alles gut.«

»Aber etwas stimmt da nicht, Hesmat! Sie legen uns rein! Du bist tot, wenn ich bezahle, und du noch nicht über der Grenze bist!«

»Aber so verrecke ich hier auch, was nützt mir das dann«, weinte Hesmat. »Was nützt mir das alles, wenn ich tot bin?«

Sayyid schwieg.

»Pass auf dich auf«, sagte er schließlich, »und gib mir den Mann.«

Hesmat verabschiedete sich und drückte dem Schlepper den Hörer in die Hand. Der lauschte und legte wortlos auf.

Die Schläge hörten auf, zwei Tage später ging es in die Freiheit. Sayyid hatte bezahlt.

Walera, seine Freundin, hatte dem Gespräch wortlos gelauscht.

»Sie werden ihn umbringen«, sagte Sayyid schließlich. »Wir werden ihn nie wiedersehen.«

Reingelegt

In der Abenddämmerung steckten die Schlepper sie auf die Rücksitze und in die Kofferräume von drei schwarzen Wagen, die sie die letzten Kilometer an die Grenze zu Österreich bringen sollten. Nach einer Stunde hielten die Wagen in einem kleinen Waldstück. Die Nacht war so dunkel wie der Kofferraum, den sich Hesmat mit einem zweiten Flüchtling geteilt hatte.

Hesmat fühlte sich wie ein alter Mann, als er sich streckte. Sein Rücken schmerzte von der langen Flucht, den harten Lagern, den Schlägen. Die äußerlichen Verletzungen waren größtenteils verheilt, die Knochen hingegen hatten keinen Schlag vergessen. Seine Füße schmerzten noch immer bei jedem Schritt, und dabei war er, mit Ausnahme der Kinder, der Jüngste der Flüchtlinge. Wie alt und müde mussten sich erst die Erwachsenen fühlen, die jetzt aus den Kofferräumen der anderen Wagen stiegen, sich von den Rückbänken stemmten, auf denen sie zu viert oder zu fünft hatten sitzen müssen.

Wieder waren Taschen und Gepäck verloren gegangen. Das wenige, was die meisten von ihnen noch besessen hatten, war im Lauf der Flucht immer weiter zusammengeschmolzen. Zuerst blieben die großen Plastiktaschen zurück, später die großen Säcke, jetzt hatten die meisten nur noch Handgepäck, das ihnen an den schwachen Armen hing. Eine Familie hatte noch zwei große Taschen dabei. Sie waren damit Tausende Kilometer gereist, hatten sich tage- und wochenlang damit abgeschleppt. Dabei war wahrscheinlich alles, was sie darin trugen, wertloser Plunder, den sie nicht einmal auf dem schäbigsten Markt hätten verkaufen können. Aber es waren Erinnerungen, die sie in das neue Leben hinüberretten wollten und für die sie zusätzliche Qualen in Kauf nahmen. Niemand half ihnen beim Schleppen, jeder war mit seinem eigenen Gewicht beschäftigt. Viele sagten zu ihnen: »Lasst doch die Sachen liegen, sie nützen euch sowieso nichts.«

Hesmat begann, seine Schritte zu zählen.

»Da vorne ist die Grenze«, hatte der Fahrer gesagt und seinen Finger in die Nacht gestreckt. »Von hier aus geht's zu Fuß! Zu gefährlich. Seid leise!«, hatte er den Schleppern erklärt und war zusammen mit seinen zwei Kollegen wieder zurückgefahren.

»Da vorne!«, hallte es in Hesmats Ohren wieder. Da vorne lag der Zaun, Österreich, diese Europäische Union, von der sie alle träumten. »Da vorne!« Immer wieder blickte er suchend in die Ferne, um das Land endlich zu sehen. Wie viele Schritte lag dieses *da vorne* noch weg?

Er versuchte, sich mit den Namen der Städte abzulenken, durch die er bisher gekommen war. Er erinnerte sich an Städte, die bloße Namen für ihn geblieben waren, an die Gefängnisse, die Verstecke, aber auch an Moskau und Duschanbe, an die wenigen Tage, in denen er keine Angst gehabt hatte, in denen ihm nicht die Furcht den Blick auf das Schöne, das es auf der Reise auch gegeben hatte, verstellt hatte. Er kämpfte gerade mit der Vorsilbe des ersten Ortes in Usbekistan, als ihn ein Schmerzensschrei aus seinen Gedanken riss.

Der Verletzte schrie und fluchte, während die anderen ratlos um ihn herumstanden.

»Er ist gebrochen«, sagte das schmerzverzerrte Gesicht, das Hesmat im Kegel der Taschenlampe zwischen den Umstehenden erblickte.

»Beruhige dich«, sagten die anderen, »es muss ja nicht so schlimm sein.«

Sie stellten ihn auf die Füße, aber sobald sie seine Schultern losließen, schrie er erneut auf und fiel zu Boden. Nach dem zweiten Versuch flossen ihm Tränen über die Wangen, während er zusammengesunken im Gras saß und seinen Unterschenkel abtastete.

Am lautesten fluchten die Schlepper. Einer versuchte, mit seinem Mobiltelefon jemanden anzurufen, klappte das Gerät aber wieder zu. »Kein Empfang.« Er stellte sich neben den Verletzten. »Wir müssen weiter«, sagte er. »Entweder du reißt dich zusammen oder du bleibst hier.«

Die Frau des Verletzten fiel ihrem Mann unter lautem Geschrei um den Hals. »Ihr könnt ihn doch nicht hierlassen! Wenn er zurückbleiben muss, bleibe ich auch.«

Die Gruppe wurde unruhig und das Schreien und Diskutieren machte die Schlepper sichtlich nervös.

»Seid ruhig«, befahl einer, »hier können überall schon Kontrollen unterwegs sein, und schaltet endlich die verfluchten Taschenlampen aus, ihr Idioten!«

Die Lichter erloschen, stattdessen leuchtete die Milchstraße über ihren Köpfen. Mit dem Licht verstummten auch die lauten Stimmen.

»Wir können ihn nicht hierlassen«, flüsterte jemand, »nicht so knapp vor dem Zaun. Was drüben passiert, ist halb so schlimm, dort werden sie ihm helfen. Aber hier wird er verrecken, die Schlepper werden ihm sicher nicht helfen.«

Der zweite Schlepper, der sie begleitete, klappte verächtlich sein Mobiltelefon zu. »Du musst warten, bis sie dich holen kommen«, sagte er kühl.

»Er kommt mit«, entgegnete Hesmats Onkel, »wir werden ihn tragen.«

»Auch gut«, sagte der Schlepper, »dann schaut, dass ihr weiterkommt, und seid verdammt noch mal leise. Es ist nicht mehr weit.«

Mit der Angst, selbst umzuknicken, und dem Verletzten, den die Männer abwechselnd stützten, kamen sie jetzt nur noch langsam voran. Die Schlepper wurden mit jedem Mal, das sie warten mussten, ungeduldiger. Der Verletzte stöhnte und die Stille verstärkte jedes Geräusch. Hesmat schien es, als halle der ganze Wald vom Schmerz des Mannes wider. Man hörte sie sicher schon von Weitem und schließlich blieben die Schlepper stehen.

»So geht das nicht, verdammt, du verrätst uns alle. Keine Widerrede«, befahl er, »wir trennen uns. Du bleibst mit deiner Frau hier, Dimitov bleibt bei euch, ihr kommt nach. Die anderen gehen mit mir und Pawel. Und ich will kein Wort hören.«

Sie legten den Verletzten ins Gras. Er verfluchte sie nicht, schrie sie nicht an, machte ihnen keine Vorwürfe. Er saß nur still im Gras und hielt die Hände seiner Frau, die sich neben ihn gesetzt hatte.

Hesmat wusste nicht, ob es die Gewehre der Männer, die unabänderliche Situation oder ihr blinder Wille zu überleben war, aber keiner widersprach. Keiner kam auf die Idee zu sagen: »Es geht schon noch, wir werden es gemeinsam schaffen.« Es gab nur diesen Grenzzaun in ihren Köpfen. Sie beruhigten ihr Gewissen, indem sie sich zuflüsterten: »Sie schaffen es. Dimitov wird sich um sie kümmern, er ist ja kein Unmensch. Die packen das auch.«

Es gab immer Mittel, sich selbst zu beruhigen, aber das Weinen der Frau, das sie noch ein Stück begleitete, führte ihnen ihren Egoismus gnadenlos vor Augen.

»Fasst ihn nicht an!«, fluchte der eine Schlepper. »Seid ihr verrückt? Wollt ihr sterben?« Er konnte die Hand der Frau, die sich nach dem Draht ausgestreckt hatte, gerade noch zurückreißen.

»Reg dich nicht auf«, sagte der zweite, »kein Strom, sie müssen sparen.« Sie lachten leise.

Die Schlepper trieben die Gruppe zwanzig Meter zurück in den Schutz einer Baumgruppe. Von hier aus blickten sie ungläubig in die Dunkelheit und versuchten, den Zaun, den sie gerade fast berührt hätten, zu erkennen. Er war hoch, Hesmat schätzte ihn auf fünf Meter. Er war quasi aus dem Nichts aufgetaucht. Als sie auf das Feld hinaustraten, standen sie plötzlich vor der letzten Hürde. Hesmat war enttäuscht. Das war der Zaun? Das war alles? Er war zwar hoch und wirkte gefährlich, aber er blieb trotz der Drähte und dem Stacheldraht ein Zaun, wie er überall stehen könnte. Das Land dahinter sah nicht anders aus als das Land, das sie gerade durchschritten hatten. Die Nacht dahinter war dieselbe wie auf dieser Seite.

Er wusste nicht, was er genau erwartet hatte, aber er war irgendwie enttäuscht. Trotzdem musste er lachen. Die Freude der Gruppe riss ihn einfach mit, und die Schlepper hatten alle Mühe, wieder für Ruhe zu sorgen. Sie waren noch 17 Flüchtlinge, ohne die zwei, die sie vor ein paar Kilometern zurückgelassen hatten. Keine Spur von den anderen, die im selben Haus gewesen waren und sich mit anderen Autos auf den gleichen Weg gemacht hatten.

Sie waren am Ziel und starrten auf den Zaun, als wäre er der Eingang der blauen Moschee in Mazar. Es schien, als seien die Drähte das Schönste, das sie seit Langem gesehen hatten. Erst als einer der Schlepper bemerkte, dass es wohl nicht so einfach sein würde, wie sie es sich vielleicht vorstellten, kehrte wieder Ruhe ein.

Die beiden letzten großen Taschen blieben zurück, aber die Aussicht, den Zaun zu überwinden, schien die Frau sogar über diesen Verlust hinwegzutrösten.

Die Schlepper hatten ihnen den Ablauf immer und immer wieder erklärt. Sie durften nichts falsch machen. »Die Grenzposten sind gefährlich«, sagten sie. »Sie lauern auf ihren Hochständen in den Bäumen.« Die Blicke der Flüchtlinge wanderten über die Köpfe der Schlepper hinweg auf die andere Seite des Zauns. »Sie schießen ohne Vorwarnung. Nein, ihr könnt sie nicht sehen. Verdammt, jetzt hört zu! Ihr müsst alles zurücklassen, was ihr nicht leicht tragen könnt. Ihr robbt einzeln unter dem Zaun durch! Wir beide schleichen uns vor, heben den Zaun an, einer nach dem anderen folgt uns, und ja kein Ton! Ihr kommt zu uns, kriecht unter dem Zaun durch. Alles, was nicht durchpasst, bleibt zurück. Es wird nichts drübergeworfen, habt ihr verstanden, nichts! Das lenkt nur die Aufmerksamkeit auf uns. Wer durch ist, wartet nicht! Habt ihr gehört, wartet nicht auf die anderen! Ihr lauft bis zur Waldgrenze auf der anderen Seite. Dort versteckt ihr euch und wartet. Wenn ihr vollzählig seid, geht nach links. Es sind ungefähr drei Kilometer durch den Wald. Ihr müsst laufen und leise sein, überall können Grenzposten sein. Vergesst nicht: Sie schießen, ohne zu fragen. Ihr sammelt euch also und lauft nach links. Nach drei Kilometern trefft ihr auf Bahnschienen. Diesen Schienen folgt ihr wieder nach links und nach ungefähr zwei Kilometern kommen ein paar Häuser. Dort wartet unser Kontaktmann. Er hat Essen für euch und bringt euch mit dem Bus nach Wien.«

Er sprach so schnell, dass kaum jemand alles verstand. Es gab so viel zu beachten, so viel, das gefährlich klang, so viel, das sie verwirrte.

»Wie viele haben sie schon erschossen?«, fragte eine Frau.

Die Frage kam so unerwartet, dass der Schlepper stockte. »Ich weiß nicht, zu viele auf jeden Fall. Sie dürfen niemanden hineinlassen. Merkt euch das: Wer nicht vorsichtig ist, ist tot!«

Er musste alles noch zweimal wiederholen, bis auch der Letzte seine Befehle verstanden hatte. Als sie sich zum Zaun schlichen, um den Draht anzuheben, flüsterten einige leise Gebete, andere gingen noch einmal den genauen Ablauf der nächsten Minuten durch. Die Schlepper hatten die Reihenfolge festgelegt. Sie wussten, was sie taten, dachte Hesmat, ansonsten gäbe es spätestens jetzt das totale Chaos. Jeder hatte Angst vor diesem Zaun, jeder glaubte, schon jetzt das Klicken der Gewehrabzüge zu hören, das Abfeuern der Waffe, den Schmerz der Kugel zu spüren, die sich in ihr Fleisch bohren würde. Dann kam das Signal, der Erste lief los, irgendwann stieß jemand Hesmat an.

»Lauf und schlaf nicht«, sagte sein Onkel.

Er spürte, wie der Stacheldraht sich an seiner Hose verhängte und ein tiefes Loch in den Stoff riss, hörte das Keuchen, als er endlich den Wald erreichte, wo er das Gefühl hatte, die ganze Gruppe hätte nur noch auf ihn gewartet, und ehe er einen klaren Gedanken fassen konnte, stapften sie alle gesund und in Sicherheit den Bahndamm entlang. Es dauerte eine ganze Weile, bis er realisierte, dass sie es geschafft hatten. Sie hatten alle überlebt, kein einziger Schuss war gefallen.

Sie lachten, Hesmats Onkel begann, mitten auf dem Bahndamm zu tanzen. Sie hatten es tatsächlich geschafft. London war zum Greifen nahe, hier im Westen würde es ihnen gut gehen. Selbst wenn die Polizei sie aufgreifen würde, bräuchten sie keine Angst zu haben. »Dort schlägt dich niemand, sie machen nur ihre Arbeit. Im Westen wird alles gut, sogar wenn sie dich festnehmen.« Sie waren aus ihrem bösen Traum erwacht, und alle Strapazen, die Ängste, die sie ausstehen mussten, die Menschen, die sie begleitet hatten und die sie zurücklassen mussten, waren für den Augenblick vergessen.

Die Nacht war dunkel, aber das Land strahlte für sie wie das Paradies. Die Schlepper hatten sie gewarnt, aber die Freude über den gelungenen Grenzübertritt überstrahlte all ihre Sorgen. Sie lachten und redeten laut, ihre Schmerzen waren vergessen und sie marschierten wie eine Gruppe Schulkinder dahin. Alles war gut. Selbst als sie längst drei Kilometer marschiert waren und keinen Ort sahen, kamen keine Sorgen auf. Sie legten neben einem Maisfeld eine Pause ein und brieten sich die saftigen Maiskolben über dem Feuer, das Hesmat und sein Onkel entfacht hatten. Am meisten quälte sie der Durst, doch das Wasser aus den Pfützen, die auf der Straße standen, schmeckte unvergleichlich.

Die Nacht war kalt, aber das Gefühl der Freiheit hielt sie warm. Einige waren der Meinung, dass sie sich verlaufen hatten. Einmal hatte sich der Schotterweg geteilt und sie waren nach Süden gegangen.

»Wir sind sicher falsch«, sagte Hesmats Onkel, als sie sich in einer Wiese ausruhten.

Am nächsten Morgen gingen sie den Weg bis zur Kreuzung zurück und sahen wenig später endlich das kleine Dorf, das ihnen die Schlepper beschrieben hatten. Die Sonne ging gerade auf und die ersten Dorfbewohner saßen vor ihren Hütten. Sie klopften hinter sich an die Bretter der Häuser und weitere Menschen kamen auf die Straße. Schließlich blieben die Flüchtlinge stehen. Afghanische Augen starrten in österreichische Augen, die ängstlich und verwirrt wirkten. Hesmat hatte sich den Westen anders vorgestellt. Die Leute sahen nicht weniger verschreckt aus, als sie selbst es waren. Und wenn einer aus ihrer Gruppe auf einen Einheimischen zuging, schreckte der zurück.

»Ist ja kein Wunder«, sagte eine Frau, »seht uns doch an, wir sehen aus wie Monster.«

Ausgehungert, müde, stinkend und schmutzig standen sie den verdutzten Österreichern gegenüber. Wer würde nicht am liebsten vor ihnen davonlaufen?

Er selbst würde auch Angst haben, wenn er sich so sehen würde, dachte Hesmat.

Als die Gruppe das Straßenschild entdeckte, waren sie zu verwirrt, um es zu begreifen. In großen schwarzen Buchstaben stand dort »Budapest«. Doch sie wussten, dass Budapest nicht in Österreich lag.

»Aber es kommt ja gleich nach der Grenze«, sagte eine Frau. »Warum soll hier kein Straßenschild stehen?«

Ein Kind unterbrach ihre Überlegungen. Das kleine Mädchen hielt einen großen Laib Schwarzbrot in der Hand und ging vorsichtig auf die Gruppe zu, drückte einem von ihnen das Brot in die Hand, drehte sich um und lief davon. Ein zweites Kind kam mit einem Eimer Wasser. Binnen Sekunden hatten Dutzende Hände das Brot zerrissen und stopften ihre hungrigen Münder damit. Einige, die zu langsam reagiert hatten, standen mit leeren Händen daneben. Als sie zu streiten begannen, kam einer der Einheimischen auf sie zu. Sie verstanden nicht, was er sagte, niemand von ihnen sprach Österreichisch. Sein Onkel versuchte es auf Englisch. Was er ihnen übersetzte, ließ sie erstarren. Es war wie ein Schlag in die Magengrube. Wortlos kauten sie auf ihrem Brot, das satt machte, aber seinen herrlichen Geschmack mit einem Schlag verloren hatte.

»Nein«, hatte der Alte gesagt, »nicht Österreich!« Er lachte mitfühlend und hob entschuldigend die Hände. »Nicht Österreich, hier Ungarn, Österreich weit von hier.« Dabei streckte er seine Hand aus und zeigte Richtung Westen.

Keiner rührte sich mehr, niemand hatte mehr Kraft. Dort, mitten auf der Straße, wo ihnen der Mann vor einer Stunde erzählt hatte, was sie beim Anblick des Straßenschilds bereits geahnt hatten, waren sie zusammengesunken und starrten nun mit leeren Augen in die Gesichter der Umstehenden, die sich immer näher herangewagt hatten. Sie brachten ihnen einen zweiten Laib Schwarzbrot, mehr Wasser, eine Landkarte, auf der sie ihnen zeigten, wo sie gestrandet waren.

Die Schlepper hatten ihnen nur Lügen aufgetischt: Die Lebensmitteldosen mit den ungarischen Aufdrucken, die man ihnen gegeben hatte, um sie in Sicherheit zu wiegen, der Fernseher, der im Haus stand und nicht funktionierte. Jetzt wussten sie, warum. Sie hätten gehört und gesehen, dass sie noch immer in der Ukraine waren, dass die Schlepper sie reinlegten. Die Männer hatten das Geld aus ihnen herausgepresst und sich den schweren Weg über die wirkliche Grenze in den Westen erspart. Die Irrfahrten in den Lastwagen, die Fahrt im Kofferraum, das tagelange Marschieren, das war alles nur ein riesengroßer Schwindel gewesen. Es hatte gar keine österreichischen Grenzposten gegeben, die auf sie hätten schießen können. Der Zaun, unter dem sie gestern durchgekrochen waren, war wahrscheinlich überhaupt nicht bewacht gewesen.

Sie hatten ihnen Angst gemacht. Angst, damit sie keine Fragen stellten, sie nicht jammern würden, wenn man ihnen auch noch das Letzte, was sie bis hierher gerettet hatten, abnahm. Die Schlepper wussten, es würde Stunden dauern, bis die Flüchtlinge erkannten, dass sie reingelegt worden waren. Bis dahin waren sie längst über alle Berge.

Natürlich hatte niemand in diesem Ort auf sie gewartet. Sie waren getäuscht und verraten worden. Jetzt hatten sie nichts mehr. Sie hatten für die Reise bis nach Österreich bezahlt, das letzte Geld, das letzte Hemd, das sie besaßen, in diesen Traum investiert. Viele hatten sich verschuldet, ihr Leben darauf geschworen, in Österreich ihre Schulden abzuarbeiten. Jetzt hatten sie Schulden und waren in Ungarn gestrandet. Keiner würde einen Schlepper finden, der ihnen ohne Geld half, über die richtige Grenze nach Österreich zu gelangen.

Sie kannten die Geschichten von den Arbeitssklaven, die in die Fänge skrupelloser Schlepper geraten waren. Zuerst brachten sie sie über die Grenze, dann sperrten sie sie ohne Papiere, ohne Kontakt zu ihren Familien in Lokale und Fabriken und ließen sie jahrelang arbeiten. So lange, bis die Schlepper sagten, der Sklave hätte seine Schulden abbezahlt. Wer die Arbeit überstand, fand sich danach wertlos, ohne Papiere, ohne Familie als Fremder in einem fremden Land. Doch viele überstanden diese Jahre nicht oder wurden geschnappt und zurückgeschickt.

Die Einheimischen umkreisten sie, bis der Lastwagen mit den Polizisten kam, um die Gruppe, die plötzlich im Morgengrauen in den Ort eingefallen war, zu verhaften. Widerstandslos, ohne Fragen zu stellen, ohne einen Fluchtversuch und ohne jede Hoffnung stiegen sie in den Wagen.

Neue Pläne

Hesmat hatte mit Schlägen gerechnet, mit engen Zellen, mit den gierigen Händen anderer Gefangener. Er zitterte, als ihn die Polizisten mit den anderen in die Polizeistation führten und ihre Fingerabdrücke nahmen. Aber sein Herz beruhigte sich, als sie unaufgefordert Essen bekamen. Die Polizisten hatten nichts mit den Männern gemein, denen er bisher in den Stationen und Gefängnissen auf seiner Flucht begegnet war. Sie hatten nicht zu den Stöcken gegriffen, die an ihren Uniformgurten baumelten.

Am nächsten Tag setzten die Polizisten sie in einen Zug, der sie in ein Flüchtlingslager bringen sollte. Jede Überstellung mittels eines Auto, eines Busses oder des Zuges hatte bislang Schlimmes bedeutet. Sie jammerten, als sie die Polizeistation verlassen mussten und davon hörten, in ein Lager zu kommen. Nach den freundlichen Polizisten und der warmen Zelle, in der sie auch satt geworden waren, konnte jetzt alles nur wieder schlimmer werden. Aber sie hatten sich getäuscht.

Der Zug fuhr drei Stunden in Richtung Westen, und als sie schließlich die ersten Schritte in das Lager setzten, glaubten sie zuerst an eine Verwechslung. Das Lager war schöner und besser als alles, was sie bisher gesehen hatten. Es gab sogar ein Bett für jeden von ihnen. Familien erhielten sogar eigene Zimmer. Zum ersten Mal seit Moskau strichen Hesmats Finger über ein frisches Betttuch, saubere Handtücher, schlief er in einem Zimmer, das nach Putzmittel roch und durch dessen Spalten und Ritzen kein Wasser tropfte und nicht der Wind pfiff.

Er hatte die schönen Hotels in Moskau gesehen, die 5-Sterne-Burgen, wie Sayyid sie genannt hatte. Jetzt hatte er das Gefühl, selbst Gast in einem dieser Hotels zu sein. Nach ein paar Tagen bekamen sie provisorische Ausweise, mit denen sie sich im Lager und in der Umgebung frei bewegen konnten. Dreimal täglich gab es warmes Essen. Am zweiten Tag nahm er all seinen Mut zusammen und fragte nach einem Nachschlag. Der Koch klatschte dem dünnen Jungen einen weiteren Löffel Kartoffelpüree auf den Teller, sodass ihm die Sauce über die Finger schwappte, und lachte dabei.

Neben ihrer Gruppe gab es ein paar Flüchtlinge aus dem Irak, eine Familie aus Usbekistan, ein paar Leute aus Tschetschenien und eine Familie aus Moldawien. Den Rest konnte Hesmat zunächst keiner Nation zuordnen.

Hesmat lag auf seinem Lager, betrachtete die neuen Kleider, die er bekommen hatte, und dachte darüber nach, was er in den letzten Tagen erfahren hatte. Zum ersten Mal hatte er von den Folgen der Anschläge in Amerika gehört. Sie nannten es den 11. September. Einer der ungarischen Aufseher hatte ihm in schlechtem Russisch von den Plänen erzählt: »Sie werden nach Afghanistan gehen, sie sagen, Bin Laden sei an allem schuld«, erzählte er, »und die Taliban.«

Hesmat hörte gespannt zu. Es war eine verrückte Welt. Jahrelang hatte die Welt weggeschaut, hatte sich niemand um die Toten und die lebenden Toten in seinem Land gekümmert.

Jetzt, wo ein Flieger in ein Haus in Amerika gestürzt war, wollten sie den Taliban plötzlich Beine machen.

Der Aufseher erklärte ihm, was die Zeitungen schrieben, aber Hesmat verstand nichts von Terrorgruppen und Finanzverbindungen. Er konnte sich nicht vorstellen, dass Männer seines Glaubens ein Flugzeug entführen und unschuldige Menschen in einem fernen Land töten konnten. Er kannte den Hass der Taliban auf alles Gottlose, Westliche. Aber das waren Ideen und Hirngespinste verrückter Männer am Ende der Welt. Er konnte nicht glauben, dass die Folge davon jetzt war, dass endlich Hilfe gegen die Taliban nach Afghanistan kommen würde.

Er versuchte, seine Gedanken zu ordnen, und starrte Löcher in die weiß getünchte Saaldecke, als er seinen Onkel draußen vor dem Fenster auflachen hörte. Karim hatte die afghanische Familie mit den drei Kindern entdeckt, die gemeinsam mit ihnen im Versteck in Kiew ausgeharrt hatte und die jetzt auch hier gelandet war. Sie waren beim Abmarsch getrennt worden und hatten dieselbe Enttäuschung hinter sich wie sie.

»Ist alles nicht so schlimm«, versuchte sein Onkel die Familie zu trösten, als sie vom Lkw der Polizei stiegen. »Seht her, uns geht es gut hier.«

Sein Onkel hatte recht. Es gab Hoffnung. Hoffnung, die die Männer schürten, die bereits seit Wochen im Lager waren.

»Ihr müsst über die Slowakei«, sagten sie, »dann könnt ihr es auch ohne Schlepper schaffen. Die Grenze nach Österreich ist dicht, da geht nichts, aber über die Slowakei ...«

Immer wieder waren Betreuer gekommen und wollten mit Hesmat sprechen.

»Sie wollen uns nur ausspionieren«, sagte sein Onkel, »sei vorsichtig, was du sagst.«

Sie waren freundlich, aber fragten ständig nach seinen Erlebnissen und wollten Dinge wissen, die sie nicht interessieren konnten. Sie sprachen mit ihm wie mit einem kranken Mann, aber er brauchte keinen Arzt, er wollte seine Ruhe.

»Sie sollen sich ihre Geschichten selbst suchen«, sagte er zu seinem Onkel.

Trotzdem waren die Fremden nett. Einer von ihnen brachte ihm sogar eine Karte mit, auf der er endlich sehen konnte, wo er die letzten Monate verbracht hatte. Gemeinsam betasteten sie darauf die Grenze zu Österreich.

Das Flüchtlingslager in Ungarn schien ein Sammelpunkt für aufgegriffene Flüchtlinge zu sein. Im Lauf der ersten Woche kamen immer neue, aber auch altbekannte Gesichter ins Lager. Menschen, die Hesmat im Versteck in Kiew, aber auch schon vorher auf seiner Flucht getroffen hatte. Die meisten wurden erst an der Grenze nach Österreich geschnappt. Mit ihnen kamen neue Fluchtpläne ins Lager. Jeder gescheiterte Versuch war ein wichtiger Hinweis für die anderen. Mit jeder Geschichte konnten sie eine weitere Möglichkeit für den Grenzübertritt ausschließen. Mit der Zeit hatten sie eine Karte entworfen, die jedem zeigte, wo ein Versuch sinnlos war. Mit jedem Tag und jeder Geschichte wurde die Karte voller, bis klar wurde, dass eine Flucht von hier aus tatsächlich kaum Aussicht auf Erfolg hatte.

Gerüchte waren die Nahrung, die die Flüchtlinge im Lager am liebsten verspeisten. Sie kauten auf den Geschichten herum, die erzählt wurden, schmückten sie aus, erzählten sie immer neu weiter. Bald konnte niemand mehr sagen, was bloße Erfindung und was Tatsache war. Als der Novemberwind die ersten Schneeflocken zwischen die Quartiere trieb, träumten sie, eingewickelt in saubere Decken, von der Flucht.

»Wir müssen weiter«, sagte sein Onkel, »wenn wir zu lange bleiben, werden wir faul und bequem.« Er rückte näher an seinen Neffen heran und flüsterte ihm ins Ohr. »Sie schicken alle zurück, die Ende des Jahres noch da sind. Wer dann noch nicht in Österreich ist, muss zurück in die Ukraine. Wir müssen weiter! Wenn wir noch lange warten, wird es zu spät sein. Außerdem wird bald zu viel Schnee liegen und es wird zu kalt. Ich habe die Information aus verlässlicher Quelle. Wir müssen abhauen, aber behalte es für dich!« Damit ging er zurück zu seinem Bett.

War es nur ein weiteres Gerücht oder wollten sie wirklich alle zurückschicken? Was wollten sie tatsächlich mit den Flüchtlingen machen? Sie würden sie ja nicht ein Leben lang durchfüttern. Er musste Augen und Ohren offen halten. Sein Onkel hatte recht. Sie waren satt geworden, satt und zufrieden. Er hatte zugenommen, seine Geschwüre an den Beinen waren praktisch abgeheilt, und es gab eigentlich keinen Grund mehr, länger zu warten. Sie mussten weiter.

Sein Onkel war nicht der Einzige, der von den *geheimen* Informationen gehört hatte. Das Gerücht hatte längst die Runde im Lager gemacht. Die Menschen wurden nervös, und mit den frischen Ausweisen in den Händen, mit denen sie sich im Umkreis des Lagers frei bewegen konnten, streckten sie ihre Fühler nach Fluchtmöglichkeiten aus. Im Lager selbst schien das niemanden zu stören. Es war ein offenes Geheimnis, dass sie flüchten würden.

»Die sind doch froh, wenn wir abhauen«, sagte einer von den Moldawiern, »wir kosten die doch nur Geld. Die werden uns sicher nicht aufhalten. Warum hätten sie uns sonst Ausweise gegeben?«

Dann tauchten die ersten Gestalten auf, die nicht zum Lager gehörten. Sie verschenkten Zigaretten und gesellten sich zu den einzelnen Gruppen. Hesmat wusste sofort, dass es Schlepper waren. Sie boten ihre Dienste ganz offen an. Überall wurde über die Konditionen und die Preise für den Grenzübertritt in die Slowakei und weiter nach Österreich verhandelt. Auch Hesmat, seinem Onkel und der moldawischen Familie wurde ein Angebot gemacht. Sie wollten 1000 Dollar. Geld, das keiner von ihnen hatte. Hesmat hatte noch 300 Dollar, von denen niemand etwas wusste. Sein Onkel erklärte, er habe noch 100. Die Moldawier waren blank. Der Schlepper wandte sich anderen Gruppen zu. Er hatte nicht viel Zeit, schließlich schlief die Konkurrenz nicht und immer mehr boten ihre Dienste an. Wenn er Geld verdienen wollte, musste er die Leute mit Geld finden.

Andere Flüchtlinge versuchten es auf eigene Faust. Schon vier Tage nach den ersten Gerüchten verschwand die erste Gruppe. Zwei Tage später waren sie wieder da. Sie hatten sich einen Bus organisiert und waren mit ihren Ausweisen einfach auf die Grenze zugerollt. Natürlich wurden sie geschnappt. Als die Beamten fragten, wohin es gehen solle, sagten sie, sie wollten in eine Disco jenseits der slowakischen Grenze.

Die Geschichte und die Dummheit der Männergruppe amüsierten das ganze Lager. Hesmat lachte Tränen, als er sich die Situation vorstellte. Eine Gruppe Flüchtlinge in einem viel zu kleinen, überladenen Bus, statt gültiger Pässe lächerliche Flüchtlingsausweise in der Hand!

Aber die abenteuerliche Geschichte zeigte, dass das Schlimmste, was ihnen passieren konnte, war, dass man sie ins Lager zurückbrachte. Von nun an gingen die Versuche erst richtig los. Aber sie kamen alle zurück.

Hesmat und sein Onkel hatten sich darauf geeinigt, zu warten. Irgendwann würde eine Gruppe durchkommen und sie würden vom richtigen Fluchtweg in die Slowakei erfahren. Sein Onkel wurde von Tag zu Tag nervöser. Er wollte nicht mehr warten und erklärte Hesmat schließlich, dass er gehen wollte. Allein.

»Du bleibst hier«, sagte er, »ich mache mich auf den Weg, und wenn ich in Österreich bin, werde ich dich nachholen.«

»Aber warum kann ich nicht mit?«, fragte Hesmat erschrocken.

»Glaub mir«, sagte sein Onkel. »Mit dir hat es keinen Sinn. Allein bin ich schneller und muss mich nicht um dich kümmern. Glaub mir, so ist es am besten.«

Hesmat drehte sich wortlos um und ließ Karim allein an der Hauswand stehen. Er hatte gewusst, dass er seinem Onkel nicht vertrauen konnte. Er hatte sich selbst belogen, hatte wieder Vertrauen gefasst, war dabei gewesen, ihm zu verzeihen, was er nie verzeihen konnte. Er war allein, so allein wie all die Monate während seiner Flucht. Sein Onkel war nur ein Mann mehr, der falsche Versprechungen machte und ihn fallen ließ. Er war ein Fremder, dem nur er selbst wichtig war und für den sein eigener Neffe zur Belastung wurde.

Die Nachricht verbreitete sich wie ein Lauffeuer. Nur der Vater und der Sohn hatten überlebt. Die Mutter und die Zwillingstöchter waren hilflos ertrunken. Vom Schlepper fehlte jede Spur. Er hatte sie in ein kleines Boot gesetzt und wollte mit ihnen über die Donau in die Slowakei. Das Boot war gekentert und die fünfköpfige Familie und der Schlepper waren ins Wasser gestürzt. Während sich der Vater und der älteste Sohn ans gekenterte Boot klammerten, mussten sie mit ansehen, wie den anderen die Kraft ausging und sie in den eisigen Fluten versanken. Der Schlepper hatte sich mit den zwei Überlebenden zurück ans Ufer retten können und war verschwunden. Die Polizisten, die sie befragten, zogen ohne Ergebnisse wieder ab. Niemand konnte oder wollte sich an den Namen des Schleppers erinnern.

Die letzte Grenze

Er war nicht einmal überrascht. Als er aufwachte und sah, dass sein Onkel verschwunden war, spürte er nur Zorn und Enttäuschung. Dabei war er vor allem enttäuscht von sich selbst. Wie hatte er nur glauben können, sein Onkel hätte sich geändert? Wie hatte er nur wieder einem Menschen vertrauen können, der ihn schon einmal in Stich gelassen hatte? »Vertraue niemandem!«, hatte sein Vater gesagt. Er hatte viele Menschen auf dieser Flucht getroffen und ein paar von ihnen hatte er vertrauen müssen. Fahid, Hanif, Sayyid, all den Freunden, die er auf dem langen Weg gefunden hatte. Er war ein Fremder für sie gewesen, er gehörte nicht zu ihrem Clan oder ihrer Familie. Trotzdem hatten sie ihn aufgenommen wie einen verlorenen Sohn und hatten sich um ihn gekümmert. Niemals hätten diese Menschen ihn hier mit einer Ausrede sitzen lassen.

Seinem Onkel aber, seinem eigenen Fleisch und Blut, war er ein Klotz am Bein. Aber er würde ihm nicht nachlaufen. Er hatte es so weit ohne seine Hilfe geschafft und er würde es den restlichen Weg auch noch schaffen. Er würde nach Österreich gehen und dann weiter nach London. Er würde hungern und frieren, betteln und kämpfen, aber er würde sich nicht mehr von seinem Onkel demütigen lassen. Er brauchte ihn nicht. Sowieso bezweifelte er, dass sein Onkel überhaupt Freunde in London hatte.

Der Tag verstrich ereignislos. Das einzig Aufregende waren die ersten Schneeflocken, die vom Himmel fielen. Ziellos spazierte Hesmat in der Umgebung des Lagers umher und dachte nach. Es gab Dinge, die man nicht ändern konnte, und es war an der Zeit, den Tatsachen ins Auge zu sehen. Die Zeiten, als ihn jemand an der Hand genommen und getröstet hatte, waren lange vorbei. Auch wenn sich sein Onkel tatsächlich aus Österreich melden sollte, er würde ihm danken, würde ihn benutzen, um weiterzukommen. Doch dann würde er sein eigenes Leben beginnen. Ohne den Großvater, ohne den Onkel, ohne seine Verwandtschaft.

Er malte sich aus, wie er in London Geld verdienen würde. Viel Geld. Er konnte ordentlich zupacken und einstecken. Er würde sparen, aber dann würde er seinen Bruder aus Afghanistan holen. Nun, wo die Amerikaner die Taliban bekämpften, war vielleicht bald alles vorbei. Dann könnte er seinen Bruder vielleicht sogar in Kabul in einen Flieger steigen lassen und ihn am Flughafen in London in die Arme schließen.

Er hatte keine Zeit, sich über seinen Onkel zu ärgern, er musste jetzt an seine Zukunft denken, neue Pläne schmieden. Er würde sich den Moldawiern anschließen. Er hatte noch dreihundert Dollar und seine Eltern und Fahid würden ihre Hände schützend über ihn halten, Zweifel daran ließ er nicht aufkommen.

Dann erinnerte er sich an die Afghanen, die er in Kiew getroffen hatte und die nach Wien wollten. Sie würden ihm helfen und ihn mitnehmen. Er würde in Wien arbeiten, Geld verdienen und schließlich weiter nach London fahren.

Plötzlich kamen ihm erneut Zweifel. London? Was wollte

er jetzt noch in dieser Stadt? Hatte er nicht nur wegen seines Onkels dorthin gewollt? Doch diese Entscheidung vertagte er. Zuerst musste er nach Österreich, beschloss er und schob alle Zweifel beiseite, dann würde er weitersehen.

Schon zwei Tage später war sein Onkel zurück. Er hatte es auch allein nicht geschafft. Sie fingen ihn ein wie die anderen und schickten ihn zurück ins Lager. Hesmat wandte den Blick ab, als er durch die Tür kam und sich halb erfroren an den Ofen setzte.

Es klang alles so einfach. Sie mussten westlich der Donau an Budapest vorbei und dann nördlich der Stadt über die Grenze. Sie hatten sich noch darüber gestritten, ob sie wie normale Bürger ein Zugticket kaufen oder doch mit einem gemieteten Wagen durch den Schnee an die Grenze fahren sollten. Die Wahl war schließlich auf den Zug gefallen. Die Wochen, in denen sie mit ihrem Ausweis wie freie Bürger in der Umgebung des Lagers unterwegs gewesen waren, hatten ihnen Mut gemacht. Je unauffälliger sie sich bewegten, desto besser würde es sein.

Die moldawischen Kinder auf ihren Knien, schwatzten sie und hielten dem Schaffner die Fahrscheine frech unter die Nase. Er stanzte sie, ohne einen überflüssigen Blick auf die dazugehörigen Personen zu werfen, und schloss die Abteiltür wieder. Sie hatten keine großen Taschen, waren frisch gewaschen und trugen saubere Kleidung. Sie sahen aus wie eine der vielen Familien, die unterwegs in die Hauptstadt waren. Die Angst hatte bald nachgelassen, es blieb eine leichte Anspannung und Nervosität. Sie sahen Budapest aus dem Fenster, lachten über eine Gruppe Touristen, die sich in einer Sprache, die Hesmat noch nie gehört hatte, über irgendetwas in ihrem Reiseführer stritt.

»Das ist Französisch«, sagte sein Onkel und schüttelte nur mit dem Kopf, »ein lautes Volk.«

Hesmat fühlte, wie Ärger in ihm aufstieg. Woher wollte sein Onkel all diese Dinge wissen? Und wie kam er dazu, über diese Leute zu urteilen?

Gleich hinter der Stadt tauchten die Namen der ersten Haltestationen auf, die sie sich gemerkt hatten. Zwei Stationen später stiegen sie aus dem Zug und schlugen sich in die verschneiten und gefrorenen Büsche. Schon nach ein paar Metern waren ihre frischen Kleider schmutzig und die Kinder quengelten wegen der Kälte. Ihre Sachen sogen die Feuchtigkeit schnell auf, und sie merkten, dass sie viel zu dünn angezogen waren. Die Wochen im Lager hatten sie vergessen lassen, wie kalt es draußen sein konnte.

Sie fanden die alte Hütte, die ihnen die anderen am Telefon beschrieben hatten, und wie versprochen wartete der Mann auf sie. Sie bezahlten die 200 Dollar, die er für die Überfahrt über den breiten Fluss forderte, und bestiegen zwei Stunden später im Schutz der Dunkelheit das schwankende Boot. Es schaukelte über die eisigen Wellen der Donau, und jeder dachte an die tschetschenischen Freunde, die erst vor ein paar Wochen ertrunken waren. Sie klammerten sich an die Planken und verkrampften vor Angst.

Der Alte schüttelte den Kopf. »Habt keine Angst«, sagte er leise, »das macht alles nur schlimmer.« Seine Arme stemmten sich kräftig in die Ruder.

Als sie das slowakische Ufer sicher und trocken erreicht hatten, umspielte ein kaum sichtbares Lächeln seine Mundwinkel. »Seht ihr, ich hab's ja gesagt.«

Die Feuchtigkeit, die vom Fluss her über das Land zog, hüllte sie in einen Nebelstreifen, der sie vor ungewollten Blicken schützte. Der Fährmann warnte sie noch vor einem Kontrollposten, der nur wenige hundert Meter westlich von ihnen nach Flüchtlingen Ausschau hielt. Dann verschwand er wie ein Geist im aufziehenden Nebel zurück über den großen Fluss nach Ungarn.

Mit nassen Beinen und klammen Fingern umgingen sie den Posten über verschneite Wiesen und hielten sich an einen Bahndamm, der sie nach wenigen hundert Metern zu einer Hauptstraße führte. Es war kurz vor Mitternacht und der Verkehr war überraschend dicht. Regelmäßig tauchten Scheinwerfer aus dem Nebel auf, die sich halb blind ihren Weg nach Hause suchten. Sie mussten weiter ins Landesinnere, bevor sie daran denken konnten, ein warmes Taxi zu finden.

Sie gingen im nassen Straßengraben und senkten die Köpfe vor den Lichtern. Nordwind setzte ein, der Schnee mitbrachte, und sie duckten sich tiefer. Die Kälte schlich sich langsam in die Knochen und brachte ihre Muskeln zum Zittern. Die Zähne der Kinder klapperten unrhythmisch zwischen den Hustenanfällen ihres Vaters. Als sie drei Stunden später die Stadt sahen, reichte ihnen der frisch gefallene Schnee bereits bis zu den Knien. Der eisige Wind trieb ihnen die Schneeflocken waagrecht in die erfrorenen Gesichter und Feuchtigkeit und Kälte hatte längst jede Pore ihrer Kleider durchdrungen. Längst waren sie aus dem Straßengraben gestiegen und bahnten sich mitten auf der verschneiten Straße ihren Weg. Seit einer Stunde hatten sie keinen Wagen mehr gesehen. Wer konnte, blieb bei diesem Wetter wohl lieber zu Hause. Als sie in die verschneite, menschenleere Stadt kamen, hingen eisige Zapfen von den Bärten der Männer und kleinere von den gefrorenen Augenbrauen der Kinder.

Ein warmer Polizeiwagen, der sich durch den Schnee quälte, machte ihrem Frieren um vier Uhr früh ein Ende. Einmal mehr nahm man ihnen die Fingerabdrücke ab, befragte sie in einer Sprache, die keiner von ihnen beherrschte, bot ihnen dafür aber heißen Tee an. Der Polizist erledigte müde seine Arbeit und füllte die Computerformulare in einer Mischung aus schlechtem Russisch und Englisch aus, während die Kinder am Fußboden längst eingeschlafen waren. Schließlich kramte er in seiner Schublade nach Essbarem und schenkte ihnen eine angebrochene Tafel Schokolade.

Sie hatten Polizisten, Grenzposten und Kontrolleure in grünen, grauen, in blauen und so vielen anderen Farben gesehen, waren vor ihnen geflohen, hatten sich vor ihnen versteckt, waren von ihnen aufgegriffen, geschlagen, erpresst, schlecht und manchmal weniger schlecht behandelt worden, dass sie jetzt überrascht waren, jemandem gegenüberzusitzen, der vollkommen gelassen war. Er erhob kein einziges Mal seine Stimme, tippte seelenruhig in den Computer, was er von den Flüchtlingen verstehen konnte, schenkte ihren Kindern Schokolade und hatte nichts einzuwenden, wenn sie die Toilette benutzten. Er hatte seine Dienstpistole in den Schrank hinter seinem Schreibtisch gesperrt und den Schlagstock an den Wandhaken gehängt. Er erledigte seinen Bericht und führte sie schließlich in eine geräumige Zelle.

Ein Kollege brachte ihnen Decken, Tee und Informationen. Auf Russisch zerstreute er ihre Befürchtungen: »Zuerst geht es morgen ins Lager.« Dort würde man ihre Situation abklären und entscheiden, was mit ihnen passieren sollte. »Alles gut«, sagte er beruhigend.

Am frühen Morgen waren sie in den Bus gestiegen und zusammen mit acht anderen Flüchtlingen ins Lager aufgebrochen. Die Wärme hatte Hesmat müde gemacht, und als er sich umsah, bemerkte er, dass der gesamte Bus bereits schlief. So hatte auch er die Augen geschlossen.

Hesmat wachte erst auf, als auf dem Wegweiser nach Bratislava die Zahl Elf verschwommen an den angelaufenen Scheiben des Kleinbusses vorbeizog. Bald darauf kamen sie im Lager an.

Anscheinend wollten die Slowaken die Flüchtlinge so rasch wie möglich wieder loswerden. Wie sie das Lager und das Land verließen, war ihnen egal, Hauptsache weg. Sie erzählten ihnen sogar von den besten Plätzen, um über die Grenze nach Österreich zu kommen. Wenn sie sich organisieren würden, wären sie innerhalb einer Nacht in Österreich. Österreich, das Land, über das Hesmat so wenig wusste wie über all die anderen Stationen ihrer Flucht. Niemand hatte ihm davon erzählt.

Nein, Tuffon hatte ihn nicht belogen. Er hatte es selbst nicht besser gewusst. »Wenn du einmal in Moskau bist, ist alles andere eine Kleinigkeit«, hatte er ihm gesagt. Wie sollte Tuffon auch wissen, wie schwer die Reise in den Westen war? Er saß in einem fernen Land und musste sich auf Erzählungen verlassen. Hesmat konnte ihm keinen Vorwurf machen. Es zählte nur, dass er hier war. Gesund und am Leben, irgendwo an der Pforte zu Europa. Sie würden auch diese Grenze überschreiten, einmal mehr in ein fremdes Land eindringen und sich verstecken, darauf hoffen, dass sie nicht erwischt würden. Aber was dann? Wieder ein Lager, wieder die Suche nach der nächsten Grenze, wieder das Warten auf Informationen, das Hoffen, dass die Flucht endlich ein Ende haben würde?

Inzwischen sprach sein Onkel von Italien. Österreich sei nur eine Zwischenstation, danach käme Italien, dann vielleicht Frankreich, vielleicht aber auch ein Schiff, das sie besteigen würden, um nach England zu gelangen. Weitere Stationen, weitere Lager, weiter, immer weiter. Nie ein Ankommen. Wie lange würde es noch so gehen? In ein paar Monaten wäre er vielleicht in London, und dann?

Die Flucht war das einzige Thema, das die insgesamt rund 40 Gestrandeten im Lager kannten. Sie konnten Europa schon nahezu spüren. Irgendwo vor ihnen im Westen, keine 40 Kilometer entfernt, lag ihre Zukunft. Sie wollten nach Österreich, nach Deutschland, nach Italien.

»Morgen«, sagte sein Onkel nach acht Tagen, »morgen gehen wir.«

Der Moldawier hatte mit einem Freund in Wien telefoniert und einen Einheimischen gefunden, der sie für 200 Dollar im Boot über die Grenze bringen würde. Jenseits des Flusses würde sie sein Bruder abholen und nach Wien bringen.

Doch am nächsten Morgen verbauten ihnen ein Schneesturm und fünfzig Zentimeter Neuschnee den Weg in den Westen.

»Es wäre Selbstmord«, sagte der Moldawier, »wir müssen noch warten.«

Wieder gab es Gerüchte, wieder hieß es, sie würden verlegt. Wieder wurde von einem neuen Lager gesprochen, in das sie alle gebracht werden sollten und das weit östlich von Bratislava lag.

Als es Abend wurde, marschierten sie los und setzten sich am Ortsausgang in den Wagen des Einheimischen. Die Gerüchte über die Verlegung hatten über die Angst vor dem Erfrieren gesiegt. Allein aus ihrem Lager waren an diesem Tag 16 Flüchtlinge Richtung Österreich aufgebrochen. Niemand wusste, wie viele durch den Schnee, das Eis und die Kälte auf der anderen Seite des Flusses ankommen würden.

Der Fahrer hatte sie abgesetzt und ihnen das Boot gezeigt, das für sie alle auf einmal jedoch zu klein war. Die Kinder waren schon bis zur Hüfte nass, bevor die Mutter eingestiegen war, und als der Vater noch dazukam, drohte das wackelige Gefährt endgültig abzusaufen. Die Strömung zog am Boot, das schon jetzt mit Wasser volllief, aber der Moldawier ließ nicht mit sich reden.

»Nein, wir gehen alle zusammen«, sagte er und hielt seine Frau zurück, die wieder ans sichere Ufer steigen wollte. »Du bleibst sitzen!«, befahl er und stieß das Boot vom Ufer ab.

»Idiot«, fluchte Hesmats Onkel laut. »Du bringst euch noch alle um! Ihr werdet untergehen! Ihr seid zu schwer. Lass deine Frau hier, sie soll mit uns rüber!«

Aber der Moldawier hatte sich bereits abgestoßen. Die Dunkelheit verschluckte die Freunde und minutenlang war nichts mehr zu hören. Nur der gleichmäßige Zug an dem Seil, mit dem sie das Boot wieder auf ihre Seite ziehen wollten, sagte ihnen, dass die anderen noch lebten und sich auf die andere Seite kämpften. Dann hatten die Kinder aufgeschrien und das Seil sackte durch.

»Verdammt«, fluchte Hesmats Onkel. »Was ist passiert?«

Er bekam keine Antwort und musste seinem Neffen dreimal in die Seite stoßen, bis der endlich ins Seil griff.

»Zieh, verdammt noch mal!«, schimpfte er und stemmte sich mit aller Gewalt gegen das Seil. »Zieh endlich, sonst ist das Boot weg. Verdammt, Junge!«

Sie zogen und fluchten, bis sie den Mann sahen, der aus dem Schnee auf sie zukam. An seiner Schulter baumelte ein Gewehr.

»Lasst los«, befahl er, »und kommt mit!«

»Wir können nicht!«, schrie Hesmat. »Sehen Sie nicht, da sind Menschen in dem Boot!«

Aber der Grenzbeamte verstand sie nicht. »Lasst los!«, gab er ihnen zu verstehen und griff zu seiner Waffe.

Wieder die Fingerabdrücke, wieder dieselben Fragen, wieder eine Nacht auf dem Posten und wieder ein Lager, in dem sie warmes Essen bekamen. Die einzig guten Nachrichten kamen aus Wien. Die Moldawier hatten überlebt.

»Verdammt!«, fluchte sein Onkel. »Du hast uns mit deiner Schreierei verraten!«

»Ich?« Hesmat war sauer. »Du hast geflucht wie ein Verrückter. Ich hab nichts gesagt.«

Sein Onkel gab ihm eine Ohrfeige.

Die Angst vor dem Jahreswechsel und der angeblichen Abschiebung in die Ukraine hatte sich so im Kopf seines Onkels festgesetzt, dass mit ihm kein vernünftiges Wort mehr zu wechseln war.

In zehn Tagen begann das neue Jahr, dann war Hesmat bereits ein ganzes Jahr unterwegs. Er glaubte, schon die ersten Bartstoppeln zu spüren, wenn er sich übers Kinn rieb. Er hatte sich verändert. Er war nicht mehr das Kind, als das er aufgebrochen war. Er hatte viel zu schnell erwachsen werden müssen.

FLUCHT OHNE ENDE

Der Fahrer konnte ihre Aufregung nicht verstehen. »100 Dollar«, sagte er immer wieder, »100 Dollar für zwei! Was wollt ihr? Ist geschenkt!«

Hesmat und sein Onkel hörten nicht auf ihn. Der Junge gestikulierte und schüttelte immer wieder den Kopf, Karim hörte kaum zu.

»Es geht gut, keine Angst«, sagte der Fahrer wieder, »sonst müsst ihr euch eben an die Schlepper halten.«

Die beiden diskutierten noch immer. Die Temperatur war weiter gefallen und der Fahrer hatte ihnen eine kalte Nacht prophezeit. »Minus zehn, minus fünfzehn, außer es kommt Nebel.« Wie vereinbart hatte er sie zur Grenze gebracht und ihnen das Floß gezeigt, für das sie jetzt bezahlen sollten.

Sein Onkel inspizierte die zusammengenagelten Holzbretter, die kaum breiter als seine Schultern waren, quer auf zwei Holzplanken gezimmert. Das Holz war morsch und rutschig und das versprochene Floß war insgesamt wohl nicht mehr als ein vor Jahren angespültes Spielzeug übermütiger Kinder. Es roch verfault, und man konnte nicht sicher sein, ob es nicht mitten auf dem Fluss auseinanderbrechen würde.

»Es ist ja nicht weit«, sagte sein Onkel und hielt dem Fahrer das Geld hin.

Hesmat protestierte.

»Vorsicht«, sagte der Fahrer, »viele Schlepper heute, aber vierundzwanzigster Dezember, gutes Datum.« Damit verschwand er wieder zu seinem Auto.

Sie zogen das Floß zum Fluss hinunter, wobei es weitere Bestandteile verlor.

Schon jetzt pappte der gefrorene Schnee an Hesmats Turnschuhen, in denen er seine Zehen nicht mehr spürte. Sein Onkel hatte alles an Kleidung aufgetrieben, was im Lager zu bekommen war, und hatte Hesmat einen zweiten Pullover und eine Mütze organisiert.

Auf der anderen Seite des Flusses zeichnete sich der Schatten einer Fischerhütte ab, die ihnen der Fahrer als Anhaltspunkt gezeigt hatte. Sein Onkel lief zurück in die Büsche, um die Stange zu holen, mit der sie sich fortbewegen sollten, als Hesmat die Schlepper sah. Sie waren keine 50 Meter entfernt und quälten sich mit einer Gruppe ans Ufer des schmalen Flusses, wo sie ein Schlauchboot ins Wasser ließen und die Flüchtlinge in Gruppen einteilten. Die Nacht war sternenklar, keine Spur von Nebel, und es war eisig. Der Fluss war ruhig und wälzte sich träge zwischen Österreich und der Slowakei dahin. Vereinzelt trieben Eisklumpen im schwarzen Wasser, das Hesmat Angst einjagte. Er hatte gehört, wie schnell man im eiskalten Wasser ertrinken würde, selbst wenn man schwimmen konnte. Als Nichtschwimmer würden ihn das Wasser und die Kälte sofort für immer verschlucken.

Sein Onkel fluchte, als er zurückkam und die anderen sah. »Sie werden uns verraten«, schimpfte er. »Bis die alle drüben sind, ist längst die Polizei da. Verdammt!«

Sie hörten ein paar Brocken Afghanisch, jemand sprach arabisch, andere asiatisch. Die Kinder, die sie sahen, husteten unter den dünnen T-Shirts und unter einem Tuch, das sich ihre Mutter von den Schultern gezogen hatte. Die Schlepper hatten es eilig und teilten die Gruppe auf. Familien wurden getrennt, Kinder wimmerten, Frauen weinten leise, weil sie zurückbleiben und auf die nächste Überfahrt warten mussten.

Das Boot glitt auf die andere Seite, wurde am Strick zurückgezogen und neu beladen. Nach ein paar Minuten war alles vorbei, und Hesmat konnte nicht erkennen, wohin die Flüchtlinge gezogen waren. Sie hatten zumindest überlebt, der Fluss hatte Nachsicht mit ihnen gehabt und entgegen den Befürchtungen seines Onkels war kein Polizist aufgetaucht.

Als sie sich endlich hinter der Schneewehe aufrichten konnten, waren ihre Beine zu steif und zu schwerfällig, um sofort auf das Floß zu steigen.

»Wir müssen uns ein wenig bewegen«, sagte Hesmat.

»Auf jetzt!«, meinte sein Onkel schließlich nach fünf Minuten. »Wir müssen los.«

Als Hesmat das eisige Wasser über die Schuhe strömte, glaubte er, die Kälte würde sein Herz stillstehen lassen. Das Floß hatte sofort zu schwanken begonnen, und er hatte sich instinktiv an seinen Onkel geklammert, der vor ihm balancierte und fluchte. Es ging los. Sein Onkel hatte sich abgestoßen, und während sich das Floß zwischen Untergehen, Schaukeln, Umkippen oder doch Weiterkämpfen nicht recht entscheiden konnte, trieben sie auf die Flussmitte zu. Die nassen Turnschuhe rutschten auf dem Holz aus und ständig schwappte neues Wasser über Hesmats Füße.

»Halt still!«, fluchte sein Onkel.

Als das andere Ufer quasi schon in Reichweite war, rutschten die Gummisohlen seiner Schuhe endgültig vom schwankenden Holz. Sein kurzer Aufschrei wurde von der Kälte erstickt, die seinen Körper sofort überzog. Hesmats Onkel versuchte, sich mit einem gewagten Sprung ans Ufer zu retten, doch er landete im Wasser, das ihm allerdings nur bis zu den Knien ging.

Die eisige Kälte sog das Leben in Sekundenschnelle aus Hesmats Körper. Erst als ihm sein Onkel die Hand reichte und schrie, er solle aufstehen, bemerkte er, dass ihm das Wasser nur bis zu den Oberschenkel reichte. Nass und dampfend robbte er sich über den Schnee die Uferböschung hoch.

Österreich! Hesmat konnte es nicht glauben. Sie hatten es tatsächlich geschafft und sie umarmten sich zum ersten Mal seit Wochen. Sie hatten es gemeinsam geschafft!

Das Lager war wie eine große Maschinerie, die sich 24 Stunden am Tag erbarmungslos drehte. Wer sich ihr entgegenstellte, wurde überrollt. Wer ihre Tücken nicht verstand, wurde verspeist. Alles war organisiert, der Ablauf routiniert und emotionslos. Die Aufseher und Zuständigen erledigten ihre Arbeit, wie es die Gewürzhändler in Mazar getan hatten. Sie begutachteten die neu angekommene »Ware«, beurteilten sie und pressten ihr ein Schild auf die Verpackung.

Hesmat hatte auf seiner Flucht viele Lager, viele Verstecke und Gefängnisse gesehen, aber das Lager, in das er in Österreich gebracht worden war, glich keinem anderen. Die Beurteilung und die Entscheidung über ihr Schicksal waren völlig unpersönlich. Die Aufnahme, die Zimmerzuteilung, die Befragung, das Ausfüllen der Fragebogen erfolgten beinahe mechanisch. Die Verantwortlichen drückten Stempel auf Papiere und Ausweise, drückten schwarze Farbe auf Leben, die sie nicht kannten, Leben, denen sie damit weitere Hoffnung schenken oder die sie in die Hölle verbannen konnten. Menschen urteilten jetzt über sie wie Götter, Menschen, die die Länder, aus denen die Flüchtlinge kamen, nicht kannten, selbst nie eine einzige Nacht in der Kälte, in Angst, auf der Flucht verbracht hatten.

Viele von den anderen waren schon seit Monaten hier. Sie sprachen eine Sprache, die Hesmat erst lernen musste. Er wusste nichts von Asylanträgen, von Aufenthaltsbewilligungen, von Abschiebung und Schubhaft. Täglich lernte er dazu, täglich bekam er mehr Angst. Die Alteingesessenen schätzten die Lage der Neuangekommenen ein, gaben ihr Urteil ab. Sie gaben Hesmat von vornherein keine Chance.

»Du wirst schneller weg sein, als du glaubst«, sagten sie. »Es läuft so: Als Junge hast du hier kaum eine Chance auf Asyl. Du kannst ein paar Monate bleiben, aber dann gibt's irgendwann den Bescheid und du musst wieder raus. Du kannst abhauen, aber wenn sie dich schnappen, gibt's Schubhaft, und dann geht's sofort zurück nach Afghanistan.«

Hesmat hatte seinen Asylantrag gestellt, er hatte ihnen alles erklärt und ihnen gesagt, dass er sterben würde, wenn er zurückgehen müsste.

Der Mann hatte genickt.

»Weißt du«, hatte sein Onkel gesagt, »wie oft sie das täglich hören? Glaubst du vielleicht, die geben irgendwas auf unsere Geschichte?«

Hesmat wollte ihm widersprechen, aber er hatte selbst gesehen, wie es hier ablief. Er fand keine Argumente, die er seinem Onkel in seinem Zorn entgegenschleudern konnte. So oft hatte sein Onkel den Mund aufgemacht und gelogen, diesmal aber hatte er recht. Sie würden sie wieder zurückschicken.

Sie konnten hier in Traiskirchen warten, bis sie in ein anderes Nebenlager oder Flüchtlingsheim geschickt wurden, wo sie täglich auf das Todesurteil der »Götter« warten würden. Oder sie konnten abhauen. Sie konnten über die Grenze nach Italien verschwinden, wo vielleicht alles einfacher war. Sie konnten nach Wien gehen und dort eine Zeit lang versteckt leben und Geld verdienen.

Täglich kamen neue Flüchtlinge, neue Gesichter, neues Leid. Auch sie selbst hatten sich widerstandslos festnehmen lassen. Hesmat war nach der Überfahrt auf dem Floß vollkommen durchnässt mit Karim keine drei Kilometer weit gelaufen, als die Soldaten sie entdeckten. In ihrem Kleinbus trafen sie auf einen Teil der Gruppe, die vor ihren Augen mit den Schlauchbooten über den Fluss gesetzt war. Die Flüchtlinge waren am Ende und stanken, waren ausgemergelt und froren in ihren dünnen T-Shirts. Die Soldaten waren freundlich und sagten: »Willkommen in Österreich!«, bevor sie sie in den Bus steckten.

In der ersten Unterkunft bekamen sie Tee, Brot mit Streichwurst, die jeder verschlang, Moslem oder nicht Moslem, Fleischesser oder nicht. Die Frauen erhielten Dinge, die sie für ihre Kinder brauchten: Windeln aus Plastik und Nahrung für die Kleinsten. Dann waren sie in den Bus gestiegen und stundenlang durch ein fremdes Land gefahren, dessen Häuser bunt erleuchtet waren. Es war ein Land voll geschmückter Häuser, die friedlich schlafend im Schnee lagen. »Weihnachten«, sagte sein Onkel, »sie feiern die Geburt Jesu.« Hesmat drückte seine Nase gegen die Scheibe und spähte nach den Lichterketten. Der ganze Bus drückte sich die Nasen an den Scheiben platt und starrte verwirrt hinaus in ein reiches Land voller Lichterketten.

Doch als sie das Lager betraten, wussten sie sofort, dass niemand sie in diesem Land wollte. Sie fühlten sich wie Schwerverbrecher, als das wenige, was sie noch besaßen, durchsucht wurde und sie von einem Zimmer ins nächste geführt wurden. Unerwünscht in einem Land, von dem sie sich Wärme, Hoffnung und Verständnis erwartet hatten.

Endlich waren sie in einem sicheren Land. Aber das Erste, was ihnen zugeflüstert wurde, war, dass sie bald zurückgeschickt würden. Viele brachten kein Wort heraus, als man sie vor einen Dolmetscher setzte und sie auf Befehl erzählen sollten. Die Angst stand in den Dutzenden Augen der Wartenden, die neben ihnen saßen. Augen, die Dinge gesehen hatten, die selbst Hesmat sich nicht vorstellen konnte.

Die erfahreneren Lagerbewohner boten ihnen ihre Hilfe gegen Geld an. Sie waren nicht besser als die Behörden, die über sie urteilten. Wer Geld hatte, dem erklärten sie die Tricks: die richtigen Worte, die sie benutzen mussten, die Geschichten, die sie erzählen mussten, um ihnen vielleicht Asyl zu garantieren. Wer nicht bezahlen konnte, blieb hilflos.

»Frauen können mit ihrem Körper bezahlen«, sagte jemand, »auch Jungs wie du.«

Hesmat wusste nicht, ob jemand diesen Preis wirklich zahlte, aber was hatten sie noch zu verlieren?

Es waren Hunderte, manchmal schien es ihm, als wären es Tausende, die warteten. Viele hockten still, leise weinend, verängstigt in den Ecken. In der Nacht versuchten sich die Frauen vor den alteingesessenen Männern zu schützen, draußen patrouillierten Männer mit Hunden, während drinnen Tschetschenen mit Messern aufeinander losgingen. Sobald die Türen der Häuser geschlossen waren, ließ jeder seinen Ängsten, seinem Hass, seiner Wut freien Lauf. Niemand stellte sich ihnen entgegen, es gab keine Wärter, die die Wehrlosen schützten, keine Einzelzellen, in denen man sicher gewesen wäre.

»Schlimmer als Gefängnis«, sagten viele. Immer wieder eskalierte die Gewalt.

»Erst vor ein paar Wochen sollen sie einen umgebracht haben«, erzählte eine Frau.

Aber am meisten litt Hesmat unter der Ungewissheit. Die

Formulare, die es gab, hatte er ausgefüllt, die Anträge, die man ihm vorgelegt hatte, gestellt. Jetzt konnten sie nur noch warten. Warten wie Hunderte, Tausende andere auch.

Traiskirchen war eine eigene Welt. Eine schreckliche, gesetzlose Insel in einem Land, in dem überall die Weihnachtsketten leuchteten. Der kälteste Ort in einem Land, das angeblich für seine Gastfreundschaft bekannt war. Warum wurde er immer belogen? Warum konnte ihm nie jemand die Wahrheit sagen? Österreich war nicht warm, nicht offenherzig.

»Es ist anders, als du denkst«, sagte sein Onkel. »Du kennst ja nichts, du kennst ja nur dieses verfluchte Lager.«

Schließlich bekamen sie sogar etwas Geld und durften aus dem Lager. Sie fuhren nach Wien, um die Moldawier zu suchen, die sie nicht fanden, telefonierten mit einem Mann, der ihnen für 200 Dollar Zugkarten nach Italien besorgen wollte. Sie bewegten sich wie Geister zwischen den Holzhütten eines Weihnachtsmarkts, an denen die Österreicher in Wintermänteln ausgelassen heißen Alkohol tranken. Sie rochen nach Rauch, Alkohol und Erbrochenem und waren alles, was sein Großvater verachten würde. Als sie nach Traiskirchen zurückkamen, jagten Kinder Raketen in die Luft, die im Nachthimmel explodierten. Auf den Lichterketten ihrer Häuser lasen sie »Happy New Year«.

Ihr neues Jahr begann mit der Erklärung, dass sie in den nächsten Tagen in andere Lager aufgeteilt würden. Die Häuser waren voll und jeden Tag kamen Dutzende Neue. Dutzende neue Geschichten, geschändete Mädchenkörper, leere Kinderaugen, ausgehungerte Mütter, ausgezehrte Väter. Hoffnungslose Menschen in einer hoffnungslos ungerechten Welt.

Als die Busse vorfuhren, um sie in die neuen Unterkünfte zu bringen, saßen Hesmat und sein Onkel bereits im Zug nach Italien. Nichts würde sie nach Afghanistan zurückbringen. Nicht das fehlende Geld, nicht die Mutlosigkeit, vor allem aber nicht ein Land, das sie nicht wollte und das nichts verstand.

Hesmat und sein Onkel hatten das letzte Geld aus dem Gürtel gezogen.

»Das reicht«, hatte der Mann gesagt. In Italien sollten sie sich an einen Bekannten wenden, der ihnen Arbeit verschaffen würde. »In Italien ist es leichter, unterzutauchen«, sagte der Mann, »dort gibt's genug für euch beide zu tun.«

Hesmat fragte nicht, was das für Arbeit sein würde. Was zählte, war das Geld. Hier konnten sie nicht bleiben, die Mühlen der Behörden mahlten langsam, aber sie mahlten ständig und zerquetschten irgendwann alles und jeden.

»Hier finden sie jeden«, hatte der Mann gesagt, »ihr braucht euch nichts vorzumachen, sie sind nicht dumm. – Es ist gute Arbeit für ehrliche Leute«, ergänzte er, »habt keine Angst, möge Gott euch schützen.«

Vom Zugfenster aus sah Hesmat die tief verschneiten Berge, die im Mondlicht strahlten wie ihre Berge zu Hause. Es war nicht der Hindukusch, aber es waren Berge und ihre Schönheit beruhigte ihn für den Moment.

»Bis Innsbruck habt ihr keine Probleme«, hatte der Mann gesagt. Danach mussten sie sich verstecken. Die Grenze zu Italien sei gut bewacht und der Zug voll von Beamten und Polizisten. Während das kleine Land und die sauberen Häuser mit dem warmen Licht in den Fenstern an ihnen vorbeizogen, suchte sein Onkel nach passenden Verstecken. Niedergeschlagen kam er nach einer halben Stunde zurück. Diese Züge waren anders. Es gab keine losen Bretter, keine Ecken und Nischen, in die sie sich zwängen konnten, keine Lücke, die sich als Versteck anbot. Sie hatten nichts mehr, was sie dem Schaffner anbieten konnten. Außerdem sah er nicht aus wie ein Mann, der Fremden half.

Im Speisewagen roch es nach Fleisch und frischem Brot, und als Hesmat sich die Reste eines Brotes von einem stehen gelassenen Teller nahm, senkte die Frau, die ihn beobachtet hatte, schweigend den Blick. Der Hunger war derselbe wie an jedem Tag der letzten Monate. Eingeschlossen in der Toilette, schlang er die trockenen Brotreste in sich hinein, stillte seinen Durst am viel zu kleinen Wasserhahn und suchte nach einem Versteck.

Er sah, wie die anderen die Toilette benutzten und ein rotes Licht anging, sobald sie die Tür von innen verschlossen. Es war die einzige Chance, die er hatte. Wenn er Glück hatte, würden sie die unversperrte Tür öffnen, einen Blick in die Toilette werfen und ihn hinter der Tür nicht sehen. Es war ein dummer Plan, aber der einzige, den er hatte.

Österreich war sechs Stunden klein. So klein wie früher ein Nachmittag mit seinen Freunden, in denen die Stunden verflogen. In Innsbruck stiegen sie aus. Der Bahnhof war leer, und nur gelegentlich hörten sie das Brüllen eines Betrunkenen, der sich mitten in der Nacht mit anderen stritt. In Traiskirchen hatte man sie vor den Banden gewarnt, die sich nachts in den Städten herumtrieben und manchmal Jagd auf Ausländer und Farbige machten. Die hier sahen nicht gefährlich aus und waren mit ihrem Rausch und einem betrunkenen Mädchen beschäftigt. Trotzdem setzten sie sich abseits in eine Ecke, die ihnen Schutz vor den hellen Scheinwerfern bot, und warteten auf den nächsten Zug.

Sogar hier am Bahnhof war dieses Land sauber. Es war das Erste, was Hesmat an Österreich aufgefallen war: Alles war geputzt, immer und zu jeder Zeit. Nirgends gab es Müll, Dreck oder streunende Hunde, die der frische Abfall anlockte. Hier gingen die Hunde an einer Leine, und er hatte die junge Frau für eine Verrückte gehalten, die die Scheiße ihres Hundes vor seinen Augen in eine kleine Plastiktüte gepackt hatte.

Das Ende der Flucht

Beim ersten Versuch kam er nicht mal bis auf die Toilette. Die Beamten holten sie nur wenige Kilometer nach Innsbruck aus dem Zug. Sie landeten im Auffanglager in Götzens, wo sie zusammen mit fünf anderen Flüchtlingen für 200 Dollar ein Taxi nach Innsbruck organisierten. Auch der zweite Versuch, über die Grenze zu kommen, endete in jenem kalten Raum mit dem stets offenen Fenster am Brenner, dann wieder im Wagen nach Götzens. Beim dritten Mal hatte er bereits innerlich gejubelt.

Der Beamte hatte im Zug die Toilettentür kurz aufgemacht und wieder geschlossen. Es hatte geklappt! – Aber die Tür ging wieder auf und diesmal schaute er auch hinter die Tür.

»Bleib hier!«, sagte Christoph, der ihn jedes Mal, wenn er zurückkehrte, im Lager betreute. Trotzdem stieg er immer wieder in den Zug und wurde erwischt. Christoph nahm sich Zeit. Er war kein Beamter wie die anderen. »Es gibt viele Möglichkeiten«, sagte er auf Englisch, und Hesmats Onkel übersetzte.

»Er hat recht«, sagte sein Onkel, »du hast sehr viel Glück gehabt, dass du überhaupt noch am Leben bist.«

»Wir halten nichts von London, dort ist es sicher nicht besser«, sagte Christoph. »Hier können wir dir helfen, hier bist du sicher.«

Sein Onkel verschwand, ohne sich zu verabschieden. Plötzlich war er weg. Vielleicht hatte er Angst gehabt, Hesmat von seinem Versuch zu erzählen; Angst davor, dass Hesmat ihn zurückhalten würde oder wieder mitwollte, ihn wieder *behindern* könnte. Niemand war überrascht, auch nicht Hesmat. Karim meldete sich noch einmal zwei Tage später kurz aus Italien. »Es wird alles gut«, sagte er, »ich werde dich holen, sobald ich in London bin und Geld habe.«

Hesmat hörte nichts mehr von ihm.

SOS-Jugendwohnheim Telfs, vier Jahre später

Die Kälte hat in aufgeweckt und trotzdem schwitzt er.

Schon seit Langem kann Hesmat sich an keine Nacht mehr erinnern, in der er nicht mit klopfendem Herzen und schweißnasser Stirn aufgewacht wäre. Doch an seine Träume kann er sich nicht erinnern. Die Bilder, die ihn quälen, verschwinden ins Unbewusste, sobald er die Augen öffnet. Manchmal bleibt ein Fetzen, ein einzelnes Bild in seinem Gedächtnis. Manchmal sieht er seine Mutter, manchmal die Toten in der Höhle am Hindukusch, manchmal verfolgen ihn fremde Männer oder es schlägt jemand auf ihn ein, dann wieder hört er nur das Atmen eines Fremden in der Dunkelheit.

Wenn er aufgewacht ist, sind die Albträume noch lange nicht vorbei. Manchmal ist es nur ein Geräusch, das ihn erschreckt, die Dunkelheit, die kommt, sobald die Sonne hinter den Bergen verschwindet.

Es gibt Stunden, in denen er glaubt, ersticken zu müssen, in denen er auf den Balkon läuft, alle Fenster und Türen aufreißt. Stunden, in denen ihm nichts ein Trost ist. Stunden, in denen er nicht mehr weiß, wie seine Eltern ausgesehen haben, wie sein Bruder gerochen hat, wie Mazar im Morgenlicht gestrahlt hat.

Er sieht sich die Bilder seiner Mitbewohner an. Die vergilbten Fotos von Kindern, von Familien, von Häusern und Ländern, die sie verlassen haben, und spürt die Leere in seinen Taschen. Wenn er stirbt, wird es nichts geben, das beweisen wird, dass er gelebt hat. Es gibt keine Fotos von seinen Eltern und ihm, nichts, das er sich vor die Augen halten kann und das beweist, dass er einmal glücklich war. Nichts, das ihm sagt, dass es Menschen gibt, die an ihn denken, die sich um ihn sorgen. Nur Leere, Einsamkeit und Hoffnung. Hoffnung, die trotz allem am Leben geblieben ist und die ihn die Fenster und Türen schließen, die ihn wieder ins Bett zurücksteigen lässt und ihm hilft weiterzuleben.

Nachwort

Ich traf Hesmat zum ersten Mal drei Tage vor Weihnachten 2002.

Martin Harjung, der stellvertretende Wortchef von Ö3, hatte mich angerufen und mich nach Ideen für eine Weihnachtsgeschichte gefragt, die sich vom üblichen Festwahn rund um das Geschäftsereignis des Jahres abheben würde. Wenige Monate zuvor hatte ich eine Geschichte für das SOS-Kinderdorf im bürgerkriegsgeplagten Somalia gemacht. Mir fielen die Erzählungen der Kinder und Jugendlichen dort ein, die mich lange beschäftigt hatten. Ihre Geschichten von Freunden, die sich Schleppern anvertraut hatten, um Europa zu erreichen. Geschichten, die von einer derartigen Traurigkeit und Ausweglosigkeit handelten, dass sie Bücher füllen würden. Bücher, die hoffentlich eines Tages geschrieben werden.

Ich rief Viktor Trager bei SOS-Kinderdorf in Innsbruck an und erkundigte mich nach Jugendlichen, die vor Kurzem in das weihnachtlich geschmückte Österreich gespült worden wären. Viktor erzählte mir von Hesmat und schilderte kurz seine unglaubliche einjährige Flucht, die ihn im Jahr zuvor an Weihnachten nach Österreich geführt hatte. Inzwischen lebte er in einer Jugendeinrichtung des SOS-Kinderdorfs in Telfs und wartete auf seine Abschiebung. Die Amerikaner hatten Afghanistan von der Geißel der Taliban befreit, und der Junge, der eine so unglaubliche Flucht überlebt hatte, sollte nun wieder zu seinem Großvater nach Afghanistan zurückgeschickt werden. Dort habe sich die Situation beruhigt, hieß es. Er müsse nach dem Ende der Talibanherrschaft nicht mehr um sein Leben fürchten. Dass die Taliban nur der auslösende Faktor für die Ereignisse gewesen waren, die zum Tod von Hesmats Vater führten, und ihr Ende keine Garantie für Hesmats Überleben war, schien den Behörden kein Grund, den Jungen nicht zurückzuschicken.

Ich traf Hesmat zu einem Interview und war überrascht, wie schnell er Deutsch gelernt hatte. Seine Umgangsformen beeindruckten mich, und die Aussagen, die er traf, passten so überhaupt nicht zu einem inzwischen 14-Jährigen. Vielmehr klang Hesmat wie ein Junge, dem das Leben alles genommen hatte und den dieser unglaubliche Verlust zu einem nachdenklichen Erwachsenen machte. Er hatte nur einen Traum: Er wollte in Österreich bleiben, einen Beruf erlernen und irgendwann Apotheker oder Arzt werden. Er wusste, dass ihm die Abschiebung bevorstand, er wusste, dass der Traum nicht in Erfüllung gehen würde. Er bat mich mit keinem Wort um Hilfe. Wir redeten lange, und ich war mir nicht sicher, ob ich ihn je wiedertreffen würde. Wir verabschiedeten uns wie zwei Menschen, die wieder in ihre jeweilige Welt zurückkehren würden.

Wenige Stunden nach der Ausstrahlung der Geschichte am nächsten Tag rief mich das Büro des damaligen Innenministers Ernst Strasser an. Der Minister hatte die Geschichte im Radio gehört und wollte dem Jungen helfen. Er überreichte Hesmat damals persönlich die Urkunde, die ihm garantierte, in Österreich bleiben zu dürfen.

Heute lebt Hesmat in Innsbruck. Im Februar 2008 hat er seine Lehre als Elektriker mit ausgezeichnetem Erfolg abgeschlossen. Noch immer träumt er von einem Studium, und jedes Mal wenn ich mit ihm spreche, weiß ich, er wird sich diesen Traum erfüllen. Er fasste Vertrauen und erzählte mir bei unzähligen Treffen stundenlang seine Geschichte. Er gab mir ein »Grundgerüst«, mit dem ich arbeiten konnte, und erlaubte mir, seine Geschichte niederzuschreiben. An Teile seiner Flucht, vor allem aber seiner Kindheit, kann er sich nur verschwommen erinnern, und so musste ich auf Erzählungen und Berichte, die ich von anderen Menschen aus der Region hörte, auf Bilder, die ich bei meinem Einsatz in Afghanistan und Kabul erlebte, zurückgreifen, um dieses Grundgerüst mit Fakten und Bildern zu füllen.

Vor wenigen Monaten hat Hesmat es geschafft, seinen Bruder in Mazar ausfindig zu machen. Bis vor Kurzem telefonierten sie regelmäßig, dann wurde Hasip bei einem Terroranschlag schwer verletzt und liegt seitdem im Krankenhaus. Der Kontakt lässt sich nur schwer aufrechterhalten, auch weil die Familie seines Bruders keinen Kontakt mehr mit Hesmat will. Im Frühjahr 2006 ist sein Großvater gestorben.

Sein Onkel Karim hat die Flucht überlebt, hat es tatsächlich bis nach England geschafft, ist inzwischen aber aus London wieder nach Afghanistan zurückgekehrt. Warum, weiß Hesmat bis heute nicht, es interessiert ihn auch nicht wirklich. Ansonsten hat er mit niemandem aus seiner Großfamilie Kontakt. In ihren Augen ist er ein Verräter. Er hat das Land verlassen, sich geweigert, ihr Leben anzunehmen. Er gehört nicht mehr zu ihnen.

Hesmats Geschichte ist kein Einzelfall. Sie ist auch kein Extremfall, den ich mir herausgesucht habe. Die Geschichte hat mich gefunden und hat mich nicht mehr losgelassen. Bei meinen Recherchen und Interviews traf ich Dutzende Menschen, die Ähnliches erleben und ertragen mussten. Erst vor Kurzem hörte ich von einem afghanischen Jungen, dessen Flucht acht Jahre dauerte. Er wurde von Afghanistan über den Iran in den Irak gespült und durchlebte Dinge, die nicht in Worte zu fassen sind. Trotzdem hat er überlebt. Überlebt wie Hesmat, der den Grund für sein Überleben nicht kennt. Hesmats Geschichte ist eine von Tausenden, die in den Köpfen der Menschen in Flüchtlingslagern und in Wohnheimen darauf warten, erzählt und vor allem gehört zu werden.

Doch Tausende Menschen können ihre Geschichte nicht mehr erzählen. Mehr als 50 Millionen Menschen (UNICEF-Bericht, Juni 2006) befinden sich derzeit auf der Flucht. Hunderttausende sterben jährlich auf diesem Weg in die Freiheit. Sie verdursten in den Wüsten, überleben die Brutalität der Schlepper nicht, gehen in den Netzen skrupelloser Menschenhändler zugrunde. Es sind Geschichten voller enttäuschter Hoffnungen. Tausende Geschichten, die ganze Bibliotheken füllen, die vielleicht unsere Herzen berühren würden, die aber mit der Asche der Toten für immer unerzählt verloren gegangen sind.

ZEITTAFEL

Juli 1973
: Unblutiger Staatsstreich gegen König Mohammad Zahir Schah. Mohammad Daud Kahn ruft die Republik Afghanistan aus und ernennt sich selbst zum Präsidenten mit diktatorischer Vollmacht.

April 1978
: Putsch der Kommunisten unter Führung von Noor Mohammad Taraki. Verschiedene Stämme leisten regionalen Widerstand, der sich zu einer Rebellion auswächst.

1979
: Einmarsch von Sowjettruppen in Afghanistan, um die kommunistische Regierung zu stützen. Der Bürgerkrieg wird zu einem von den USA, Saudi-Arabien und Pakistan unterstützten 10-jährigen Freiheitskampf der islamischen Mudschaheddin gegen die Besatzungsmacht.

1989
: Niederlage der sowjetischen Truppen und Abzug aus Afghanistan. Kämpfe zwischen Mudschaheddin und Regierung dauern an.

1992	Eroberung Kabuls durch die Mudschaheddin, Sturz des bis dahin noch regierenden kommunistischen Präsidenten Nadschibullah; neuer Staatspräsident: Burhannudin Rabbani.
Blutige Auseinandersetzungen zwischen den verschiedenen Mudschaheddin-Gruppierungen verhindern jedoch eine politische Stabilisierung.
1994	Die radikal-islamistischen Taliban beginnen, von Pakistan aus das Land zu erobern.
1996	Die Taliban haben die afghanische Hauptstadt Kabul erobert. Ex-Präsident Nadschibullah wird von den Taliban-Milizen aus dem UNO-Hauptquartier verschleppt und öffentlich erhängt.
2001	Circa 90 Prozent des Landes sind von den Taliban erobert. Der Talibanführer Mullah Mohammad Omar ruft das »Islamische Emirat Afghanistan« aus, einen streng islamischen Gottesstaat. Einzig verbliebene Opposition ist die »Vereinigte Islamische Front zur Rettung Afghanistans«, die Nordallianz, die sich im Nordosten des Landes hält.
Von den regierenden Taliban werden Musik, Sport, Bilder und Fernsehen verboten. Fast alle Schulen und Universitäten werden geschlossen, Männer werden gezwungen, Bärte zu tragen. Frauen dürfen nur mit männlicher Begleitung und mit Burka bekleidet das Haus verlassen. Außerdem werden Frauen

und Mädchen der Schulbesuch und die Berufstätigkeit untersagt.
Außenpolitisch bleiben die Taliban isoliert.

9. Sept. 01   Ahmad Schah Massoud, der Anführer der Nordallianz, wird von Selbstmordattentätern der El Kaida, die sich als Fernsehjournalisten ausgeben, während eines Interviews mittels einer mit Sprengstoff präparierten Fernsehkamera getötet. Zuvor hat Massoud bei seinem Besuch des Europaparlaments in Brüssel im April 2001 vor terroristischen Aktivitäten auf europäischem und amerikanischem Boden vonseiten Osama bin Ladens und der El Kaida gewarnt.

11. Sept. 01   Terroranschläge auf die beiden Türme des World Trade Centers, das Pentagon und auf ein drittes, unbekanntes Ziel werden mittels vier Flugzeugen von Selbstmordattentätern des islamistischen Terrornetzwerks El Kaida verübt.

Okt. 01   Die »Globale Koalition gegen den Terror« unter der Führung der USA und Großbritanniens greifen die Taliban in Afghanistan an, da Osama bin Laden, der mutmaßliche Drahtzieher der Terroranschläge, sich dort aufhalten soll. Laut Entschluss des UN-Sicherheitsrats üben die USA damit ihr Recht auf Selbstverteidigung aus. Die Nordallianz stellt bei der Invasion den Großteil der Bodentruppen. Die herrschenden Taliban werden gestürzt, bin Laden wird jedoch nicht gefasst.

Jan. 02	Eine provisorische Regierung aus Mitgliedern der Nordallianz in Schlüsselpositionen sowie dem paschtunischen Stammesführer Hamid Karzai als Vorsitzendem wird eingesetzt. Stationierung einer einem Mandat der Vereinten Nationen unterstellten internationalen Truppe (Internationale Afghanistan-Schutztruppe ISAF), um die Sicherheit der provisorischen Regierung zu gewährleisten.
Juni 02	Übergangsregierung mit Karzai als Übergangspräsidenten wird von der Großen Ratsversammlung (Loya Dschirga) bestätigt.
Dez. 03/April 04	Ratifizierung der afghanischen Verfassung durch die Loya Dschirga.
9. Okt. 04	Demokratische Präsidentschaftswahl bestätigt Karzai als Präsidenten.
24. Dez. 04	Vereidigung der neuen, 28 Mitglieder (darunter 3 Frauen) umfassenden Regierung.
seit Ende 05	Vermehrt Bombenanschläge und Selbstmordattentate im Namen der Taliban, auch auf nichtmilitärische Ziele.
heute	Täglich fordern Anschläge der wiedererstarkten Taliban Tote.

Annabel Wahba
Tausend Meilen über das Meer

ca. 200 Seiten, ISBN 978-3-570-40335-8

Karim ist die Flucht aus seiner umkämpften Heimatstadt Homs gelungen. Mit seiner Familie schafft er es zunächst nach Ägypten und versucht von dort, mit seinem Onkel übers Mittelmeer nach Italien zu gelangen. Dabei verliert er den Onkel im Gedränge, verfehlt das Schlepperboot und landet im Gefängnis. Beim nächsten Fluchtversuch mit dem Boot kommt er im Sturm fast um. Es grenzt an ein Wunder, dass er Monate später in Konstanz zur Schule gehen darf. Obwohl Karim seine Eltern vermisst und es ihm schwerfällt, Freunde zu finden, beginnt er Fuß zu fassen. Doch da bezichtigt ihn eine Mitschülerin einer üblen Mobbingaktion.

www.cbj-verlag.de

Deborah Ellis
Die Sonne im Gesicht –
Ein Mädchen in Afghanistan

128 Seiten, ISBN 978-3-570-21214-1

Nur als Junge verkleidet kann Parvana die Herrschaft der Taliban überleben!
Als ihr Vater verhaftet wird, nimmt die elfjährige Parvana seinen Platz auf dem Markt in Kabul ein. Hier hatte er den vielen Analphabeten ihre Post vorgelesen. Wegen der restriktiven Gesetze der Taliban kann sie sich jedoch nur als Junge verkleidet in der Öffentlichkeit zeigen. Und begibt sich so in große Gefahr ...

www.cbj-verlag.de

Manfred Theisen
Checkpoint Europa – Flucht in ein neues Leben

ca. 300 Seiten, ISBN 978-3-570-31076-2

Basil ist aus Syrien nach Deutschland geflohen. Und versucht, hier Fuß zu fassen. Aber er hat nicht nur seine Eltern im Krieg verloren, sondern auch seine große Liebe Sahra. Er und sie wurden auf der Flucht getrennt. So macht er sich auf die Suche nach ihr. Mit von der Partie ist der Journalist Tobias, der sich an ihn heftet, um einen Roman zu schreiben. Basil merkt jedoch bald, dass die Suche ein Wagnis ist, denn die Gespenster der Vergangenheit sitzen ihm im Nacken …

www.cbj-verlag.de